WELKOM
(WILLKOMMEN)

Niederländische Küste

Draußen mehr erleben
mit MARCO POLO Autor Ralf Johnen

Ralf Johnen ist halb Rheinländer, halb Niederländer. Der Vollblutjournalist hat lange Jahre als Redakteur bei einer Kölner Tageszeitung gearbeitet. 2014 hat er sich selbstständig gemacht. Seit 2020 lebt er gemeinsam mit seiner Frau in Amsterdam. Dort hat er entdeckt, dass die Stadt eine exzellente Ausgangsbasis für Aktivitäten an der frischen Luft ist.

INHALTSVERZEICHNIS

*OUTDOOR GUIDE NIEDERLÄNDISCHE KÜSTE

GPX-Tracks als Download zur einfachen Orientierung

QR-Code scannen oder über die Website short.travel/lundy herunterladen

Legende

Aktivitäten
- Zu Fuß
- Mit dem Fahrrad
- Am & im Wasser
- Fun & Action
- Naturerlebnis
- ★ Outdoor-Highlights

- Lokale Spezialitäten
- Serviceangaben
- Beste Zeit
- Ausrüstungt
- GPS-Koordinaten

Preise Aktivitäten/pro Erw.
- € bis 10 €
- €€ bis 25 €
- €€€ über 25 €

Preise Unterkunft/pro DZ
- € bis 75 €
- €€ bis 150 €
- €€€ über 150 €

Das Beste zuerst

Der Nationalpark Alde Feanen ist ein Traumziel für alle Paddelfans

BEST OF ENTSPANNT

*TYPISCHES FÜR GENIESSER

Nachhaltig unanstrengend: auf dem Chopper durch das „grüne Herz" der Niederlande

Durch die Vergangenheit spazieren

Veere blickt auf eine stolze Vergangenheit als Handelsplatz zurück. Wer durch das in Zeeland gelegene Städtchen schlendert, begegnet den entzückenden Hinterlassenschaften der Geschichte allerorten.

→ S. 46 Zeeland

Auf dem Chopper durchs Cheese Valley

Zwischen Den Haag, Rotterdam und Utrecht breitet sich das Grüne Herz der Niederlande aus. Mittelpunkt ist die Käsestadt Gouda, deren Umland du auf E-Chopper erkunden kannst – natürlich mit Zwischenstopps bei Käseproduzenten.

→ S. 70 Zuid-Holland

Mit dem Flüsterboot durch Amsterdam

Wer die Hauptstadt auf entspannte Weise entdecken möchte, mietet ein Flüsterboot und schippert über die schönsten Kanäle. Picknickkorb nicht vergessen!

→ S. 100 Noord-Holland

Saunieren im Fort

Fort Beemster ist eine ehemalige Befestigungsanlage. Heute kannst du dort ganze Tage verbummeln: Sauna, Dampfbad, Whirlpool und ein kühlendes Bad in der Gracht tragen ebenso zur inneren Ruhe bei, wie der weite Blick auf das platte Land.

→ S. 137 Ijsselmeer

Durch ein Venn paddeln

Der Nationalpark Alde Feanen besteht aus einem weitläufigen Geflecht an Wasserstraßen und Seen. Eine Kanutour ist herrlich kontemplativ – mit etwas Glück kommt ein schwimmender Kiosk vorbei.

→ S. 152 Friesland und Groningen

Rote Früchte sammeln

Wie die ursprünglich nicht auf Terschelling beheimateten Cranberries ihren Weg auf das Nordseeeiland gefunden haben, ist Gegenstand von Mythen. Fest steht indes, dass du die Früchte saisonal für den Eigengebrauch pflücken kannst.

→ S. 194 Wattenmeerinseln

BEST OF ADRENALINKICK

*DIE EXTRAPORTION ACTION

Hochgeschwindigkeitsvergnügen am Brouwersdam

Drachen am Deich

Als Bestandteil der Deltawerke verfügt der Brouwersdam über perfekte Konditionen für Kitesurfer. Wenn der Wind bläst, und das macht er oft, kannst du dich mit anderen beim Wellenreiten und bei akrobatischen Sprüngen messen.

→ S. 44 Zeeland

Fatbike mit Rückenwind

Radfahren können fast alle. Auf Texel aber hat sich eine neue Spielart etabliert: bei starkem Wind auf dem Mountainbike oder dem Fatbike über den Strand bürsten. Die ungleich anstrengendere Retourfahrt erfolgt im Inland über Asphalt.

→ S. 191 Wattenmeerinseln

Erfolgreicher Kaltstart

Füße in die Gamaschen, das Segel in den Wind und sich anschließend aus dem Wasser katapultieren, um mit atemberaubender Geschwindigkeit über den Binnensee zu brettern. So sieht es im Idealfall beim Windsurfen auf dem Ijsselmeer aus.

→ S. 115 Noord-Holland

Schmetterball am Strand

Scheveningen ist die unangefochtene Hochburg des Beachvolleyballs in den Niederlanden. Auf Dutzenden Feldern kannst du dich an Aufschlägen, akrobatischen Ballstafetten und gnadenlosen Angriffen versuchen.

→ S. 85 Zuid-Holland

Crash-Kurs mit Katapult

Erst Sicherheit auf dem stillen Gewässer erlangen. Anschließend erste Moves in unterschiedliche Richtungen riskieren und schließlich mithilfe von Hindernissen zu Sprüngen ansetzen. So läuft ein Crash-Kurs im Wakeboarden bei Groningen.

→ S. 172 Friesland und Groningen

Abenteuer im Kanu

Tiefe Brücken, Landgänge und ein Tunnel machen eine Kanutour durch die malerische Altstadt von Gouda zu einem actionsreichen Erlebnis, das in Erinnerung bleibt.

→ S. 87 Zuid-Holland

BEST OF MIT KINDERN

*SPANNENDES FÜR KLEIN & GROSS

Street Art unter freiem Himmel: Amsterdam Noord bei der NDSM Werft

Zu den Sandbänken der Seehunde

Im Wattenmeer sind wieder mehr als 7000 Seehunde zu Hause. Auf Texel sticht regelmäßig ein charmanter Kutter in See, um in sicherem Abstand zu den Tieren spannende Einblicke in deren Lebenswelt zu gestatten.

→ S. 181 Wattenmeerinseln

Von den Dünen rutschen

In Schoorl bauen sich am Rande des Dünenreservats Nordseeküste über 50 m hohe Sandberge auf, von denen sich einer wie ein Skihang im Dorfzentrum öffnet. Ein herrliches Revier, in dem sich Kinder jeden Alters austoben können.

→ S. 104 Noord-Holland

Pfannkuchen als Trophäe

Das Dünenschutzgebiet Meijendel bei Den Haag lockt mit abwechslungsreichen Landschaften, Strand und Meer. Am Ende einer Radtour geht es mitten in den Dünen zu einem Streichelzoo mit angeschlossenem Pfannkuchenrestaurant.

→ S. 74 Zuid-Holland

Street Art und Skateboard

Amsterdams angesagte NDSM-Werft gestattet jede Menge Freiheit in der ansonsten eher beengten Stadt. An den Häuserfassaden prangen überdimensionale Graffitis und auch Sportgeräte wie ein Skateboard kannst du hier benutzen.

→ S. 108 Noord-Holland

Ballsport nach Bauernart

Sportliche Wettkämpfe mit Erwachsenen sind langweilig? Nicht unbedingt, denn es gibt schließlich auch Fun-Sportarten wie Bauerngolf. Bei der typisch niederländischen Erfindung schlägst du den Ball mit einem an einem Stock befestigten Holzschuh.

→ S. 107 Noord-Holland

Kletterwald

Du möchtest dem Nachwuchs Gelegenheit geben, sich überlegen zu fühlen. Dann ab in den Kletterwald von Schouwen-Duiveland, wo sich die Kinder garantiert geschmeider bewegen, als die Erwachsenen.

→ S. 52 Zeeland

BEST OF BEI REGEN

*SCHÖN, AUCH WENN ES REGNET

Temperamentvoll: Die Nordsee bietet bei jedem Wetter Entertainment

Die Brandung im Blick

Surfen kannst du nirgendwo so wellensicher und publikumswirksam wie in Scheveningen. Was macht es da schon, wenn zusätzlich zu den Wellen auch noch Regenwasser den Neoprenanzug benetzt?

→ S. 85 Zuid-Holland

1000 Denkmäler

Alkmaar ist auch bei Regen eine prächtige Stadt. Wenn grad kein Käsemarkt ist (nur freitags), dann warten immer noch 1000 Denkmäler, die du leicht erwandern kannst. In einigen findest du auch Unterschlupf, falls das Wetter einmal besonders unwirtlich sein sollte.

→ S. 112 Noord-Holland

Unterschlupf im Innenhof

Die Hofanlagen in Haarlem sind ein zauberhaftes städtebauliches Überbleibsel aus dem Mittelalter. Bei schlechtem Wetter sind sie wie verlassen – und wenn du den Regenschirm leid bist, findest du in einigen auch temporären Unterschlupf.

→ S. 98 Noord-Holland

Mit der Dampflok durch Zeeland

Die Lok pfeift, die Schwellen rattern und der Dampf zieht an den Fenstern vorbei. So macht es an Bord der historischen Eisenbahn wenig, wenn die Landschaft Walcherens verregnet ist. Nur für den Zwischenstopp an der Küste solltest du einen Schirm einpacken.

→ S. 57 Zeeland

Mühlen mit Museum

Klar, auch die Windmühlen der Zaanse Schans geben bei gutem Wetter eine bessere Figur ab. Doch zum Gesamtensemble gehören auch Museen und historische Bauten, die ein Dach über dem Kopf bieten.

→ S. 126 Ijsselmeer

Spritztour auf dem Brett

Wer Windsurfen lernen möchte, steckt im Wetsuit und wird trotzdem klatschnass. So gesehen kannst du den Kurs auch bei schlechtem Wetter absolvieren.

→ S. 166 Friesland und Groningen

Blick über die Dünen und den fast menschenleeren Strand auf der Insel Vlieland

LANDSCHAFT & LEUTE
AN DER NIEDERLÄNDISCHEN KÜSTE

Ein Traumplatz am Strand, um zu beobachten, wie die Sonne im Meer versinkt

Dank der herrlichen Nordseeküste mit ihren so unterschiedlichen Naturräumen und einem nicht weniger abwechslungsreichen Hinterland sind die Niederlande ein wunderbares Land für einen Aktivurlaub. Ein weiteres Argument ist die perfekte touristische Infrastruktur.

Ein Fahrradland par excellence

Für Aktivitäten unter freiem Himmel sind die Niederlande ein Traum. Obwohl das Land von recht bescheidenen Ausmaßen ist, verfügt es über eine Küste von mehr als 500 km Länge. Feiner Sandstrand, turmhohe Dünen und die temperamentvolle Nordsee sind dabei Garanten für erfüllte Urlaubstage. Baden, Wassersport und ausführliche Wanderungen sind denn auch im Alltag von Gästen und Einheimischen allgegenwärtig.

Doch damit hat es sich noch lange nicht, schließlich gelten die Niederlande als Fahrradland par excellence. Hier kann man sich auf nicht weniger als 37 000 km Radwegen austoben, die überwiegend von der Straße abgetrennt und hervorragend gepflegt sind. Über ein ausgetüfteltes Knotenpunktsystem ist die Orientierung kinderleicht, was die Planung von Radrouten leicht macht.

Freie Wahl auf dem Wasser

Ähnlich groß ist die Auswahl bei den Gewässern. Vom Rheindelta über das Ijsselmeer und die friesische Seenplatte bis zu den Amsterdamer Grachten bieten sich überall im Lande Touren mit Booten und anderen schwimmenden Fortbewegungsmitteln an – sei es im Kanu, im Flüsterboot mit Elektromotor oder, ganz zeitgemäß, auf dem Stand-up-Paddle-Board. Fast immer eignen sich die Gewässer zum Schwimmen – auch ohne zusätzliches Sportgerät.

Als wäre das noch nicht genug, befinden sich Dutzende attraktiver Städte in unmittelbarer Nähe der Küste. Das einzigartige Amsterdam, das gediegene Den Haag und das betont moderne Rotterdam eint, dass sie über grandiose Freizeitmöglichkeiten verfügen, wobei sich Strecken zum Wandern, Fla-

NATUR IN ZAHLEN

55,5 M

misst die höchste Düne der Niederlande bei Schoorl

21

Nationalparks gibt es in den Niederlanden, die meisten sind küstennah

508 000

Boote liegen in niederländischen Gewässern

195

Strände sind mit einer blauen Flagge für sehr gute Wasserqualität ausgezeichnet

523 KM

ist die Küste der Niederlande lang

413

Strandpavillons bewirten die Menschen an der Küste

6,74 M

unter dem Meeresspiegel liegt der tiefste Punkt bei Nieuwekerk aan den Ijssel

37 000 KM

Radwege gibt es in den Niederlanden

17691 KM

lang sind die Deiche, die das Land vor Überflutungen schützen

Ohne Fahräder sind die Niederlande undenkbar

nieren oder Spazieren förmlich aufdrängen. Angesichts dieser scheinbar übermächtigen Konkurrenz lassen kleinere Städte wie Haarlem, Leiden, Delft, Middelburg, Leeuwarden oder Groningen nichts unversucht, Gäste mit einer hohen Aufenthaltsqualität zu locken. Wie wäre es mit einer Themenwanderung auf den Spuren eines Malers oder mit einer Food-Tour, bei der regionale Spezialitäten serviert werden? Oder doch lieber ein schwelgerischer Spaziergang entlang historischer Gemäuer?

Bloß nichts verpassen

Langeweile also ist bei einem Aufenthalt an der niederländischen Küste nahezu ausgeschlossen. Vielmehr sind die Möglichkeiten so vielfältig, dass man stets das Gefühl haben kann, etwas zu verpassen. Noch dazu sind die Distanzen zwischen den sechs hier beschriebenen Regionen so gering, dass man im Urlaub ohne große Umstände hin- und herpendeln kann. Mit dem Auto sowieso, oftmals jedoch auch mit öffentlichen Verkehrsmitteln. Trotz der Kompaktheit sind Küste und Hinterland ebenso vielseitig wie zugänglich.

Außer am Wattenmeer ist die Nordseeküste durchgehend mit feinem Sandstrand gesegnet. Egal, ob du dich in einem urbanen Seebad wie Scheveningen oder Hoek van Holland befindest – oder in sicherer Distanz zur nächsten Stadt, wie in der Provinz Noord-Holland. Überall kann sich die Nordsee sehr temperamentvoll zeigen. Doch keine Sorge: Durch konsequente Eindeichung sind vor allem im Südwesten des Landes Gewässer wie der Haringvliet oder das Grevelingenmeer entstanden, die ein perfekter Ort sind, um Wassersport in geschützter Umgebung ausüben zu können. Sei es Windsurfen, Segeln oder Schorcheln.

Kulturlandschaft Ijsselmeer

Hinzu kommt weiter nördlich das Ijsselmeer, das durch Deiche und Trockenlegung einen einzigartigen Lebensraum für zahlreiche Tier- und Pflanzenarten bildet. Auch hier sind die Optionen für Aktivitäten an der frischen Luft vielfältig. Das Ijsselmeer geht nahtlos in die friesische Seenplatte über, wo es vor allem grandiose Möglichkeiten für alle Wassersportarten gibt. Ganz anders das Wattenmeer: Das Gezeitenland bietet sich für ungewöhnliche Expeditionen an, aber auch als Ort der Ruhe.

Ganz im Norden liegen schließlich die Westfriesischen Inseln, die alles bieten, was man sich nur wünschen kann – Strand, Meer und ein Gefühl der Abgeschiedenheit. So bleibt nur die Schlussfolgerung: nichts wie hin in dieses Outdoor-Paradies. Egal, ob zum Wandern, Radeln, Wassersport oder zur Entdeckung von Trendsportarten.

Freundschaft und Gastfreundschaft

Neben der zugänglichen Landschaft und der perfekten touristischen Infrastruktur können sich die Niederlande auch einer ausgesprochen freundlichen

Spickzettel Niederländisch

ja/nein/vielleicht	ja/nee/misschien
bitte/danke	(Sie) alstublieft, (du) alsjeblieft/bedankt
Guten Morgen!/Tag!	Goeden morgen!/dag!
Gute(n) Abend!/Nacht!	Goeden avond!/nacht!
Hallo!/Auf Wiedersehen!	Hallo!/Dag!
Tschüss!	Doei!
Ich heiße ...	Ik heet ...
Wie heißt du?	Hoe heet je?
Wie heißen Sie?	Hoe heet u?
Ich komme aus ...	Ik kom uit ...
Entschuldigung	Sorry
Wie bitte?	Pardon?
Ich möchte ...	Ik wil graag ...

Bevölkerung rühmen. Frauen und Männern aller Generationen liegt eine Tiefenentspanntheit im Blut, die sich auf alle Facetten des Alltags überträgt: Die Menschen sind freundlich, hilfsbereit und haben immer einen lockeren Spruch auf den Lippen. Darüber hinaus lieben sie sportliche Aktivitäten. Sei es auf dem Wasser, im Sattel oder auf zwei Beinen: Ständig scheint das halbe Land zu trainieren.

Gute Nachrichten gibt es auch in Sachen Völkerverständigung. Lange stand man dem Nachbarn im Osten aus nachvollziehbaren Gründen reserviert gegenüber. Doch in der jüngeren Vergangenheit ist die Skepsis einem immer größerem Interesse gewichen. Ja, Deutschland konnte sogar Frankreich als Urlaubsland Nummer eins der Niederländer:innen ablösen. Auch war die deutsch-niederländische Grenze während der Pandemie die einzige, die permanent offen blieb. Ein besseres Indiz dafür, dass deutsche Gäste auch im Urlaub willkommen sind, ist kaum vorstellbar.

Segeljachten im Hafen von Enkhuizen in Noord-Holland

TIERE & PFLANZEN

*HINEIN INS NATURPARADIES

In Oostvaardersplassen leben Konik-Ponys nahezu wie Wildpferde

Die Niederlande sind ein rundum durchzivilisiertes Land, in dem für wilde Tiere und für seltene Pflanzen kaum Platz geblieben ist. Das ist ein ebenso oft gehörtes wie nachvollziehbares Vorurteil, denn tatsächlich besitzt so gut wie jeder Quadratmeter eine festgelegte Nutzung. Doch bei genauem Hinsehen gibt es deutlich mehr zu entdecken, als man vorab erwarten würde.

Eingezäunte Wildnis

Im Jahr 2013 lief auch in deutschen Kinos der Dokumentarfilm „De Nieuwe wildernis" (Die Neue Wildnis). Der Streifen spielt in den Oostvaardersplassen, einem Naturschutzgebiet in der künstlich trockengelegten Provinz Flevoland. Gezeigt wurde dem Publikum eine Art Safarifilm, in dem die „niederländischen Big Five" zu sehen sind: Wildpferde, Hirsche, Rehe, Wildschweine und Biber. Sie alle leben auf dem Polder und an verschiedenen anderen Orten in freier Wildbahn, mehr oder weniger zumindest, denn alle Areale dieser Art sind in den Niederlanden eingezäunt.

Wilde Wisente

Diese Geschichte spricht für ein ausgeprägtes Bewusstsein für den Wert der Natur, auch wenn die Möglichkeiten für ein Leben in eben dieser freien Wildbahn limitiert sind. Am ehesten ist es noch in den 21 Nationalparks *(nationaalpark.nl)* gegeben, die zwar nicht so groß und überwältigend wie der Grand Canyon oder der Yellowstone sein mögen, aber immerhin als Rückzugsorte für viele Spezies dienen, die es sonst schwer hätten. Der Wisent etwa übertrifft die vermeintlichen Big Five bezüglich seines Körperumfangs deutlich. Entsprechend beeindruckend fällt eine Begegnung mit ihm in den Dünenreservaten aus, wo das – friedliche – Tier mit Erfolg wiederangesiedelt wurde.

Überhaupt ist die Nähe zum Meer der vielversprechendste Faktor für die Begegnung mit seltenen Tieren. An einsamen Küstenabschnitten kann es je-

Der Weißstorch Fast überall in den Niederlanden fühlt sich eine Spezies pudelwohl, die in Deutschland eher rar ist: der Weißstorch. Die patenten Segler sind im sogenannten Grünen Herz der Niederlande zu sehen – und selbst in der Metropole Amsterdam haben sie viele Stadtparks, Schornsteine oder andere geeignete Domizile bevölkert.

7 TYPISCHE TIERE

Die Waldohreule Mit einer Spannweite von bis zu 1 m und einem Gewicht von maximal 350 Gramm gehört die Spezies zu den am weitesten in den Niederlanden verbreiteten Eulenarten.

Die Eiderente Mit ihrem auffälligen schwarz-weißen Federkleid unterscheidet sich die Eiderente deutlich von anderen Entenarten. Sie lässt sich in immer größeren Stückzahlen in Noord-Holland, Friesland und auf den Inseln blicken.

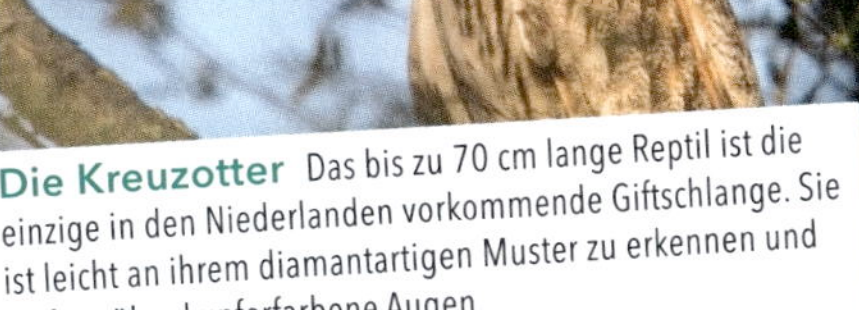

Die Kreuzotter Das bis zu 70 cm lange Reptil ist die einzige in den Niederlanden vorkommende Giftschlange. Sie ist leicht an ihrem diamantartigen Muster zu erkennen und verfügt über kupferfarbene Augen.

Der Seehund Vor wenigen Jahrzehnten waren sowohl die Kegelrobbe als auch der Seehund in den Niederlanden weitgehend ausgestorben. Dank verbesserter Schutzmaßnahmen konnten sich die Populationen deutlich erholen.

Der Otter Was für den Seehund gilt, trifft auch auf den Otter zu: Die Schwimmkünstler waren in den Niederlanden so gut wie ausgestorben, ehe eine osteuropäische Population im Nationalpark Weerribben-Wieden ausgesetzt wurde. Diese hat sich zur allgemeinen Überraschung rasant ausgebreitet.

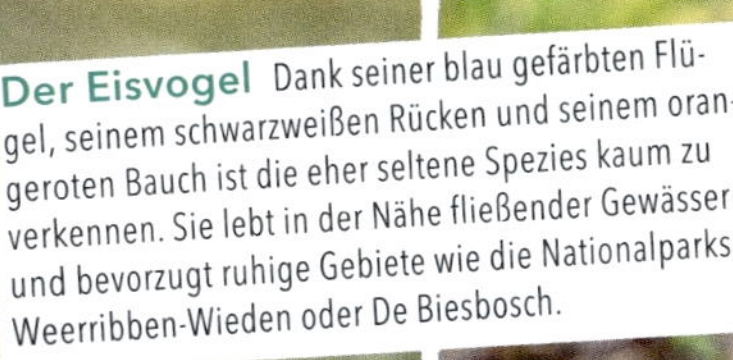

Der Eisvogel Dank seiner blau gefärbten Flügel, seinem schwarzweißen Rücken und seinem orangeroten Bauch ist die eher seltene Spezies kaum zu verkennen. Sie lebt in der Nähe fließender Gewässer und bevorzugt ruhige Gebiete wie die Nationalparks Weerribben-Wieden oder De Biesbosch.

6 TYPISCHE PFLANZEN

Die Tulpe Ob in riesigen Blumenkästen, auf Feldern, in Beeten oder in der Vase: Tulpen sind im Frühjahr überall in den Niederlanden zu sehen. Sei es in schlichten Farben, in atemberaubenden Farbkombinationen, glatt oder ausgefranst. Ihre Allgegenwärtigkeit ist mehr als ein Klischee.

Die Narzissen Anders als die meisten anderen Zuchtblumen, besitzen Narzissen die lobenswerte Eigenschaft, sich ohne menschlic Nachhilfe in der freien Natur auszubreiten. Sc gelingt es ihnen von März bis Mai, sogar die Grünstreifen entlang der Autobahnen zu eine erfreulichen Anblick zu machen.

Die Sumpfschwertlilie Die prächtige Pflanze mit den gelben Blüten flankiert so manche Wasserstraße in den Niederlanden. Die Blüten bestehen aus drei dunkel geäderten Hängeblättern und drei kleineren stehenden Blättern. Die Pflanzen werden bis zu 2 m hoch und blühen im Mai und im Juni.

Der Sanddorn Vor allem in den Dünen, aber auch in Kiefernwäldern gedeiht dieser bis zu 12 m hohe Strauch. Er trägt von August bis Dezember orangene kleine Früchte, die reich an Vitamin C sind. Weil er früher so wichtig für die Ernährung war, trägt er bis heute den Kosenamen „Zitrone des Nordens".

Das Studentenröschen Die auch als Sumpf-Herzblatt oder Parnassia bekan Pflanze gedeiht in den Dünengebieten ar der Nordsee. Die fünfzähligen Blüten stel einzeln, in Bodennähe weist die Pflanze c aber nicht immer ein herzförmiges Blatt a

Die Seerose Egal, ob auf Seen, Flüssen, Kanälen oder Sumpfgebieten: Die Wasserpflanze ist in den Niederlanden allgegenwärtig. Dabei reicht das Spektrum der Blütenfarben von Weiß über Gelb bis hin zu seltenerem Rot und Blau. Eine Augenweide!

derzeit vorkommen, dass man als Spaziergänger:in einen Seehund erspäht, der sich an Land ausruht. Vor allem im Wattenmeer, aber auch in Zeeland, haben sich ganze Kolonien auf geeigneten Sandbänken angesiedelt.

Wattvögel und Reiher

Geradezu spektakulär ist das Land unterdessen für an Vögeln Interessierte. Das liegt in erster Linie am einzigartigen Lebensraum des Wattenmeers, aber auch am allgemeinen Wasserreichtum. Mehr als 500 Spezies sind zwischen der deutschen und der belgischen Grenze ganz oder in Teilzeit zu Hause. Der Anblick einer Kolonie Löffler auf Terschelling ist unvergesslich, doch auch Regenbrachvogel, Austernfischer oder Eiderente bürgen für ungewohnte Anblicke. Eine Liste aller Vogelarten findet sich auf *vogelsvanhetwad.nl*. Auffällig ist auch die große Anzahl an Graureihern, die an jedem Gewässer auf Beute lauern und die inzwischen in den Städten soweit domestiziert sind, dass sie die Fischstände der Märkte belagern.

Elegante Sumpfschwertlilien

Was die Pflanzenwelt betrifft, sind die Niederlande gar nicht auf rare, in der Wildnis gedeihende Gewächse angewiesen, um Aufmerksamkeit zu erregen. Schließlich ist das Land in der ganzen Welt für seine fantastischen Blumenfelder bekannt, die im Frühjahr so markant leuchten, dass sie sogar aus dem Flugzeug mit bloßem Auge zu erkennen sind. Neben gezüchteten Blumen aber gibt es auch wilde Pflanzen zu entdecken – insbesondere, wenn man auf dem Wasser unterwegs ist. Die Ufer vieler Gewässer sind im Frühling von prächtigen Sumpfschwertlinie gesäumt, die mit opulenten Seerosenfeldern um die Aufmerksamkeit konkurrieren. Überall dort, wo die Küstenlandschaft weitgehend unberührt ist, macht auch die Vegetation einen grandiosen Eindruck: Die pilzreichen Mischwälder, die langsam in mit Gräsern

Ein Graureiher auf der Jagd in einem Feuchtgebiet

und Schilfen bewachsene Feuchtbiotope übergehen, sind schlichtweg erhaben. **Insider-Tipp** Wer sich durch die Dornen zu greifen traut, findet hier Sanddorn – und auf den Wattenmeerinseln sogar wild wachsende Cranberries. So zeigt sich, dass das Land einen Pseudo-Safarifilm gar nicht nötig hat.

Vorsicht bei diesen Pflanzen & Tieren

Die Gefahren durch die Tier- und Pflanzenwelt sind in den Niederlanden äußerst gering. Im Meer gilt es vor allem auf **Feuerquallen** aufzupassen, die bei landseitigem Wind die Küste bevölkern. Vereinzelt werden in Küstengewässern erhebliche Verletzungen durch die giftigen Stacheln von **Petermännchen** gemeldet. An Land ist man gut beraten, ebenso wie daheim, **Zeckenbisse** zu vermeiden sowie Hornissen, Wespen und Bienen aus dem Weg zu gehen. **Pflanzen**, die beim Verzehr giftig sind, kommen wie überall in großer Zahl vor. Daher gilt: nur bei absoluter Gewissheit probieren.

KLIMA & WETTER
*DURCHS JAHR

Viel niederländischer geht es kaum: Schlittschuhlaufen mit Blick auf Windmühlen

Die Niederlande sind ein Ganzjahresreiseziel. Das gilt nicht mehr nur für die Städte, sondern auch für die Badeorte und die Inseln, wo viele Pavillons auch im Winter geöffnet sind. Anstelle von kühlem Bier hinter dem Windfänger gibt es dann eben einen Kakao am offenen Kamin. Gleichwohl gilt es, beim Reisezeitraum abzuwägen. Eine Monatsübersicht.

MONAT FÜR MONAT

Januar – nur selten richtig kalt

Den Jahreswechsel an der niederländischen Küste verbringen? Das kann eine sehr gute Idee sein. Zwar sind die Tage wegen der Nordwestlage kürzer als in den meisten deutschen Regionen. Auch kann es aufgrund häufiger Niederschläge und beständiger Winde recht ungemütlich sein. Die Tagestemperaturen liegen aber in der Regel deutlich über dem Gefrierpunkt – das ist jedoch ohne Garantie. Wie sonst könnten immer wieder Bilder von ausgelassenen Menschen auf Schlittschuhen um die Welt gehen.

Februar – mit etwas Glück viel Eis

Wenn im zweiten Monat des Jahres die Tage wieder länger werden, ist die Chance auf ein Winterwunderland am größten. Sollte der Wetterbericht anhaltenden mittelschweren Frost ausweisen, beginnt der Puls der Niederländer:innen regelrecht zu rasen, denn dann frieren zuerst Eisbahnen und danach Grachten, Seen und Flüsse zu. Höchste Zeit, die Schlittschuhe zu schleifen und jede verfügbare Minute auf dem Eis zu nutzen. Bei Minustemperaturen fallen die Strandspaziergänge kürzer aus – doch dafür wartet ein Platz am Feuerchen.

März – wechselhaft

Der März ist von Ungewissheit geprägt. In der jüngeren Vergangenheit war er oft sonnig, freundlich und geradezu warm. Doch die Großwetterlage kann mit Temperaturen von weniger als 10 Grad, Wind und grauem Himmel auch garstig sein. Fest steht, dass es immer länger hell bleibt. Wer sich gegen Ende des Monats lange draußen am Wasser aufhält, muss

Die Jahreszeiten

Frühling

Launisch bis grandios

Oft windig und von Regenschauern geprägt, bei stabilem Sonnenschein kommt plötzliche Euphorie auf

Was kann man Outdoor machen: perfekt für Radtouren und Dünenwanderungen

Was sollte man dabeihaben: Regencape, Handschuhe, Shorts und Sonnenmilch

Sommer

Verregnet bis hinreißend schön

Enorm lange Tage mit 50/50-Chance für Schönwetterperioden

Was kann man Outdoor machen: Wassersport auf dem Meer, den Seen und Kanälen

Was sollte man dabeihaben: Badetuch, Gummischuhe, Softshelljacke

Herbst

Windig und grau

Oft herrliche Spätsommer, dann wieder Wolken und Sturm

Was kann man Outdoor machen: Kite- und Windsurfen

Was sollte man dabeihaben: Klamotten für eine weite Temperaturspanne

Winter

Mild, verregnet und manchmal eisig

Bei Kältewellen gerät das Land wegen der Möglichkeit zum Schlittschuhlaufen in Ekstase

Was kann man Outdoor machen: Strandwanderungen, Eislaufen

Was sollte man dabeihaben: Daunenjacke, Mütze, Schlittschuhe

Frühling im Tulpengarten Keukenhof bei Amsterdam

außerdem bereits an Sonnenschutz denken. Nicht zuletzt sind auf den Blumenfeldern erste Aktivitäten sichtbar und touristische Aushängeschilder wie der Keukenhof öffnen ihre Pforten.

April – Frühlingsblüte

Rund um die Osterzeit erreicht die Vorsaison ihren Höhepunkt. Halb Deutschland scheint sich nun einen Urlaub am Strand vorstellen zu können, wo es bis gegen 21 Uhr hell ist. Kanu- und Fahrradverleihe öffnen ihre Pforten. **Insider-Tipp** An den Stränden werden praktische Ferienhäuser *(strandhuisje.nl)* aufgebaut, die du am besten rechtzeitig buchst. Das Wetter kann sich in alle Richtungen entwickeln, vom angenehmen Sonnenbad bis zum Dauereinsatz fürs Regencape ist alles möglich.

Mai – traumhaft lange Tage

Im Wonnemonat erleben die touristischen Regionen einen Ansturm, weil lange Wochenenden vor allem Deutsche zu einem Kurztrip ans Meer einladen. Draußen ist es angenehm warm – und wer sich in der Nähe von Gewässern befindet, kann mehr als nur die Fußspitze ins Wasser halten, ohne einen Kälteschock zu erleiden. Bei bis zu 16 Stunden Tageslicht sind Aktivitäten keine Grenzen gesetzt.

Juni – verlässlich gut

Der wohl schönste Monat in den Niederlanden, denn die Tage sind unwirklich lang und das Wetter kann beständig hervorragend sein. Auf den Wattenmeerinseln ist noch nach Mitternacht ein Lichtschweif am Himmel zu sehen. Außerdem haben in den meisten Regionen die Schulferien noch nicht begonnen, weshalb Strände, Gewässer, Metropolen und historische Städtchen vergleichsweise leer und Unterkünfte günstig sind.

Juli – Badewetter allerorten

Die Hochsaison nimmt ihren Lauf. Anfangs noch ohne Wehmut, denn die Tage scheinen immer noch endlos. Auch erreicht die Nordsee mit 18, 19 und manchmal 20 Grad langsam ihre Jahreshöchstwerte. Zuletzt ist die Zahl der tropischen Tage mit Werten über 30 Grad schnell gestiegen. Doch es kann genauso passieren, dass es bei hoher Schauerneigung wochenlang um die 20 Grad hat. Kein unangenehmer Gedanke, wenn der Süden Europas unter Hitzewellen ächzt.

August – ideal für Outdoor-Fans

Ein Prachtmonat für alle Aktivitäten. Doch auch für den Hochsommer gilt, dass unbeständige Wetterlagen wahrscheinlicher sind als Hitzewellen mit tropischen Temperaturen. Dafür sind die Wassertemperaturen mit einiger Verlässlichkeit angenehm. Strandtage, Wanderungen, Radtouren und kleine Abenteuer auf dem Wasser sind ebenso ein Vergnügen, wie Gastspiele in den Städten. Gegen Monatsende steigt die Chance auf schwüle Tage, Gewitter und einen Spätsommerblues.

September – der Sommer geht

Wer sich hervorragenden Wetters sicher sein möchte, begegnet dem September bereits mit einiger Skepsis. Auch werden die Tage nun merklich kürzer. Andererseits sind Temperaturen um die 25 Grad immer noch realistisch, wobei das Meer nicht selten jetzt erst seine Höchsttemperatur erreicht.

Oktober – nicht selten stürmisch

Auch im Herbst ist eine Reise in die Niederlande ein Vergnügen. Mindestens in der ersten Monatshälfte sind Wasseraktivitäten noch möglich – und wer Land unter den Füßen hat, kann sich ungehindert austoben. Gegen Monatsmitte wird es richtig herbstlich, wobei es den Norden früher erwischt. Aber das ist keine Tragödie, denn Drachenfliegen oder Kitesurfen können ein großes Vergnügen sein, wenn das Thermometer 12 bis 17 Grad anzeigt.

November – nass und unwirtlich

Grau ist der November auch in vielen Teilen der Niederlande. Allerdings herrschen unmittelbar an der Küste andere Gesetze: Zeeland und die Westfriesischen Inseln zählen die meisten Sonnenstunden. Bei Temperaturen zwischen 8 und 12 Grad kann es angenehme Überraschungen geben. Und gegen eine Architekturwanderung oder einen Spaziergang spricht auch bei mäßigem Wetter wenig.

Dezember – düster und grau

Jetzt dreht sich alles um „gezelligheid". Das Wort vereint alles, was das Leben angenehm und im Winter zusätzlich gemütlich macht. Wer Wind und Wetter nicht scheut, ist an der Küste gut aufgehoben. Außerdem besitzen die Städte so viele Qualitäten, dass eine Reise selbst dann sehr schön sein kann, wenn es schon um 15.45 Uhr zu dämmern beginnt.

WETTER IN DEN HAAG

Hauptsaison: JUNI – SEPT.
Nebensaison: JAN. – MAI, OKT. – DEZ.

	JAN.	FEB.	MÄRZ	APRIL	MAI	JUNI	JULI	AUG.	SEPT.	OKT.	NOV.	DEZ.
Tagestemperaturen	6°	7°	9°	13°	16°	19°	21°	21°	18°	15°	10°	7°
Nachttemperaturen	3°	2°	4°	6°	10°	13°	15°	15°	14°	10°	6°	4°
Sonnenschein Stunden/Tag	3	4	6	8	9	10	10	9	7	6	4	3
Niederschlag Tage/Monat	10	9	9	8	9	8	10	10	10	10	11	11
Wassertemperatur in °C	6	6	7	9	12	15	17	18	18	16	13	9

AKTIV & DRAUSSEN

*DEINE URLAUBSREGION ERLEBEN

Eine Kanutour ist immer eine gute Idee im niederländischen Sommer

Die Küste eignet sich so sehr zum Baden, Surfen und Wandern, dass dies nur im Ausnahmefall erwähnt wird. Im Hinterland kannst du etlichen Wassersportarten nachgehen. Außerdem sind die Niederlande das ultimative Fahrradland: Das Wegenetz ist gigantisch und in hervorragendem Zustand. Beliebt noch Fun-Sport von Bauerngolf bis Bodyboarden – und die Schlussfolgerung: Die Niederlande sind perfekt für Outdoor-Aktivitäten.

Drachen steigen lassen

An den langen Stränden mit ihrer ständigen Brise kannst du großartig Drachen steigen lassen. Das machen die Einheimischen z. B. beim Vliegerfestival *(vliegerfeestscheveningen.nl)* in Scheveningen am letzten Septemberwochenende. An manchen Stränden ist das Drachensteigenlassen im Sommer allerdings verboten, um andere Gäste nicht zu stören. Informationen dazu findest du auf Schildern am Strandzugang.

Kanufahren

Mit ihren Kanälen, Flüssen und Seen sind die Niederlande wie gemacht zum Kajak- und Kanadierfahren. Das beginnt schon in Städten wie Gouda, Leiden, Haarlem oder Zwolle, die allesamt einen Stadtgraben besitzen. Vom Boot aus eröffnen sich so ganz neue Perspektiven. Exzellente Reviere sind auch Nationalparks wie Alde Feanen *(np-aldefeanen.nl)* oder Weerribben-Wieden *(visitweerribbenwieden.com)*. Die von Fans für Fans angelegte Webseite Kanoweb (*kanoweb.nl*, nur auf Niederländisch) führt eine ganze Reihe spannender Routen auf, die sich für Tagesausflüge und mehrtägige Exkursionen gleichermaßen eignen. Hier gibt es auch ausführliche Informationen zu Bootsverleihen in allen Küstenprovinzen. Weitere Tourenvorschläge gibt es auf *kanoroutes.nl*.

Radfahren

Die Niederlande sind ein Fahrradland wie aus dem Bilderbuch, denn die platte Landschaft eignet sich

Guter Ausblick fast immer garantiert: Radtour in den Dünen

Die friesischen Seen gehören zu den beliebtesten Segelrevieren der Niederlande

wunderbar zum entspannten Radeln. **Insider-Tipp** Der Orientierung dient ein differenziertes System an Knotenpunkten *(fietsknoop.nl/planner)*, die ausgeschildert sind. Wer vor ihnen steht, findet darauf zusätzliche Informationen über die Umgebung. In jedem größeren Ort gibt es einen Fahrradverleih, der mittlerweile mehr E-Bikes als gewöhnliche Velos im Angebot hat. Die Läden befinden sich in der Nähe von Bahnhöfen, Fähranlegern sowie in Städten und Feriendörfern. Dort kannst du auch alle nötigen Extras mieten, von Regencapes bis zu Kinderanhängern *(fietsersbond.nl)*. Alles zum Thema Fahrradtourismus, inklusive Tagestouren und einem Online-Fahrradroutenplaner, findest du unter *hollandfahrradland.de*.

Schlittschuhlaufen

Im Winter bekommen die Menschen in den Niederlanden kollektiv das Eislauffieber. Die Gespräche drehen sich fast ausschließlich um die Dicke des Eises auf Flüssen und Kanälen oder die Temperaturen der kommenden Nächte. Die gemeinsame Hoffnung ist, dass die Elfstedentocht *(elfstedentocht.nl)* endlich wieder stattfinden kann – das berühmte Langstreckenrennen auf Schlittschuhen, das seit 1997 nicht mehr ausgetragen worden ist. Doch auch ein paar Kilometer auf Natureis erfüllen die Niederländer:innen mit großem Glück.

Segeln

In vielen friesischen Städtchen kannst du Boote mieten und damit auf den umliegenden Seen segeln. Hand anlegen kann man bei einigen Wattentörns mit typisch niederländischen Plattbodenbooten der Braunen Flotte (€€€ pro Pers./Tag, Historische Zeilvaart Harlingen, Zuiderhaven 59, *historischezeilvaart.nl*). Wer nicht segeln kann oder mag, muss aber deshalb nicht an Land bleiben: Beim Verleih Ottenhome (€€€ pro Tag, *ottenhomeheeg.nl*) in Heeg gibt es auch ohne Bootsführerschein Schaluppen und andere Wasserfahrzeuge.

Surfen

Bei den Spielarten des Brettsports bildet mittlerweilen das Kitesurfen die klare Mehrheit. An windigen Tagen schwirren in Hotspots wie Brouwersdam Hunderte Schirme am Strand vorbei. Informationen über die besten Orte und aktuelle Konditionen findest du

MARCO POLO OUTDOOR-KNIGGE

Sei freundlich und hilfsbereit

Ein Lächeln und ein freundlicher Gruß kosten nichts. Wenn andere in Schwierigkeiten sind, biete ihnen deine Hilfe an, sei es bei der Orientierung, mit einem Pflaster oder dem Fahrradwerkzeug.

Lass dir Zeit

Lass Hektik und Stress zu Hause, wenn du in die Natur reist. Spüre ihren Rhythmus, lass dir Zeit und nimm die Landschaft mit allen Sinnen wahr.

Bleib auf festen Wegen

Auch wenn Abstecher ins Wilde locken, diese Welt gehört den Tieren und Pflanzen – sei ein guter Gast und bleib auf deinem Pfad.

Sei leise

Das tut dir und allen um dich herum gut: einfach mal das Handy stumm schalten und leise sprechen. Plötzlich sind die Geräusche der Natur ganz nah und du kommst selbst zur Ruhe.

Bleib wachsam

Rüste dich gut aus und hab immer ein Auge auf Wetter und Gelände. Sonst bringst du nicht nur dich selbst in Gefahr, sondern auch die Retter, die dir im Notfall zu Hilfe eilen.

Nimm nur Erinnerungen mit

Widersteh der Verlockung, Pflanzen, Steine oder sogar Tiere einzufangen und mitzunehmen. Sie gehören hierher, also nimm nur ein Foto für deine Erinnerungen mit.

Hinterlasse nur Fußspuren

Ob Taschentuch, Brottüte oder Bananenschale – hinterlasse keine Abfälle. Das, was andere liegen gelassen haben, kannst du mitnehmen und im nächsten Mülleimer entsorgen. So lässt du die Natur sauberer zurück, als du sie vorgefunden hast.

Mach dich schlau

Neben „Benimmregeln" gibt es auch Gesetze, an die du dich halten musst, etwa in Naturschutzgebieten. Bereite dich auf deinen Trip vor, so lernst du auch etwas über die Menschen, die an deinem Reiseziel leben.

auf 35 Knots *(35knots.com)*. Windsurfen ist nach wie vor auf den vielen Seen in Friesland, auf dem Ijsselmeer und auf den Westfriesischen Inseln angesagt. Brett und Segel kannst du in allen größeren Badeorten mieten. An einigen Stellen ist die Nordsee zudem ein Paradies zum Wellenreiten. Beliebt sind die Strände von Bloemendaal bei Zandvoort und bei Ter Heijde (Dreams Surfschool, Strandzugang Karel Doormanweg, Ter Heijde, *dreamssurfschool.nl*, €€€ für 2 Std.).

Tauchen

Die Provinz Zeeland hat sich zu einem Lieblingsziel zum Sporttauchen gemausert. Populär und mit ausgesuchten Spots mit guter Infrastruktur ausgestattet sind die durch die Deltawerke vom offenen Meer abgetrennten Gewässer wie Grevelingen-Meer.

Wandern

Das Wandern ist in der jüngeren Vergangenheit enorm populär geworden. Alle örtlichen Tourismusbüros bietet in Broschüren und auf Webseiten gut dokumentierte Routen an, die fast flächendeckend mit einem Knotenpunktsystem erschlossen sind. Viele Wanderungen sind ohne größeren Planungsaufwand möglich und die Ausgangspunkte mit öffentlichen Verkehrsmitteln erreichbar. Die Niederländischen Eisenbahnen (NS) haben auf ihrer Homepage eine ganze Reihe von Routen *(ns.nl/dagje-uit/wandelen)*.

Dramatisch: Kitesurfer vor dem Abendhimmel von Zandvoort

5 PERFEKTE TAGE
*VIEL ERLEBEN IN KURZER ZEIT
ca. 1 h
TAG 3: Natur, Denkmäler und Street Art
In Noord-Holland findest du einsame Dünenlandstriche, Geschichte und Kunst
TAG 2: Seebad in Stadtnähe erkunden
Den Haag kann mit allen Annehmlichkeiten aufwarten
ca. 1 h
TAG 1: Perfekter Start mit Sprung in die Wellen
Zeeland steht für Strand, Sonne, Meer und Pavillons.
A7
A4
A21
Alkmaar
Haarlem
Amsterdam
Leiden
Den Haag
Zoetermeer
Delft
Utrecht
Middelburg
Brugge
Oostende

Bremerhaven
TAG 5: Schroffe Natur und sanfte Schäfchen
Auf Texel wanderst du in ungestümer Natur, ehe du mit Lämmern schmust
Oldenburg
ca. 2,5 h
Assen
NIEDERLAND
UTSCHLAND
Zwolle
Osnabrück
TAG 4: Ein wenig wie in Venedig
Rund um Giethoorn gibt es Kanäle und eine ehemalige Insel.
Bielefel
Gütersloh
Nijmegen
Hamm
Recklinghausen
Gelsen-kirchen
Bottrop
Herne
Dortmund
Oberhausen
Moers
Essen
Bochum
Mülheim an der Ruhr
Duisburg
Venlo
Krefeld
Hagen
Düsseldorf
Wuppertal
Neuss
Remscheid
Mönchengladbach
Solingen

Dünen, breiter Strand und leichte Wellen: eine Küste wie aus dem Bilderbuch

Du möchtest in kurzer Zeit möglichst viele Orte entdecken und Aktivitäten unternehmen, die das Flair deiner Urlaubsregion ausmachen? Dann sind „5 perfekte Tage" genau das Richtige für dich. Hier findest du die Lieblingsorte des Autors und was er dort am liebsten unternimmt.

TAG 1: PERFEKTER START MIT SPRUNG IN DIE WELLEN

Renesse und West-Zeeland

- **Die Sehnsucht nach Sonne, Strand und Meer ist riesig.** Also kommst du nicht daran vorbei, zum Beginn der Ferien rituell ins Wasser zu springen. Das lässt sich mit einer ersten Erkundungstour verbinden, denn diese führt über den Strand durch die Dünen ins Hinterland von Renesse. → S. 42
- **Nach einem typisch niederländischen Snack in einem der Strandpavillons** bleibt noch massig Zeit für einen ersten Ausflug ins historische Zeeland: Das Dorf Brouwershaven hat seine Blütezeit bereits im 14. und 15. Jh. erlebt, was sich noch heute in einem entzückenden Erscheinungsbild mit kleinem Hafen und formschönen Giebelhäusern bewundern lässt. → S. 50
- **Wenn du noch Energie übrig hast,** kannst du dich anschließend mit einer unerwarteten Facette der Region vertraut machen: Das Weingut De Kleine Schorre produziert überraschend gute Tropfen – und es lädt zu einer kleinen Wanderung durch die – hier ziemlich flachen – Weinberge. → S. 50

TAG 2: SEEBAD IN STADTNÄHE ERKUNDEN

Scheveningen und Den Haag

- **Der Regierungssitz Den Haag verfügt mit Kijkduin und Scheveningen** gleich über zwei reizvolle Seebäder. Das musst du ausnutzen, indem du zunächst eine ausführliche Radtour durch das Naturschutzgebiet Meijendel unternimmst, wo Dünen und Hinterland noch so sind, wie die Nordseeküste ursprünglich mal gewesen ist. → S. 74
- **Am Nachmittag steht Den Haag auf dem Programm.** Die einst behäbige Stadt ist in der jüngeren Vergangenheit immer hipper geworden, versteht es aber zugleich, ihrem Status als Sitz des Königshauses weiterhin würdevoll gerecht zu werden. Wie genau das aussieht, kannst du in Erfahrung bringen, wenn du einem Parcours durch das Zentrum folgst,

Zeeland

• Einmal im Leben direkt am Meer nächtigen? Dieser Traum wird in den Ferienhäusern von Slaapzand wahr, die während der Saison in Domburg auf dem Strand stehen. *(slaapzand.nl, €€).*

Zuid-Holland

• Die Übernachtung in den nostalgisch eingerichteten Kabinen des Ozeanriesen SS Rotterdam ist eine Reise in die Glanzzeiten der Schifffahrt. Mit dem Wassertaxi bist du zudem blitzschnell in der pulsierenden Hafenstadt *(ssrotterdam.nl, €€).*

In Noord-Holland

• Auf dem Campingplatz De Laekens bei Bloemendaal aan Zee kannst du in einem amerikanischen Airstream-Wohnwagen schlafen – am Rande der Dünen und auf Wunsch mit privatem Saunawagen *(campingdelakens.nl, €€).*

Friesland und Groningen

• Einschlafen mit Blick auf den Sternenhimmel? Diese romantische Vorstellung ermöglicht das Hotel Weidumer Hout. Es lockt neben gemütlichen Zimmern im ehemaligen Bauernhof auch mit frei stehenden Minihäusern mit Panoramafenstern *(weidumerhout.nl, €/€€).*

Wattenmeerinseln

• Das Hotel Posthuys liegt fernab des einzigen Ortes auf der Insel Vlieland. Von hier aus bist du schnell am Strand und in den Poldern. Auch kannst du bei klarem Himmel zu einer herrlichen Nachtwanderung unter dem Sternenhimmel aufbrechen *(posthuysvlieland.nl, €€/€€€).*

Der Binnenhof in Den Haag steht als Rijksmonument unter Denkmalschutz

der dich zu mehreren Palästen sowie der Königlichen Gemäldegalerie führt. → S. 84

• **Noch Energie übrig?** Dann bietet sich am frühen Abend noch eine Partie Beachvolleyball in Scheveningen an. → S. 85

TAG 3: NATUR PUR, DENKMÄLER UND STREET ART

Wald und Strand in Noord-Holland

• **Die Küste der Provinz Noord-Holland ist weitläufig** und von makellosem Sandstrand flankiert. In Castricum kannst du das in vollem Umfang genießen. Zunächst startest du am Bahnhof zu einer Wanderung durch die küstennahen Wälder. Durch das Wasserreservoir gehst du über die Dünen zum Strand, wo du nach einem Sprung in die Wellen in einem der Pavillons mit Blick aufs Meer zu Mittag isst. → S. 102

• **Zurück am Bahnhof, fährst du in die Käsestadt Alkmaar,** wo du den historischen Markt und weitere 999 Denkmäler erkundest. → S. 111

• **Am Nachmittag nimmst du den Intercity nach Amsterdam.** Dort gehst du an Bord der kostenlosen Fähre zur ehemaligen NDSM-Werft, wo du dir in aller Ruhe und ohne weitere Anstrengungen die raue Seite der Stadt ansiehst – inklusive Street Art. → S. 108

TAG 4: EIN WENIG WIE IN VENEDIG

Giethoorn und Umgebung

- **Schon seit Ewigkeiten muss sich Giethoorn dem Vergleich mit Venedig stellen.** Das ist haarsträubender Unsinn, denn es handelt sich nicht um die Kapitale eines mächtigen Seefahrerimperiums, sondern um ein charmantes Dorf, das zufällig einen guten Teil seines Verkehrs über Wasserstraßen abwickelt. Wie das genau aussieht, kannst du dir bei einer Tour mit dem Flüsterboot ansehen. → S. 130
- **Anschließend fährst du ein paar Kilometer weiter in den Nationalpark Weerribben-Wieden.** Hier mietest du dir ein Kajak, um ein viel größeres – und deutlich einsameres – Revier zu erkunden. Der Parcours führt vorbei an Sumpfschwertlilien und Seerosen durch ein ehemaliges Torfabbaugebiet. → S. 128
- **Und schließlich erkundest du die einst stolze Fischerinsel Urk,** die sich heute wie ein bewohntes Freilichtmuseum gibt. → S. 143

TAG 5: SCHROFFE NATUR UND SANFTE SCHÄFCHEN

Im Wattenmeer auf Texel

- **Im Naturschutzgebiet De Slufter hat die Nordsee vor langen Jahren den Deich durchbrochen.** Was bedrohlich klingt, hat eines der schönsten Naturschutzgebiete des Landes hervorgebracht. Bei einer Wanderung entdeckst du zunächst die Salzwiesen und Priele, ehe du über den Strand in den Norden dieser prachtvollen Insel wanderst. → S. 180
- **Bei Ebbe machst du dich anschließend in Begleitung eines ortskundigen Experten** im Wattenmeer auf die Suche nach Austern, die hier in großen Stückzahlen vorkommen und die du anschließend verkosten kannst. → S. 190
- **Zu guter Letzt gehst du auf Schmusekurs** – und zwar zu den frisch geborenen Lämmern auf einem Kinderbauernhof. Für den Nachwuchs gibt's zudem einen Spielplatz, für die Erwachsenen einen Hofladen. → S. 192

Morgennebel verzaubert die Landschaft im Nationalpark Weerribben-Wieden

SOUVENIRS & MITBRINGSEL

Ein Stück Niederländische Küste mit nach Hause bringen – nichts leichter als das! Die Gegend bietet eine Fülle an typischen und traditionellen Produkten fernab vom typischen Souvenir-Klimbim, über die sich alle freuen:

Jenever

Schiedam gilt als die Welthauptstadt des Jenever. Der Wacholderschnaps ist der Vorläufer des ungleich populäreren Gin – und er feiert zurzeit eine Renaissance. Anlass genug, eine Flasche des hochprozentigen Getränks als Souvenir mit nach Hause zu bringen. Die Jeneverie 't Spul in (Hoogstraat 92, Schiedam, *tspul.nl*) hat eine große Auswahl.

Blumenzwiebeln

Die Niederländer:innen sind unschlagbar bei der Produktion von Tulpen, Narzissen, Hyazinthen und vergleichbaren Gewächsen. Wenn du damit deinen Garten oder Balkon aufhübschen möchtest, solltest du dich vor Ort mit günstigen Blumenzwiebeln eindecken. Auf dem Amsterdamer Blumenmarkt (Singel, Amsterdam) ist die Vielfalt unerreicht.

Käse

Niederländischer Käse ist weitaus mehr als nur der aus dem Supermarkt bekannte Gouda. Köstliche Varianten sind der Stolwijker, der Terschellinger und der Echte Texelse. Die Delikatessen sind auf Hofläden in der jeweiligen Region und in gut sortierten Supermärkten erhältlich. Sei es als praktische Kugel oder transportfähig eingeschweißt.

Lammfell

Die Insel Texel brüstet sich gerne damit, dass dort mehr Schafe als Menschen beheimatet sind. Ein populäres Mitbringsel ist das ebenso flauschige wie dekorative Fell eines Lammes, erhältlich z. B. bei Texelana (Heemskerckstraat 8, Oudeschild, *texelana.nl*).

Stroopwafels

Frische Waffeln mit Sirupfüllung sind neben dem Käse die zweite kulinarische Visitenkarte Goudas. Von der Siroopwafelfabriek Kamphuisen (Markt 69, Gouda, *siroopwafel fabriek.nl*) abgepackt, eignen sie sich gut für die Mitnahme nach Hause – sei es als Mitbringsel für die Familie oder zum Eigenverzehr. Aufwärmen in der Pfanne nicht vergessen.

Dutch Design

Ein formschöner Stuhl ohne Armlehnen aus dem Atelier von Dirk van der Kooij. Eine Designerlampe von Post Acoustics oder doch lieber eine von Marcel Wanders mit Tieren aus der Welt der Fantasie gestaltete Fliese aus Delfter Blau? Von niederländischen Designer:innen produzierte Gebrauchsgegenstände besitzen fast immer eine besondere Qualität, erhältlich z. B. bei Droog (Staalstraat 7B, Amsterdam, *droog.com*). Viele von ihnen passen auch ins traute Heim und sind leicht mitzunehmen.

DIE REGIONEN IM ÜBERBLICK
*HIER IST FÜR JEDEN WAS DABEI
Nordseeinseln im Watt – für Individualist:innen und Birdwatcher
Wattenmeer-inseln → S. 176
Nordsee
Noord-Holland → S. 92
Hohe Dünen und Kanäle – für Radler:innen und Wassersportbegeisterte
Alkmaar
Haarlem
Amsterdam
Zuid-Holland → S. 64
Historische Städte und Seebäder – Action für vielseitige Interessierte
Leiden
Den Haag
Zoetermeer
Delft
Rotterdam
Dordrecht
Middelburg
Zeeland → S. 36
Strände, Inseln und Scha
tiere – für Wasserratten
Genießer:innen

eer
Leeuwarden
Groningen
Friesland und Groningen → S. 148
Seenplatten und Wattenmeer – für Wanderfans und Erholungssuchende
ad
Zwolle
Ijsselmeer → S. 120
Sichere Gewässer und malerische Dörfer – zum Segeln, Surfen und Radeln
Apeldoorn

Besonders unter Wasser attraktiv: Das Grevelingenmeer ist ein Tauchrevier

Zeeland

STRAND UND MEER OHNE ENDE

Zeeland ist ein populäres Urlaubsziel. Vor allem bei Menschen aus Nordrhein-Westfalen, denn die Strände von Renesse und Domburg sind für sie der Zugang zum Meer. Die Niederländer:innen haben sich darauf eingestellt, indem sie Teile der Provinz zu einer Art Ferienpark nicht nur, aber vor allem für Deutsche umgebaut haben: von makellosen Stränden bis zu hervorragend unterhaltenen Radwegen ist die Infrastruktur nahezu perfekt. In jedem Ort kannst du Fahrräder und andere Sportgeräte leihen. Auch Genussmenschen kommen auf ihre Kosten: Zeeland ist ein Traum für Fans von Fisch und Meeresfrüchten. Die größten Orte befinden sich mit Middelburg und Vlissingen auf der Halbinsel Walcheren. Während die dünn besiedelte Insel Schouwen-Duiveland ein Gefühl der Abgeschiedenheit vermittelt, weist der niederländische Teil Flanderns Einflüsse des Nachbarlandes auf.

AUF EINEN BLICK

*ZEELAND

SEE

MARCO POLO

OUTDOOR-HIGHLIGHTS ★

★ Auf Seafood-Jagd in der alten Hafenstadt

Entdeckungen bei einer Radtour auf Schouwen-Duiveland → S. 40

★ Durch die Wanderdünen bei Renesse

Wo sich die ursprüngliche Dünenlandschaft der Nordseeküste entfaltet → S. 42

★ Wandern und Action auf dem Brouwersdam

Die ultimative Destination für Kunststücke mit dem Lenkdrachen → S. 44

★ Das Bilderbuchdorf am Meeresarm

Wer durch Veere flaniert, wähnt sich im Glanz vergangener Zeiten → S. 46

★ Im Feinschmecker-Paradies

Yerseke ist für seine Austernzüchter landesweit bekannt → S. 48

Wandern und Action auf dem Brouwersdam
Durch die Wanderdünen bei Renesse
Auf Seafood-Jagd in der alten Hafenstadt
Im Feinschmecker-Paradies
15 km, 15 Min.
30 km, 30 Min.
83 km, 1 Std. 10 Min.
NIEDERLANDE
Oosterschelde
Westerschelde
Hoek van Holland
De Lier
Maassluis
Schiedam
Brielle
Vlaardingen
Hoogvliet
Spijkenisse
Hellevoetsluis
Oud-Beijerland
Ouddorp
Middelharnis
Renesse
Haamstede
Serooskerke
Zonnemaire
Bruinisse
Heijningen
Zierikzee
Sint-Annaland
Stavenisse
Steenbergen
Tholen
Wolphaartsdijk
Middelburg
Goes
Yerseke
Bergen op Zoom
Nieuwdorp
Ovezande
Hoogerheide
Kloosterzande
Stabroek
Terneuzen
Zaamslag
Kapellen
Hulst
Assenede
Antwerpen
Beveren
Stekene
Zelzate

OUTDOOR-HIGHLIGHTS

*DIE BESTEN ERLEBNISSE DRAUSSEN

Auf Seafood-Jagd in der alten Hafenstadt ★

Lange bevor Brücken den Transfer auf die damalige Insel Schouwen vereinfacht haben, war Zierikzee eine Macht. Im Mittelalter hart umkämpft, ist das Städtchen mit seinen 12 000 Einheimischen ein Zufluchtsort für nostalgische Gäste. Auch dient die prächtige Hafenstadt als Ausgangspunkt für eine Radtour, die das Leben mit und den Kampf gegen das Wasser illustriert.

Über den Deich zum Hummer

Hafenbecken, Zugbrücke und das trutzige Zuidhavenpoort bilden ein Ensemble, das man nur ungerne hinter sich lässt. Doch keine Sorge, die vor dir liegende Runde sorgt für Entschädigung. Los geht es vorbei am über 3 km langen Havenkanal, der die Stadt bereits seit 1599 über eine Schleuse mit dem offenen Meer verbindet. Durch die Polder führt eine Abkürzung zum Deich, der das fragile Land vor der Oosterschelde schützt. In dem imposanten Meeresarm ist der Oosterscheldekreeft beheimatet, eine von Feinschmeckern sehr geschätzte Hummersorte. Zur Rechten befinden sich immer wieder Gewässer, die durch den Deichbau entstanden sind. Bald wird das Gemaal Provinciale Weg erreicht, das seinerseits dem Abpumpen von Wasser dient. Zeeland ist nun einmal von Wasser umspült – und spätestens seit dem Trauma der Flutkatastrophe von 1953 überlassen die Niederländer nichts mehr dem Zufall. **Insider-Tipp** Weiter geht es zum Viswinkel De Heerenkeet, der herrlichen Hummer im Angebot hat. Die Spezialität ist aber hausgeräucherter Aal (Boogerdweg 1b, Kerkwerve, *versopjebord.nl*).

Mehr Spezialitäten beim Fischer

Es folgt ein breiter, asphaltierter Damm, der abermals auf beiden Seiten von Wasser umspült wird. Inmitten der Polder befindet sich ein Aussichtsturm, von dessen Plattform ein erhellender Blick auf die eigenartige Landschaft möglich ist. Nächstes Etappenziel ist das Dorf Serooskerke, wo der Parcours einen weiten Bogen schlägt, um anschließend am Nordostufer des Feuchtgebiets wieder Kurs auf Zierikzee zu nehmen. Auffällig: die gepflegten Bauernhöfe an beiden Seiten der Strecke. Kurz hinter Knotenpunkt 91 geht es in den Bootsweg, an dessen Ende sich mit dem Visserijbedrijf van den Hoek ein weiteres Fachgeschäft für Spezialitäten aus dem Meer befindet. Ein kleiner Schlenker bringt dich nach Kerkhove, ein typisch niederländisches Ringdorf, wo die Kirche von einer kreisförmigen Straße umgeben ist. Nun ist das Ziel in Zierikzee schon fast in Sicht – und damit auch das zauberhafte Ensemble am Hafenbecken, wo sich ein Lokal ans andere reiht.

Die Tour im Überblick

Einfache Schlemmertour mit dem Rad durch den Süden von Schouwen-Duiveland, 30 km, 2 Std.

Mit dem Zug bis Goes, Bus 132 bis Zierikzee Busstation | Mit dem Auto über N 256 aus Richtung Süden, N 59 aus Westen und Osten, Parkplatz Havenpoort, Groene Weegje 13 | Fahrradknotenpunkte 8, 90, 89, 81, 80, 88, 91, 8 | zeeland.com

Do, Fr 9–17 oder Sa 9–12 Uhr, wenn die Fischgeschäfte geöffnet sind
Regencape, ein bisschen Hunger
51.64766, 3.92597 (Startpunkt)

DOWNLOAD GPX-Track

Trutzig: Stadttor in Zierikzee mit Zugbrücke und Hafenbecken (li). Schouwen-Duiveland ist eine gute Adresse für Meeresfrüchte (re.)

Durch die Wanderdünen bei Renesse ★

Insbesondere wegen seines breiten Strandes und des lebendigen Nachtlebens ist Renesse das Lieblingsziel vieler deutscher Gäste. Doch wie eine Wanderung durch die Dünen und das Hinterland beweist, hat der Küstenort auf Schouwen-Duiveland auch seine meditativen Seiten.

Auf zum Strand

Architektonisch auffällig ist Renesse nicht. Außer rund um die Jacobuskerk, denn das Gotteshaus ist von einer kreisförmigen Straße eingerahmt und weist Renesse somit als typisch niederländisches Ringdorf aus. Hier startet auch die Wanderung, die zunächst über den ruhigen Oude Molenweg in Richtung Strand führt. Hinter dem Fahrradparkplatz bauen sich erste, bis zu 21 m hohe Dünen auf. In Richtung Westen führt der Weg durch die Sandgebilde, die sich auf den kommenden Kilometern als Mischung alter und neuer Dünen erweisen. Die Dünen wachsen hier bis in die Gegenwart, und eine Dorflegende besagt, dass sie unter anderem die Kapelle Onze Lieve Vrouwe op Zee unter sich begraben haben. **Insider-Tipp** Wer eine Fernglas dabei hat, sollte auf den Kuppen bei Ebbe auf die Sandbänke im Meer blicken, wo sich immer wieder Seehunde tummeln. Man hat sie schnell im Visier.

Die Füße ins Wasser

Je weiter du nach Westen kommst, umso breiter wird nun auch der Strand. Höchste Zeit also, die Dünen zu verlassen und die Füße ins Meer zu halten. Vor allem bei Niedrigwasser mutet das Revier fast unwirklich an, das sich für weitere Abstecher in Richtung Meer geradezu aufdrängt. Am Strandaufgang Verklikkerpad geht es zurück ins Hinterland, das hier von Wanderdünen geprägt ist, zwischen

Abendstimmung am Strand von Renesse: Abseits der Partymeile ist der Sonnenuntergang erhaben (li). In den Dünen bist du auch mit Rad und Pferd willkommen (re.)

denen sich drei Täler auftun – ein Königreich für Libellen, Salamander und Kaninchen. Letztgenannte sind hier so zahlreich, dass die Einheimischen die Gegend Konijnencircus nennen: Kaninchenzirkus.

Ab in die Pilze

Hinter dem riesigen Campingplatz De Duinhoeve ändert sich die Landschaft erneut. Du erreichst nun die Ausläufer eines Wäldchens, das für seine alten Bestände bekannt ist und in dem sich ein 4 km langer Rundkurs für Reiter befindet. In der Saison gedeihen hier außerdem zahlreiche Pilzsorten, denen die meisten Einheimischen, anders als viele Deutsche, mit gehöriger Skepsis begegnen. Nach diesem Highlight führt die Route auf ruhigen Pfaden zurück, bis Renesse erreicht ist. Ein Besuch lohnt von Mai bis Juli übrigens auch am Abend, denn dann geht die Sonne über dem Meer unter.

Die Tour im Überblick

Mittelschwere Rundwanderung ab dem Parkplatz Transferium Renesse und dorthin zurück, etwa 12 km, 3 Std.

Mit dem Bus zum Transferium mit Linien 104, 133, 628, 633 | Parkplatz Transferium, Roelandsweg 11, Renesse | Wanderknotenpunkte 85, 70, 91, 11, 12, 80, 81, 82, 85 | renesseaanzee.nl

Besonders schön bei Ebbe wegen der Seehunde, im September kann man Pilze suchen

Wanderschuhe, Badehose, Fernglas

51.73218, 3.77320 (Startpunkt)

DOWNLOAD GPX-Track

Wandern und Action auf dem Brouwersdam ★

Der Brouwersdam verbindet die Inseln Goeree-Overvlakkee und Schouwen-Duiveland. Als Ingenieure den befahrbaren Deich als Teil der Deltawerke errichteten, konnten sie nicht ahnen, dass sie zugleich ein einzigartiges Naherholungsgebiet erschufen. Hier fühlen sich Spaziergänger ebenso wohl wie Action-Sportler.

Bunte Fluggeräte

Wer sich von der Deichkrone in Richtung der Dünen bewegt, dem peitscht schon auf dem Asphalt der Sand ins Gesicht. Auf dem Wasser spielt sich unterdessen ein unwirklich anmutendes Schauspiel ab: Bunte Fluggeräte ziehen mit hoher Geschwindigkeit elegant ihre Bahnen. Dahinter verbirgt sich harte Arbeit, denn um die Drachen zu steuern, muss man der Naturgewalt unter Einsatz aller Kraft standhalten.

Am Strand angekommen, bewegst du dich in nordöstliche Richtung. Nach gut 1 km wird der Strand immer schmaler, im Hintergrund ist eine Art Hafenbecken erkennbar, das den Kapitänen von Freizeitbooten als Landungsplatz dient. Dies ist zugleich der Wendepunkt. Mit Blick auf die vorbeiziehenden bunten Schirme spazierst du nun in Richtung Südwesten, wobei statistisch eine gute Chance auf erheblichen Gegenwind besteht.

Auf die ruhige Seite

Nach rund 2 km ist das andere Ende des künstlichen Eilands erreicht. Die Sonnenterrasse des auf Stelzen errichteten Strandclubs Zee lädt dazu ein, das Geschehen mit einem Heiß- oder Kaltgetränk weiter auf sich wirken zu lassen. Anschließend überquerst du den Damm und die Schnellstraße N57, um auf die etwas geschütztere Seite der Insel zu kommen. Das mit Brackwasser gefüllte Grevelingenmeer ist ein populäres Revier zum Segeln und Windsurfen. Vorbei am Hafen gehst du in das Naturschutzgebiet Kabbelaarsbank. **Insider-Tipp** Hier kannst du über einen unbefestigten Weg bis zu einer Vogelbeobachtungsstation an der Südostspitze spazieren, wo sich auch schon mal Seeadler blicken lassen.

Ready for Action

Fjordpferde und Kühe sorgen dafür, dass die Wiesen auf dem Eiland nicht zuwachsen. Nachdem du diese durchschritten und abermals die N 57 überquert hast, wird es Zeit für die Beantwortung einer Frage: Hast du noch Lust auf Action? In diesem Fall kannst du dir im Strandpavillon Natural High das nötige Equipment ausleihen und – falls erforderlich – an einem Einführungskurs teilnehmen. Vor allem das Blokarten (Strandsegeln) ist ein Spaß, der weder große Vorkenntnisse noch übermäßige sportliche Fähigkeiten voraussetzt.

Die Tour im Überblick

Leichte Wanderung auf dem Brouwersdam mit Action-Option, 10,5 km, 3–4 Std.

Mit dem Bus 104 ab Renesse und Ouddorp bis Scharendijke Sluis | Mit dem Auto über die N 57, Parkplatz Brouwersdam, kostenlos | Grundkurs Blokarten (€€€), Einführung Kitesurfen (3 Std.–5 Tage €€€) z. B. bei Natural High (Brouwersdam 22, natural-high.nl)

Bei Windstärke 4 bis 6
Windjacke, Wechselkleidung
51.76009, 3.84740 (Startpunkt)

DOWNLOAD GPX-Track

Der Wind als unermüdlicher Motor: Wer beim Kitesurfen ist (li.), kommt am Brouwersdam ebenso mühelos voran wie mit den Blokarts (r.)

Das Bilderbuchdorf am Meeresarm ★

Am Ende eines gut geschützten Meeresarms gelegen, blickt das Städtchen Veere auf eine lange Geschichte als Handelsplatz zurück. Dies zeigt sich im gesamten Erscheinungsbild, das viele typische Merkmale eines niederländischen Bilderbuchdorfs vereint und dabei sehr überschaubar ist.

Über die Zugbrücke zum Hafen

Schon Anfang des 14. Jh. haben sich in Veere lombardische Bankiers herumgetrieben. Gut 200 Jahre später erhielt das heute 1700 Einheimische zählende Städtchen das alleinige Stapelrecht für schottische Wolle. Erst Ende des 18. Jh. brachen andere Orte die Vormachtstellung Veeres, doch geblieben ist ein Stadtbild, das sich kein Maler besser hätte ausdenken können. Der schwelgerische Spaziergang beginnt am Parkplatz an der Bastion, denn motorisierte Gefährte dürfen nur Einheimische in der Stadt bewegen. Eine weiße Kornmühle von 1909 wacht über die Parzelle. Die prächtige Mühle ist übrigens als Wohnung eingerichtet. Bei Redaktionsschluss dieses Reiseführers stand sie zum Verkauf. Besichtigt werden kann sie leider nicht.

In Richtung Osten geht es nun zur Koningin Beatrixbrug, eine dieser weißen Zugbrücken aus Holz, die in den Niederlanden zum Standardinventar der Stadtplaner gehören. Damit ist der Hafen erreicht, der von gut gepflegten Patrizierhäusern umbaut ist und an dessen östlichem Ende der geschichtsträchtige Campveerse Toren steht – einst Teil der Stadtmauer, heute eine Herberge mit Restaurant.

Am idyllischen Markt

Nun geht es zum Markt. Hier befindet sich auch das Rathaus aus dem 15. Jh. mit seiner grandiosen Fassade. Es lohnt sich, die volle Stunde abzu-

Veere blickt auf eine reiche Geschichte zurück. Das spiegelt sich in aufwendiger Architektur und einem reizvollen Stadtbild wider (li.). Eine Zugbrücke führt ins Zentrum (re.)

warten, wenn aus dem Turm ein Carillon erklingt, das an längst vergangene Zeiten erinnert. Kleine Geschäfte und die Terrassen von Cafés vervollständigen das Idyll.

Nächstes Ziel ist die 1521 vollendete Grote Kerk, die längst nicht mehr als Gotteshaus verwendet wird, aber ein Bauwerk von solch beeindruckender Größe ist, dass man sich unvermittelt in einer mächtigen Metropole wähnt. **Insider-Tipp** Ein schönes Mitbringsel sind die altmodischen Süßigkeiten aus Oma's Snoepwinkel (10–18 Uhr | Oudestraat 20).

Zurück über die Obstwiesen

Nun ist es höchste Zeit noch ein paar Meter zu machen: Het Singeltje führt über Obstwiesen, die ebenfalls Bestandteil der mittelalterlichen Stadt waren, zurück zum Ausgangspunkt.

Die Tour im Überblick

Einfacher Spaziergang durch die historische Hafenstadt Veere ab und zum Parkplatz an der Bastion, 3,5 km, 1 Std.

Mit dem Bus 584 bis Middelburg Station | Mit dem Auto über N 57/N 663 über die Straße Polredijk, Parkplatz Bastion

Für Fotos und Atmosphäre zu Beginn der Dämmerung, für Gemütlichkeit an einem betriebsamen Samstag in der Nebensaison

Für den kurzen Weg nicht erforderlich

51.54886, 3.66161 (Startpunkt)

DOWNLOAD GPX-Track

Im Feinschmecker-Paradies ★

Etwas abseits der touristischen Routen hat sich der Osten von Walcheren zu einer beliebten Anlaufstelle für Feinschmecker gemausert. Eine tragende Rolle dabei spielen Meeresfrüchte. Eine Fahrradroute führt vorbei an Austernfarmen und Muschelzüchtern – selbstverständlich mit Möglichkeit zur Verkostung.

Ohne Austern nach Süden

Wer nach Yerseke (sprich: Ihrseke) kommt und Meeresfrüchte mag, möchte sich am liebsten sofort an den Austern laben. Doch mit diesen im Bauch ist Sport bekanntlich heikel – außerdem ist die Delikatesse eine angemessene Belohnung nach vollbrachter Arbeit. So geht es zunächst in Richtung Süden, wo das Ausmaß von Fischerei und Zucht schon auf den ersten Kilometern deutlich wird. Nach einer Weile aber übernimmt die Landwirtschaft, auf den Feldern werden große Mengen an Obst angebaut. **Insider-Tipp** Der Hofladen De Plantage *(deplantagefruit.nl)* hat köstliche Äpfel und Birnen sowie daraus hergestellte Produkte im Sortiment – eine geeignete Stärkung beim Radfahren. Nächstes Etappenziel ist der Kanal, der Walcheren technisch gesehen zu einer Insel macht. Nachdem du diesen überquert hast, folgt die Route für eine ganze Weile der Küstenlinie. Vorbei an Gravenpolder und Goes geht es wieder in Richtung Norden, wo die Dichte der Attraktionen zunimmt.

Zurück ans Wasser

Kurz vor Kattendijke etwa liegt der Deessche Watergang, ein Feuchtbiotop mit Tümpeln, in deren Mitte sich eine Schorre befindet. Es folgt der an einer Bucht gelegene Strand von Wemeldinge mit eigener Promenade, ehe noch im selben Ort die schlohweiße Windmühle De Hoop aus dem Jahr

Lust auf Austern? Dann ab nach Yerseke, wo die Schalentiere direkt vom Meer auf den Teller kommen. Ehemalige Kirche in Yerseke (re.)

1866 ins Blickfeld rückt. Auch der Jachthafen ist einen Blick wert. Anschließend geht es über den Kanal durch Zuid-Beverland. Kurz vor Yerseke breitet sich an der Oosterschelde mit dem Koude- en Kaarspolder abermals eine Kulturlandschaft aus, in der sich zahlreiche Vogelarten wohlfühlen. Jetzt ist es nicht mehr weit bis nach Yerseke, wo in der Oesterij *(oesterij.nl)* köstliche Hummersuppe, frische Austern und andere Spezialitäten warten, allen voran eine Bisque aus Schalentieren. Da das Ziel der Fahrradrunde nun mehr oder weniger erreicht ist, darf es auch ein kühles Gläschen Weißwein dazu sein.

Abkürzen

Wem die Strecke über 55 km zu lang ist, der kann die Tour hinter dem Knotenpunkt 82 über Biezelingen und Kapelle auf 30 km abkürzen.

Die Tour im Überblick

Einfache Radrundtour ab und nach Yerseke, 55 km, 3-4 Std.

Mit der Bahn bis Kruiningen-Yerseke, mit dem Bus 599 bis Yerseke Damstraat | Mit dem Auto über A 58, N 673, Parkplatz Parking De Zaete, Molenpolderweg Yerseke | Fahrradknotenpunkte: 64, 62, 63, 99, 86, 85, 88, 84, 82, 74, 71, 70, 79, 46, 47, 45, 49, 48, 51, 67, 56, 55, 57, 64

Zur Austern- und Muschelsaison
Fahrrad z. B. bei Scooter Huren Zeeland, scooterhurenzeeland.nl | €-€€€
51.49534, 4.05150 (Startpunkt)

DOWNLOAD GPX-Track

MEHR ERLEBEN

*WEITERE ABENTEUER & AUSFLÜGE

Historisch schön und gut ausgelastet: der Hafen von Brouwersdam

Noch mehr entdecken in Zeeland? In dem wasserreichen Landstrich rund um Renesse, Domburg, Goes und dem flämischen Teil der Provinz warten vielfältige Aktivitäten in der Natur – sei es die Beobachtung von Seehunden, das Pflücken reifer Äpfel, die Bewältigung eines Kletterwaldparcours oder eine Wanderung auf den Spuren des Malers Piet Mondrian.

RUND UM RENESSE

In vergangenen Zeiten schwelgen

1 Leichter Stadtspaziergang in Brouwershaven, 2–3 km, 30–45 Min.

Brouwershaven lässt niemanden kalt. Das im 12. Jh. entstandene Städtchen blickt auf eine glorreiche Vergangenheit zurück, die in weiten Teilen bis heute präsent ist. Es ist hinreißend schön – und es scheut sich nicht, seine Wunden zu zeigen. Beim Start des Rundgangs am mondänen Jachthafen ist von all dem noch wenig zu merken. Nach wenigen Hundert Metern aber ist der historische Havenkanaal erreicht, um den herum sich fotogene Häuschen aus längst vergangenen Zeiten gruppieren. Architektonisches Highlight ist das üppig verzierte Rathaus von 1599. Nach einer Runde durch die nahen Grünflächen am Grevelingenmeer geht es durch enge Gässchen weiter zur Grote of Sint Nicolaaskerk, eine Kirche, die für einen Ort mit 1250 Einheimischen kolossal überdimensioniert erscheint. In dem beeindruckenden Bau befinden sich heute Gemeinschaftsräume, in denen auch an die düstersten Tage von Brouwershaven erinnert wird: die Sturmflut von 1953. Vorbei an der Windmühle De Haan erreichst du den Ausgangspunkt.

Brouwershaven | Ab Zierikzee Bus 134 bis Brouwershaven Zuidwal | Parkplatz Nieuwe Jachthaven | zeeland.com/de-de (> Suche: Brouwershaven) Jederzeit 51.72907, 3.91191 (Start)

Durch Zeelands „Weinberge“

2 Leichter Spaziergang bei Dreischor, 1–2 km, 15–30 Min.

Sowohl auf Deutsch wie auch auf Niederländisch ist eine Schorre eine kleine Erhöhung, die ursprünglich von Gezeiten und Brandung geformt wurde. Wie der Name vermuten lässt, gibt es nahe

Weinberg mit Windmühle: De kleine Schorre

Taucher rüsten sich für die Erkundung des Grevelingenmeers

der Ortschaft Dreischor mehrere dieser Anhöhen. Eine findige Bauernfamilie hat hier 2001 den Entschluss gefasst, ihr Glück nicht mehr in Zwiebeln und Rosenkohl zu suchen, sondern durch den Anbau von Rebstöcken. Mehr als 20 Jahre danach sind die Erfolge beträchtlich: Auf De Kleine Schorre gedeihen von Auxerrois bis zu Rivaner und Pinot Blanc sechs Weißweintrauben, die es bis in die Business Class der Fluggesellschaft KLM geschafft haben. Gastfreundlich wie die Niederländer sind, führen zwei 1 und 2 km lange Wanderwege über das Anwesen. **Insider-Tipp** Geschäftstüchtig, wie das Volk ebenso ist, werden im Hofladen die hauseigenen Weine (17,50 bis 35 Euro) und Leckereien aus Zeeland verkauft.

De Kleine Schorre, Zuiddijk 4, Dreischor | Mit dem Bus 591 nach Dreischor | Parkplatz am Hof | dekleineschorre.nl Am schönsten im Herbst, wenn sich das Laub der Rebstöcke bunt einfärbt 51.68290, 3.98329 (Start)

Mit Krabben und Hummern auf Du und Du

3 Tauchen und Schnorcheln für unterschiedliche Niveaus bei Scharendijke

Zeeland ist in jeder Hinsicht eine perfekt organisierte Ferienregion – auch für Schnorchel- und Tauchfans. Östlich von Scharendijke können sie auf der einen Seite des Deichs ihre Sauerstoffflaschen füllen und ihre Garnitur anlegen, anschließend auf Treppen über die Deichkuppe stapfen und wieder unten die Flossen anziehen. Einmal mit dem Kopf im Wasser, besteht die Chance auf Sichtung großer Krabben oder Oosterscheldehummer. Auch Sepiolas und prächtige Seedahlien gibt es zu sehen. Spektakuläre Schiffswracks oder farbenfrohe Korallen gehören zwar nicht zu den Kuriositäten im Grevelingenmeer. Dafür aber tummeln sich Seehasen, Aale und Franzosendorsche an den Betonquadern. Bizarr: Nach der Expedition ins Wasser warten auf der anderen Seite des Deiches schon nach wenigen Sekunden wieder grüne Wiesen und Kühe.

Grevelingenmeer | Mit dem Bus 134 nach Scharendijke Dorp, danach 3,5 km laufen | Parkplatz beim Verleih | Nur für gute Schwimmer:innen, der Anbieter betreibt auch einen Campingplatz sowie eine Tauchschule, campingdenosse.nl | €€€ (begleitete Schnorchelexkursionen oder Tauchkurse für Neulinge) Mai–Okt. 51.74253, 3.88056 (Start)

Hoch oben zwischen den Bäumen: Den Adrenalinkick gibt es im Kletterwald

Zierikzee war schon früher ein bedeutender Hafen. Heute starten hier Urlaubstörns

Badehose verboten

4 FKK-Wellness-Resort Kamperland

Spas oder Wellness-Einrichtungen sind in den Niederlanden immer noch rar. Dieses Etablissement lockt mit einem Außenpool mit 22 m langen Bahnen, diversen Saunen und Rückzugsräumen. Zu den Besonderheiten gehört, dass keine Badekleidung erlaubt ist. Mit anderen Worten: Es handelt sich um ein reines FKK-Resort.

Patrijzenlaan 1, Kamperland | Mit der Bahn bis Middelburg, mit dem Bus 133 bis Kamperland Versedam Noord | Parkplatz vor Ort | bluewellness-zeeland.nl | €€ (Vormittag), €€€ (ganzer Tag) Tgl. 10–23 Uhr 51.59133, 3.66473 (Start)

In See stechen

5 Segeltörns mit und ohne Beteiligung ab Zierikzee

Beim Anblick von Wasser und Schiffen bekommt man Lust, persönlich mitzusegeln – vorzugsweise an Bord eines historischen Wasserfahrzeugs. Gut also, dass es in Zierikzee gleich zwei Gelegenheit gibt, diesen Wunsch in die Tat umzusetzen. Sowohl die *Morgenster* wie auch die *Scaldis* stechen regelmäßig zu Törns in See. Erstgenannten Klipper können Gruppen komplett buchen, letztgenannter legt nach Fahrplan ab. Dabei haben die Gäste die Wahl zwischen einer Tour, bei der sie selber mit anpacken, und einer Expedition zu Seehundbänken, bei der sie nur zuschauen.

Groene Weegje 13, Zierikzee | Mit dem Zug bis Goes, Bus 132 bis Zierikzee Busstation | Parkplatz Havenpoort | meezeilenzierikzee.nl | €€€ Fahrplan der Morgenster online 51.64642, 3.91787 (Start)

Adrenalinparcours

6 Kletterwald Westerschouwen

Am Südwestzipfel von Schouwen-Duiveland verbreitet das größte Waldgebiet Zeelands ein Gefühl von Ruhe und Erholung. Das ändert sich jedoch, sobald du einen Parcours durch den örtlichen Kletterwald in Angriff nimmst. Auch dieser hat enorme Ausmaße: Es gibt sechs Routen, die über mehr als 90 Hindernisse führen, bei deren Überwindung zwölf Ziplines helfen. All dies bürgt für

Ein Ausritt lockert jeden Urlaub auf. In Renesse geht das sogar am Strand

Farbenfroh: schon der Maler Piet Mondrian mochte Domburg

reichlich Action, die Ungeübte erfahrungsgemäß am nächsten Tag mit erheblichem Muskelkater bezahlen. Ein Kletterwald ist nichts für Menschen mit Höhenangst, doch auch ohne diese kann es Überwindung kosten, sich in den Baumwipfeln fortzubewegen. **Insider-Tipp** Wer das fürchtet, kann aber ganz in der Nähe auf bodenständige Aktivitäten ausweichen. Vom Abenteuerparcours führt ein sehr schöner Weg über die Dünen. Nicht ohne Anstieg, aber garantiert ohne Kletterpartie.

Westerschouwen | Mit dem Bus 133 ab Renesse bis Westerschouwen Dorp | Parkplatz Duinpad 71 am Meer | klimbos-zeeland.nl, in der Nähe von Veere existiert ein zweiter Kletterwald dieser Art | €€ Wechselnde Öffnungszeiten, meist 10–16 Uhr 51.67466, 3.70242 (Start)

Das Glück der Erde …

7 Ausritte am Strand von Renesse

Lust auf einen Ausritt im Sand? Dann ab nach Renesse. In dem Badeort ist ein Strandabschnitt das gesamte Jahr über für Reitfans geöffnet – und in den Dünen befindet sich ein Reiterhof, der gut 80 Vierbeiner satteln kann. Wer über zwölf Jahre alt ist, kann sich dort für einen Ausflug über den Strand anmelden, für Jüngere werden kürzere Strecken durchs Hinterland angeboten. Die ganz Kleinen können derweil auf einem Shetland-Pony Platz nehmen und geführt erste Erfahrungen im Sattel sammeln.

Renesse | Mit dem Auto zum Transferium aus diversen Richtungen mit dem Bus 104, 133, 628, 633 | Parkplatz am Hof | Reiterhof Grof, Stoofweg 10, Renesse, manegegrol.nl | €€€ Tägliche Ausritte und Reitunterricht, Termine auf Anfrage 51.73066, 3.77776 (Start)

RUND UM DOMBURG

Die Piet-Mondrian-Route

8 Leichter Spaziergang in Domburg, 2,6 km, 1 Std. 30 Min.

Das Licht an der Westspitze Walcherens zieht schon seit dem 19. Jh. Kunstschaffende an. Erst waren es Maler wie Jan Toorop, die mit einigem Erfolg das Meer, die Wolken und die Menschen auf Leinwand gebannt haben. Richtig bekannt wurde das Seebad aber erst durch Piet Mondrian, der hier viele Motive seiner frühen Schaffensphase ge-

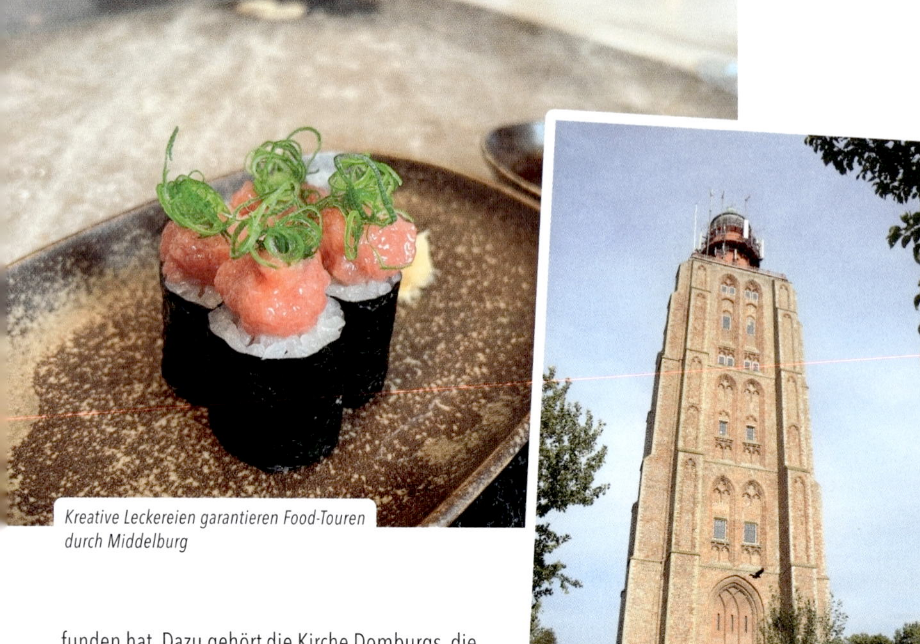

Kreative Leckereien garantieren Food-Touren durch Middelburg

Gibt es nur in Westkapelle: Kirche und Leuchtturm in Personalunion

funden hat. Dazu gehört die Kirche Domburgs, die Mondrian gleich zwei Mal als Vorlage gedient hat. Deutlich bekannter aber ist die Windmühle Weltevreden, die er vor seiner ungegenständlichen Phase ebenfalls zwei Mal gemalt hat. Mondrians Wirkungsstätten sind Gegenstand einer ebenso reizvollen wie interessanten Wanderung durch Domburg – egal, ob die Bauten noch existieren oder nur noch eine Schautafel an den ehemaligen Standort erinnert.

Domburg | Mit der Bahn bis Middelburg, mit dem Bus 52, 53 bis Domburg Markt | Parkplatz Parkeerplaats V. Voorthuijsenstraat | Streckenverlauf unter mondriaanroute.com Jederzeit – am besten natürlich bei Mondrian-Licht 51.56325, 3.49064 (Start)

Drei Orte, drei Gänge

9 Leichte Food-Touren durch Middelburg

Eine mittelalterliche Stadt erwandern und dabei in den Genuss kulinarischer Köstlichkeiten kommen. Das ist das Konzept von Ilse Maljers, die verschiedene Touren auch auf Deutsch anbietet. Von der klassischen Food-Wanderung über Fahrrad-Trips bis hin zu einem Walking Dinner ist alles möglich. Dabei nimmst du ein Dreigängemenü zu dir – allerdings an drei verschiedenen Orten.

Middelburg, diverse Orte | Mit der Bahn bis Middelburg | P+R-Parkplatz Segeersingel | foodbyfoot.nl | €€€ Termine auf Anfrage Wird bei Anmeldung bekannt gegeben (Start)

Auf einer Perlenroute

10 Leichte Wanderung bei Westkapelle, 5 km, 1 Std. 15 Min.

Durch seine geografische Lage an der Spitze der Halbinsel Walcheren war Westkapelle früher sehr abgelegen. Die Einheimischen besitzen eigene Trachten und sprechen einen eigenen Dialekt. Sie mussten sich stets vor dem Meer schützen – und weil der Ort an der Mündung der Schelde liegt, im Zweiten Weltkrieg auch vor Angriffen der Deutschen, die den Hafen von Antwerpen unter Kont-

Abendstimmung an der Schelde bei Vlissingen

rolle bringen wollten. Viel Stoff für eine Wanderung, die am Polderhuis beginnt, um über einen der ältesten Seedeiche der Niederlande zu führen. Dahinter breitet sich mit dem Kreek ein Gewässer aus, das nach einem Deichbruch infolge eines Bombardements entstanden ist. Der Rückweg führt unter anderem vorbei an einem Kirchturm, der zu einem Leuchtturm umgewandelt wurde. Auf dem Weg zurück zum Startpunkt folgen noch eine Windmühle und der Markt.

Westkapelle | Mit dem Bus 53, 583 Westkapelle Zuidstraat | Parkplatz Rookstraat/N 287 | vvvzeeland.com/de-de (> Suche: Perlenrouten; die Route gehört zu den sogenannten Perlenrouten.) Auf der Webseite finden sich weitere Infos sowie ein Link zur einer GPX-Datei mit Streckenplan Jederzeit 51.52732, 3.43595 (Start)

Ozeanriesen beim Picknick

11 Leichte bis mittelschwere Wanderung bei Vlissingen, ca. 4 km, etwa 1 Std.

Die Hafenstadt Vlissingen war lange Zeit nicht als Schönheit bekannt. Doch die Stadt hat sich gemausert – ein bisschen zumindest. Das ist maßgeblich auf den Boulevard zurückzuführen, an dem eine beeindruckende Reihe von Hochhäusern mit Panoramablick entstanden ist. Doch wer hier entlang bis zur Hafenboje flaniert, richtet seinen Blick meist in eine andere Richtung: Jeder noch so große Ozeanriese aus Antwerpen muss als letzten Ort Vlissingen passieren, ehe die Zufahrt zu den Weltmeeren erreicht ist. Dies bürgt für einen zuweilen beeindruckenden Anblick. **Insider-Tipp** Pack ein Picknick ein für eine Pause am Strand mit Blick gen Westen auf die großen Pötte.

Vlissingen | Mit der Bahn bis Vlissingen | Parkplatz Parkeerplaats Strand, President Rooseveltlaan Am besten kurz vor dem Sonnenuntergang 51.45050, 3.55653 (Start an der Brasserie BLVD)

Geschichte auf der Bunkerroute

12 Schwere Radtour ab Zoutelande, 67 km, 4 Std.

Es mag nicht das populärste Thema für einen Urlaub sein. Doch der Zweite Weltkrieg hat für Zeeland erhebliche Folgen mit sich gebracht. Tei-

Vielerorts an der Küste stehen Bunker aus dem Zweiten Weltkrieg

Fundstücke vom Strand sind ein begehrtes Gut

le davon sind noch immer sichtbar – vor allem in Form der vielen Bunker, die die deutsche Wehrmacht hier als Bestandteile des Atlantikwalls in die Landschaft gesetzt hat. Auf verschlungenen Pfaden führt eine Fahrradroute zu den Narben des Krieges. Von Zoutelande und Westkapelle geht's durchs Inland nach Middelburg und von dort aus nach Ritthem, Vlissingen und Koudekerke. Unterwegs kommst du an mehr als 80 Bunkern und an zwei Museen vorbei: dem Bunkermuseum in Zoutelande *(bunkerbehoud.com)* und dem Polderhuis *(polderhuiswestkapelle.nl)* in Westkapelle. Neben einem hohen Lernfaktor lockt die Route auch mit Zwischenstopps. **Insider-Tipp** Bei De Koehoorn in Meliskerke *(dekoehoorn.nl)* sorgt ein Bauernhofmilcheis aus eigener Produktion für gute Laune. Auf dem Kurs ist mit spürbaren Wind zu rechnen. Weil die Strecke zudem sehr lang ist, solltest du überlegen, ob du sie mit einem E-Bike machst.

Westen von Walcheren | Mit der Bahn bis Middelburg, mit dem Bus 53 bis Zoutelande Nieuwstraat | Parkplatz Nieuwstraat 37, Zoutelande | Räder z. B. bei Akkerdaas Tweewielers (So geschlossen, Tourenrad €€/Tag, E-Bike €€€/Tag, Duinweg 9a, Zoutelande, akkerdaastweewielers.com), Start und Ziel können beliebig gewählt werden An wenig windigen Tagen, wenn der Eisbauernhof geöffnet hat 51.49845, 3.48980 (Start Zoutelande)

Strandjutten am Scheldestrand

13 Schatzsuche im Sand von Borssele

Für gute Unterhaltung bedarf es weder elektronischer Hilfsmittel noch eines Vergnügungsparks. Das jedenfalls ist die Devise eines niederländischen Volkssports namens „strandjutten". Hinter dem Begriff verbirgt sich nichts anderes als die traditionsreiche Tätigkeit der Schatzsuche am Strand. Während es auf Texel, Ameland oder in Callantsoog privat geführte Museen gibt, die auf diese Weise sichergestellte Fundstücke ausstellen, gehört das Hobby am Strand de Kaloot zum Alltag vieler Einheimischer. Weil die Westerschelde nicht von den Deltawerken abgeschirmt ist, kann das Wasser ungehindert einfließen – und mit ihm Gegenstände aller Art, die an dem nach Westen ausgerichteten

Zeeland ist bekannt für seine saftigen und leckeren Äpfel

Goes ist der Heimatbahnhof eines Museumszugs

Strand liegen bleiben. Wer einen Metalldetektor besitzt, erhöht damit seine Erfolgschancen.

Borssele | Parkplatz Parkeerplaats de Kaloot
Jederzeit bei Ebbe *51.43396, 3.71094 (Start)*

RUND UM GOES

Selbstbedienung in den Wiesen

14 **Mittelschwere Wanderung auf der Halbinsel Walcheren, 19 km, 4 Std. 30 Min., alternativ mit dem Fahrrad**

Klar, Zeeland ist in erster Linie für Sonne, Strand, Meer und Fisch bekannt. Doch auf der Halbinsel Walcheren befinden sich auch Obstplantagen von enormen Ausmaßen. Eine Wanderroute führt mitten durch diese Wiesen, auf denen die Bauern vorrangig Äpfel und Birnen kultivieren. Im Sommer werden hier auch kleinere Früchte wie Johannisbeeren, Pflaumen und Himbeeren angebaut. **Insider-Tipp** Obst zum Mitnehmen: Nicht selten werden die gesunden Leckereien an Selbstbedienungsständen verkauft. Wer nach dem Rundgang noch Energie übrig hat, vertiefet seine Kenntnisse im Obstanbaumuseum *(fruitteeltmuseum.nl)*.

Fruitteeltmuseum, Annie MG Schmidtsingel 1, Kapelle | Mit der Bahn bis Kapelle-Biezelinge | Parkplatz am Start oder am Bahnhof | Wer sich daran versuchen möchte, nach Wanderknotenpunkten zu laufen, folge den Schildern 53, 54, 55, 56, 51, 50, 94, 67, 60, 61, 62, 30, 42, 10, 12, 31, 32, 63
Während der Obstblüte im April oder bei reifem Obst im September *51.48140, 3.95008 (Start)*

Zurück in die gute, alte Zeit

15 **Fahrt mit der historischen Eisenbahn an von Goes nach Borsele mit Spaziergang**

Bahn-Freaks aufgepasst: In Zeeland verkehrt regelmäßig eine ehrwürdige Dampflok. Auf der historischen Strecke Goes–Borsele führt sie dabei Wagen der 1., 2. und 3. Klasse. Los geht es in unmittelbarer Nachbarschaft zum heutigen Bahnhof der zentral auf Walcheren gelegenen Kleinstadt. Von hier aus steuert der Zug durch saftig grüne Wiesen auf die Südküste der Halbinsel zu. Unterwegs stößt die Maschine neben dem charakteristischen Dampf auch unverwechselbare Töne aus. Endpunkt der Linie ist der winzige Bahnhof von

Gewusst wie: Nur wer die Technik beherrscht, kann beim Tomahawkwerfen gewinnen

Hoedekenskerke. Hier hat der Zug laut Fahrplan von 2023 einen Aufenthalt von gut 80 Minuten. Genug, um den nahen Jachthafen zu erkunden, oder bei dem bahnlinieneigenen Lokal De Buffer Kaffee und Apfelkuchen zu konsumieren.

Goes | Mit der Bahn nach Goes | Parkplatz Albert Plesmanweg 21, Goes | destoomtrein.nl | €€ (Retourtickets in der 3. Klasse) Saisonal unterschiedlich, Juli, Aug. fast täglich, sonst meist nur an Wochenenden, Fahrplan auf der Webseite 51.49739, 3.87889 (Start)

Treffsicher mit dem Hackebeil

16 Tomahawkwerfen in 's-Heer Arendskerke

Schon mal mit einem Hackebeil auf einen Baumstamm gezielt? Falls nicht, kannst du auch das in Zeeland nachholen. Nachdem sich die Betreiber:innen des Bauernhofs bereits um Bogenschießen und Bauerngolf verdient gemacht haben, bieten sie nun auch jenen Sport an, den man in Nordamerika als Tomahawkwerfen kennt. Doch keine Sorge: Wer sich daran versucht, das Sportgerät zielgerichtet durch die Luft zu wirbeln, muss dies nicht ohne Vorbereitung machen. Man bekommt eine kurze Einführung, bei der Wurftechniken mit einer und mit zwei Händen geübt werden. Wer teilnehmen will, muss über 18 Jahre alt sein, die rechtzeitige Reservierung einer Bahn kann nicht schaden.

Klok'uus, Wissekerkseweg 6, 's-Heer Arendskerke | Mit der Bahn bis Goes, Bus 23 bis 's-Heer Arendskerke Nieuwe Rijksweg | Parkplatz am Hof | klokuus.com | €€€ (pro Bahn für vier bis sechs Teilnehmende) Im Sommer tgl. 10–20 Uhr, sonst kürzer 51.49247, 3.82889

Robben in der Schelde spotten

17 Schiffstour zu den Seehundbänken in der Westerschelde

Wenn du noch nie Seehunde in freier Wildbahn gesehen hast, kannst du dies mit etwas Glück in Zeeland nachholen. In der Westerschelde leben laut der jüngsten Zählung um die 200 Exemplare der beliebten Spezies. Die Kapitäne von Scheldesafari wissen, auf welchen Sandbänken sich die Tiere bei Ebbe vorzugsweise aufhalten. Sie bringen die Gäste an Bord eines Schnellboots dorthin, wobei sie einen Mindestabstand einhalten, um

Seehunde auf einer Sandbank. In der Schelde haben die Tiere gute Lebensbedingungen

Auf Holzplankewegen geht es durch ein einmaliges Salzwiesengebiet

nicht zu sehr in das Biotop der bedrohten Art einzudringen. Allerdings ist es nicht auszuschließen, dass die stets neugierigen Seehunde aus eigenem Antrieb nachschauen, wer sich das angenähert hat. Kamera mit Teleobjektiv nicht vergessen!

ℹ *Im Hafen von Hoedekenskerke | Mit der Bahn bis Goes, mit dem Bus 595 bis Hoedekenskerke Dorp oder mit der historischen Eisenbahnlinie Goes-Borsele (destoomtrein.nl) | Parkplatz am Hafen | Spätestens 15 Min. vor Abfahrt vor Ort sein, die Tour dauert 45 Min., scheldesafari.nl/de (> Seehund-Tour) | €€€ ⏲ Wechselnde Termine je nach Gezeiten ⚲ 51.42008, 3.91441 (Start)*

IN ZEEUWS-VLAANDEREN

Im „abgesoffenen Land"

18 Leichte Wanderung auf Holzplankenwegen im Verdronkenen Land, 1–2 km, 20–40 Min.

Im äußersten Osten von Zeeuws-Vlaanderen befindet sich am Südufer der Westerschelde ein Landstrich, der dem ständigen Wechsel der Gezeiten ausgesetzt ist. Das „abgesoffene Land" von Saeftinghe besteht im Wesentlichen aus Salzwiesen, wo sich das Salzwasser der Nordsee mit dem Süßwasser des Flusses vermischt. Zwei auf Holzplanken ausgewiesene Wanderwege führen durch den ebenso einzigartigen wie wegen des Kommens und Gehens von Ebbe und Flut unberechenbaren Lebensraum. **Insider-Tipp** Fernglas und Teleobjektiv nicht vergessen!

ℹ *Het verdronken Land van Saeftinhge, Emmaweg 4, Nieuw Namen | Parkplatz am Besucherzentrum | saeftinghe.eu ⏲ Jederzeit, Besucherzentrum nur an ausgesuchten Tagen (s. Webseite) ⚲ 51.32914, 4.15096 (Start)*

Ein vergessenes Stück Land

19 Mittelschwere Radtour durch Zeeuws-Vlaanderen, 39 km, 2,5 Std.

Südlich der Schelde befindet sich ein Stück Niederlande, das häufig vergessen wird. Es ist sichtbar vom Nachbarland beeinflusst, was sich auch im Namen Zeeuws-Vlaanderen widerspiegelt. Das „zeeländische Flandern" weiß bei einer Rad-

Der Leuchtturm von Breskens wacht über die spiegelglatte See

tour – mit Grenzübertritt nach Belgien – in vielerlei Hinsicht zu erfreuen: Das Nordseebad ist einer von nur fünf Kurorten des Landes. Das historische Städtchen Sluis verfügt über charmante Geschäfte und das Naturschutzgebiet Het Zwin zeigt ein Stück ursprünglicher Nordseeküste ohne Deiche. ℹ *Zeeuws-Vlaanderen | Parkplatz Strandparking, Lange Strinkweg | Route auf zeeland.com (> Suche: Zwinroute), Fahrrad z. B. bei Neptunus Tweewielers, Boulevard de Wielingen 44, Cadzand, neptunus tweewielers.nl | Fahrrad €€, E-Bike €€€/Tag ⏲ Verleih tgl. 9–18 Uhr, am schönsten bei blühender Heide im Aug. und Sept. 📍 51.37739, 3.38293 (Start)*

Durch die flämischen Niederlande

20🚲 Mittelschwere Radtour von und nach Breskens, 40 km, 2 Std. 30 Min.

Auf der einen Seite Strand, Meer und Ozeanriesen, auf der anderen saftig grüne Polderlandschaften. So beginnt in Breskens die Panoramaroute durch den flämischen Teil der Niederlande. Vorbei an mehreren Windmühlen, dem Jachthafen von Cadzand und den Heidelandschaften des Naturschutzgebiets Het Zwin geht es zurück nach Breskens, das sich durch seinen weithin sichtbaren Leuchtturm schon von fern ankündigt. **Insider-Tipp** Die Route ist so konzipiert, dass Walcheren-Urlauber sie mühelos als Tagesausflug absolvieren können. ℹ *Breskens, Zeeuws-Vlaanderen | Mit der Bahn bis Vlissingen, dort Personenfähre nach Breskens | P+R-Parkplatz Vlissingen Station (Bahnhof) | Knotenpunkte 16, 85, 15, 82, 81, 11, 38, 39, 34, 33, 30, 29, 32, 37, 10, 83, 14, 16 | Fahrräder z. B. bei Rent & Joy, Veerhaven 3, Breskens, rentenjoy.nl | Fahrrad €€, E-Bike €€€/Tag | Die genaue Streckenführung der Route findet man auf der Homepage des Tourismusverbands der Provinz Zeelands, zeeland.com (> Suche: Panoramaroute) | Fähren in der Hochsaison 6–22, sonst 6–16 Uhr (westerscheldeferry.nl) ⏲ Verleih tgl. 10–18 Uhr 📍 51.40106, 3.54764 (Start)*

DER SCHÖNSTE SONNENUNTERGANG

Abendrot über den Dünen von Renesse

21 Großes Spektakel ohne Aufwand

Eine leichte Brise umweht deine Nase, es duftet nach Kräutern und die Abendluft ist immer noch angenehm mild. Langsam senkt sich die Sonne, wobei sie den Himmel über dem Meer in ein breites Farbspektrum hüllt: erst orange, dann rosa, anschließend violett und schließlich blau. Ein Spektakel, für das du keinen ausgefallenen Ort aufsuchen musst, denn es spielt sich mit schleichendem Übergang direkt über der Küste bei Renesse ab. Klettere einfach rechtzeitig auf die Dünen und suche dir ein Plätzchen auf den ausgewiesenen Pfaden. Viel besser wird es nicht.

Oude Moolweg, Renesse | Mit dem Bus bis Renesse Transferium | Parken vor Ort 51.74086, 3.76309

LOKALE SPEZIALITÄTEN
*UND WO DU SIE PROBIEREN KANNST

Auch mit Kaviar lecker: Austern aus Zeeland

Austern, Muscheln und anderes Seafood sind die kulinarische Kernkompetenz Zeelands. Doch die Küstenprovinz erfreut auch mit seltenem Meeresgemüse und traditionsreichen Süßigkeiten. All das schmeckt natürlich am besten, wenn es frisch auf den Teller kommt.

Köstliche Schalentiere

1 Austern

Das Hafenstädtchen Yerseke ist weit über die Grenzen Zeelands hinaus für seine Austern bekannt. Man kommt hierhin, um die Meeresfrüchte für daheim einzukaufen oder sie vor Ort zu verspeisen.

Bei der **Oesterij** *kommen die Austern frisch aus dem Wasser und nur mit Zitrone auf die Tafel | Havendijk 12, Yerseke | oesterij.nl | €€ 51.49304, 4.05337*

Aus dem Meer direkt in den Topf

2 Muscheln

Wer an Zeeland denkt, dem fallen sofort auch Muscheln ein. Züchter:innen exportieren die Schalentieren seit Generationen in alle Welt. Am leckersten aber sind sie natürlich vor Ort.

Das Lokal **De Westkaap** *zaubert Muschelvariationen auf dem Deich von Westkapelle mit Blick aufs Meer | Zeedijk 7, Westkapelle | westkaap.nl | €€ 51.53571, 3.43663*

Frisches Meeresgemüse

3 Queller

Auf der Grenze zwischen Meer und Land gedeiht der Queller. Das frisch und salzig schmeckende Gemüse hat von Mai bis September Saison und wird vor allem zu Fischgerichten gereicht.

Poleij Zeegroenten *züchtet und erntet das Meeresgemüse für Privatkunden wie auch für die Gastronomie | Sandeeweg 6, Kruiningen | poleij zeegroenten.nl | € 51.44472, 4.03154*

Sündhaft süß und lecker

4 Zeeuwse Bolus

Das Süßgebäck hat fast jede Bäckerei in Zeeland im Sortiment. Es besteht aus einem Strang Weißbrotteig, der in Rohrzucker und Zimt ausgerollt und anschließend zu einem Kringel gedreht wird, der in den Ofen wandert. Am besten noch warm verzehren.

ℹ *Die Bäckerei* **van Meijel** *in Clinge hat mehrmals den Preis für den besten Zeeuwse Bolus erhalten | Gravenstraat 211, Clinge | vanmeijel.echtebakker.nl | € ⚲ 51.26719, 4.09020*

So wie früher

5 🍴 Babbelaar

Das Lutschbonbon auf Basis von Butter, Zucker und Sirup hat in Zeiten vor der Globalisierung ganze Generationen verzückt. Auch heute schmeckt es altmodisch lecker. Die Süßigkeit kommt stilecht in einer altmodischen Blechdose.

ℹ *Das auf Süßigkeiten spezialisierte Geschäft* **J.B. Driesch** *ist ebenso nostalgisch wie der Babbelaar selbst. | Kleverskerksejaagpad 22, Middelburg | jbdiesch.nl | € ⚲ 51.50763, 3.64474*

Hier findest du alles

6 🍴 Wochenmarkt in Goes

Alle Top-Produkte aus Zeeland verkosten? Die Chance hierauf ist auf dem Wochenmarkt von Goes am größten. Viele Händler:innen bieten hier ihre Waren an – von Gemüse über Fisch bis hin zu Backwaren.

ℹ *Di, Sa 9–16 Uhr, Grote Markt, Goes*
⚲ *51.50460, 3.89084*

Süß und nahrhaft: der Zeeuwse Bolus

Bunte Sonnenschirme am Strand von Scheveningen

Zuid-Holland

ZWISCHEN STRAND UND STADT

Das Mündungsdelta von Rhein und Maas prägt die Provinz Zuid-Holland maßgeblich. Überall scheinen Gewässer zu fließen, die immer breiter werden, je näher sie der Nordsee kommen. Im Süden rahmen sie die Insel Goeree-Overflakkee ein, die von ihrer Topografie sehr an Zeeland erinnert. Weiter nördlich steht das Festland ganz im Zeichen des Rotterdamer Hafens. Die Attraktionen befinden sich hier weiter landeinwärts, wo Nationalparks wie De Biesbosch, die Windmühlen von Kinderdijk und die Wolkenkratzer der aufstrebenden Metropole Rotterdam spannende Kontraste bilden. In Hoek van Holland setzt sich die Küstenlandschaft fort, als wäre nichts gewesen: Breite Strände, Dünen, reizvolle Städte sowie von Radwegen und Kanälen durchzogene Kulturlandschaften bieten so viele Möglichkeiten, dass es oft schwerfällt, sich auf eine festzulegen.

AUF EINEN BLICK

*ZUID-HOLLAND

NORDSEE

MARCO POLO
OUTDOOR-HIGHLIGHTS ★

★ Deichkronen, Dörfer und Dünen
Auf dem Fahrrad zu den Highlights der Insel Goeree-Overflakkee → S. 68

★ Das grüne Herz rund um Gouda
Das grüne Herz Hollands auf dem E-Chopper entdecken → S. 70

★ Architek-Tour in Rotterdam
Rotterdam versteht sich als Gegenentwurf zum Rest des Landes → S. 72

★ Die Dünen von Scheveningen
Auf zwei Rädern durch die urigen Dünenlandschaften nahe Den Haag → S. 74

★ Immer dem Wasser nach in Leiden
Die romantische Seite des historischen Leiden entdecken → S. 76

Monnickendam
Marker-meer
Zaandam
Haarlem
Amsterdam
Almere
IJmeer
Heemstede
Hillegom
Hoofddorp
Amstelveen
Weesp
Lisse
Aalsmeer
Uithoorn
Hilversum
18
Immer dem Wasser nach in Leiden
Mijdrecht
Leiden
Alphen aan den Rijn
Zoetermeer
Bodegraven
Woerden
Utrecht
Zeist
Das grüne Herz rund um Gouda
Nieuwegein
27 km, 30 Min.
7
3
Gouda
19
5
Architek-Tour in Rotterdam
Vianen
Nieuwerkerk aan den IJssel
Schoonhoven
5
Rotterdam
8
6
21
Leerdam
Ridderkerk
Barendrecht
Dordrecht
Gorinchem
Zaltbommel
6
's-Hertogenbosch
Zevenbergen
Oosterhout

OUTDOOR-HIGHLIGHTS

*DIE BESTEN ERLEBNISSE DRAUSSEN

Deichkronen, Dörfer und Dünen ★

Goeree-Overflakkee ist nur einen Katzensprung von Rotterdam entfernt – und doch stellt sich rund um Ouddorp schnell ein Inselgefühl ein. Saftige Wiesen, gepflegte Vorgärten mit mächtigen Hortensien, salzige Luft und eine frische Meeresbrise begrüßen die Gäste. Ein Terrain wie gemacht für eine Radtour.

Richtung Segelboote ...

Schon auf dem Weg zum Nordseedeich manifestiert das Eiland seinen Anspruch als Ferienregion: Im Kreisverkehr zwischen Westerweg und Vrijheidsweg ruht ein überdimensionaler bunter Liegestuhl. Von hier aus sind es nur wenige Meter bis zu einer Haarnadelkurve, die auf den Deich führt. Dieser ist besonders hoch, da die Insel bei der Jahrhundertflut 1953 hart getroffen wurde. Vorbei am breiten Sandstrand führt der Weg mit bester Aussicht einige Kilometer nach Westen. Später geht es hinter der Deichkrone so abwechslungsreich auf und ab, dass man glatt die kleine Stichstraße zum Leuchtturm Westhoofd verpassen könnte. Vorbei am Weiler Visschershoek macht der Weg nun einen Knick in Richtung Süden, wo bald das Grevelingenmeer erreicht ist, das durch den Bau der Deltawerke nicht mehr zum offenen Meer gehört und heute ein populäres Wassersportgebiet ist. Wie auf Kommando segeln denn auch erste Boote vorbei.

... und zur Fischereiflotte

Für gut 2 km begleitet nun eine Autostraße die Route. Eine Schautafel erinnert an das Schicksal amerikanischer Soldaten, die hier in den letzten Tagen des Zweiten Weltkriegs gefallen sind. Bald geht es wieder auf eine schmale Deichkrone, die zum malerischen Hafen von führt. Über weitläufige Polder geht es weiter zum nächsten Etappenziel: Stellendam. Der 3500-Seelendorf ist stolz auf eine der größten Fischereiflotten der Niederlande, die je nach Tageszeit gut sichtbar in den Wellen schaukelt – zum Beispiel von der Terrasse des Lokals Zoet of Zout, das typisch niederländische Küche anbietet.

In die Verlängerung

Die Strecke führt nun wieder zurück in Richtung Westen. Erst geht es zum Wanderareal De Kwade Hoek, von wo aus eine schnurgerade Straße nach Goedereede führt. Das Dorf hatte einst einen offenen Zugang zum Meer, wo der leicht deplatziert wirkende Hafen bis heute davon kündet. Die letzten Kilometer bis zum Ausgangspunkt ziehen sich durch eine Schleife vorbei an einem weiteren Küstenabschnitt künstlich in die Länge. Der direkte Weg ist 6 km kürzer.

Die Tour im Überblick

Leichte Rundfahrt ab und nach Ouddorp, 39/45 km, etwa 2 Std./ 2 Std. 15 Min.

Ab Rotterdam CS Metro D und Bus 104 | Mit dem Auto an den westl. Ortsrand von Ouddorp, Parkplatz beim Fahrradverleih | Die Route ist auch mit E-Bike oder E-Scooter bequem zu absolvieren | Fahrrad z. B. bei De Bever Verhuur, Dijkstelweg 12, Ouddorp, debever.com | €€/Tag

Ende April–Anfang Okt.
Leihfahrrad
51.81449, 3.92245 (Startpunkt)

DOWNLOAD GPX-Track

Der Sonnenstuhl wartet in Ouddorp schon im Kreisverkehr (re.). Unterwegs locken dann Strohballen für eine kleine Auszeit (li.)

Das grüne Herz rund um Gouda ★

Die Niederländer nennen die Region zwischen Den Haag, Rotterdam und Utrecht „het groene hart". Während auf saftigen Wiesen Milchkühe grasen und sich im Hintergrund die Windmühlen drehen, produzieren Bauern rund um Gouda köstlichen Käse. Die Käse-und-Kuh-Route führt durch eine Region, deren Erkundung auf einem Chopper mit Elektroantrieb besonderen Spaß macht.

Übern Deich ins grüne Herz

Von der City sind es nur wenige Meter bis zum Deich, der Gouda vor der Hollandse Ijssel schützt. Hinter dem Fluss, der zum Rheindelta gehört, fängt fast übergangslos das grüne Herz der Niederlande an. Die Ortschaft Stolwijk ist hier bereits ausgeschildert. Nach Meinung derer, die sich auskennen, wird hier der beste Käse der ganzen Niederlande produziert: Für den Stolwijker wird ausschließlich Rohmilch verwendet, die für ein rahmiges und doch leicht pikantes Geschmacksbild verantwortlich ist. Beim Kaashandel Vonk (Populierenlaan 12) können Interessierte erfahren, was es damit auf sich hat.

Käsepause beim Abstecher

Stolwijk bietet sich auch als Ausgangspunkt für einen Abstecher an, der von der ausgeschriebenen Route wegführt. Über Felder, auf denen Störche staksen und Hasen ihre Ohren in den Wind halten, geht es zu einer Windmühle am Fluss Vlist, neben der ein Picknickplatz zum Verzehr des Lunchpakets einlädt, das du bei der Anmietung des Choppers in Gouda dazubuchen kannst. Hinter dem zauberhaften Dorf Haastrecht liegt die Käserei De Twee Hoeven, die köstliche Produkte aus eigener Herstellung im Hofverkauf hat. **Insider-Tipp** Besonders lecker ist der Käse mit Klee und Honig. Anschließend geht es zurück nach Stolwijk.

Wie sich die Zeiten ändern: Windmühle mit analogem Antrieb und Elektro-Chopper bei Gouda (li). Käsefachgeschäft De Twee Hoeven (re.)

Zurück an die Hollandse Ijssel

Vorbei an Bauernhöfen, von denen einige Eiscreme verkaufen, ebnen schmale Sträßchen den Weg nach Berkenwoude, wo die Strecke in nordwestliche Richtung weitergeht. Man kann die Tour bis in die Vororte Rotterdams verlängern, doch für die komplette Strecke ist der Akku des Chopper nicht stark genug. Das ist aber kein Grund sich zu grämen, denn während am Horizont die Skyline der Maas-Metropole sichtbar ist, führt die Strecke zurück zur Hollands Ijssel, auf die sie bei Lageweg trifft. Die letzten Kilometer führen über einen recht ruppigen Weg, durch den immer wieder das Gras durchwächst. Die Landschaft ist unverändert prächtig, was auch Schafe, Reiher, Schwäne, Kormorane und Störche zu wertschätzen scheinen. Ein Idyll, das den Namen „das grüne Herz" mehr als rechtfertigt.

Die Tour im Überblick

Einfache E-Chopper-Tour ab und nach Gouda, 47 km, wobei die Strecke mit einem Rad ohne Akku bis auf 70 km ausgedehnt werden kann, 3 Std.

Mit dem Zug zum Bahnhof Gouda, von dort 1,1 km bis zum Verleih | Mit dem Auto bis zum Parkplatz Klein Amerika (€) | Ein Führerschein ist nicht erforderlich | e-chopperadventures.nl | €€€

Von Ostern bis zu den Herbstferien
Die E-Chopper sind bei E-Chopper Adventures buchbar, €€€ (für 3 Std., der Akku reicht für gut 50 km)
52.01190, 4.71619 (Startpunkt)

DOWNLOAD GPX-Track

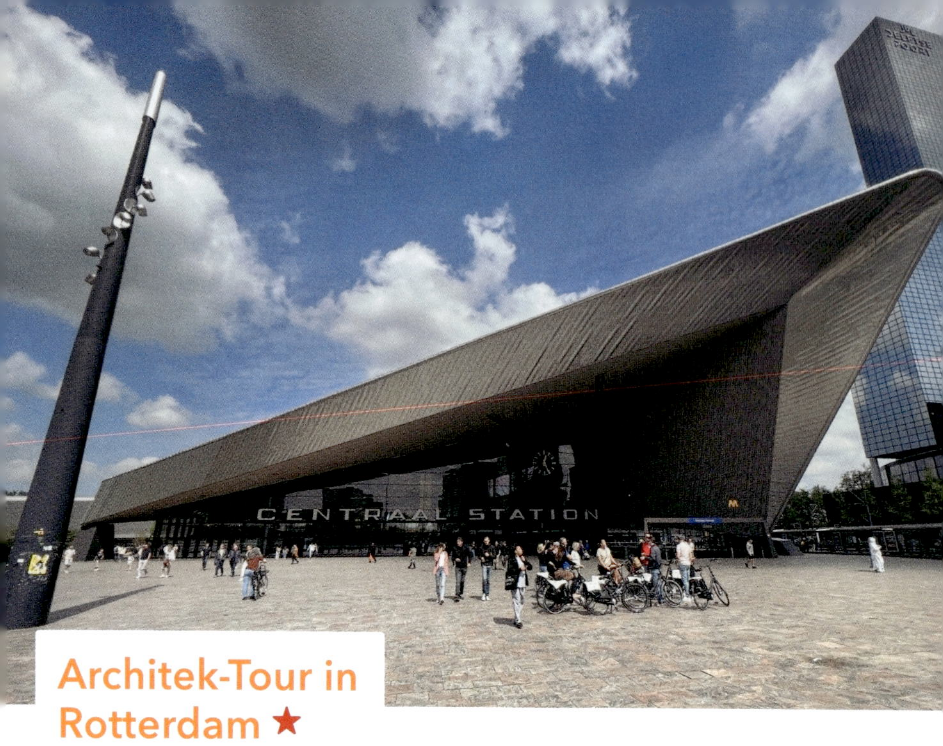

Architek-Tour in Rotterdam ★

Die Hafenstadt Rotterdam unterscheidet sich radikal vom Rest des Landes. Spektakuläre Architektur, viel Wasser, ein Hafen mit enormen Ausmaßen und ein ungezügelter Fortschrittsgeist machen die Stadt so spannend. Wer sich nichts entgehen lassen möchte, mietet sich am besten ein Fahrrad, um entspannt von der einen Attraktion zur nächsten zu gelangen.

Bumerang und Wolkenkratzer

Rotterdam scheut das Risiko nicht. Das zeigt sich bereits am Bahnhof, der mit einem Dach in der Form eines Bumerangs auf sich aufmerksam macht. Eine gute Visitenkarte für eine Stadt, die nicht nur Gäste überrascht, die zum ersten Mal da sind. Zum Beispiel in Form der legendären Kubushäuser im Stadtteil Blaak oder mit der Markthalle, in der auch Wohnungen untergebracht sind und deren Eröffnung 2014 weltweit Schlagzeilen gemacht hat. Von hier aus geht es weiter zum Leuvenhaven, der längst als eine Art Museumshafen firmiert. Nun ist es an der Zeit für eine erste Begegnung mit der Maas, um anschließend über die Willemsbrug auf die Maasinsel Noordereiland zu gelangen, die sich der Gentrifizierung weitgehend entzogen hat. Nächstes Etappenziel ist der Kop van Zuid, wo sich die Rotterdamer Lust am Vertikalbau in zahlreichen Wolkenkratzern äußert, von denen einige die 150-Meter-Marke geknackt haben. Dazwischen erinnert das Hotel New York als einstiges Ausschiffterminal für Auswanderer an vergangene Zeiten.

Wassertaxi und Fahrradtunnel

Über eine autofreie Brücke erreichst du die Halbinsel Katendrecht, die rund um das Viertel Deliplein zu einem Hotspot für Hipster und einer bevorzugten Anlaufstelle für Kreative geworden ist: Cafés, das Restaurant de Matroos en het Meisje und das Tattoo-Studio Bob sind die Aushängeschilder. Nun geht es per Wassertaxi zum Südufer der Maas und dort mithilfe der Rolltreppen in den Maastunnel für Fahrräder, an dessen Nordeingang der Euromast wartet, der höchste Aussichtsturm der Niederlande. Anschließend führt die Strecke zum Delfshaven, der den Zweiten Weltkrieg ohne Schäden überstanden hat. Nach einem Schlenker vorbei am Atelier von Lieshout *(ateliervanlieshout.com)* bietet die Stadsbrouwerij *(stadshavenbrouwerij.nl)* Gelegenheit für einen Snack und ein Getränk. Bliebe noch die Van Nelle Fabriek *(vannellefabriekrotterdam.com)*, eine atemberaubende Sinfonie aus Glas und Stahl, die heute ein Veranstaltungsort ist. Über den Nieuwe Binnenweg geht es zurück zum Ausgangspunkt.

Die Tour im Überblick

Leichte Radrundtour in Rotterdam, etwa 25 km, reine Fahrtzeit 1,5 Std.

Mit der Bahn nach Rotterdam Centraal | Parkplatz z. B. Interparking Lijnbaan, Crispijnstraat 6 | Fahrrad z. B. über Zwaan Bikes (Fahrrad €€/Tag, E-Bike €€€/Tag, Weena 705, czwaan.nl) oder OV-Fiets (€/Tag)

Sonniger Tag mit Schäfchenwolken für den perfekten Fotohimmel

Fahrrad, Kamera mit Weitwinkelobjektiv für Architekturaufnahmen

51.92327, 4.47017 (Startpunkt)

DOWNLOAD GPX-Track

Haifischflosse oder Bumerang? An Spitznamen mangelt es nicht für den Bahnhof von Rotterdam (re). Stadtteil Kop van Zuid in einem sanierten Hafengebiet (li)

Die Dünen von Scheveningen ★

Radfahren ist in der DNA der Niederländer tief verankert. Bei dieser reizvollen Tour durch ein Dünengebiet zeigt sich das Land von seiner besten Seite. Sie vermittelt einen Eindruck davon, wie die Küstenlinie vor Jahrhunderten ausgesehen hat. Unterwegs warten Möglichkeiten zum Baden und Stärken.

Durchs Naturschutzgebiet

Nach dem Start am Pier von Scheveningen radelst du zum Eingang des Naturschutzgebiets Meijendel. Die ersten 6,2 km führen durch abwechslungsreiche Landschaften. Hier ein wenig Heide, dann wieder ein Tümpel und am Wegesrand nicht selten Orchideen. Dabei ist die Strecke weder flach noch gerade, denn sie führt durch Dünen und ist mit Kurven und kleinen Anstiegen ausgestattet. Am Aussichtspunkt Panneduin blickst du fast ohne Zivilisationsgeräusche auf der einen Seite bis zum Meer und auf der anderen zur Skyline von Den Haag. Nach weiteren 3,5 km ist ein Abzweig erreicht, der zum Strand von Wassenaar führt. Der ist selten überfüllt und gut ausgestattet – es gibt Pavillons, Verleihe für Wassersportgeräte und ein Bademeister wacht über das Wohl der Gäste.

Pfannkuchen auf dem Rückweg

Vom Strand geht es über einen Radweg landeinwärts, bis du in die Nähe von Duinrell kommst. Der Freizeitpark verfügt über ein Schwimmbad mit 21 Rutschen und viele weitere Attraktionen – nur für den Fall, dass du Verhandlungsmasse bei der Tagesgestaltung benötigst. Nächstes Etappenziel ist das vornehme Wassenaar, das mit seinen waldreichen Villenvierteln zu den teuersten Wohngebieten des ganzen Landes gehört. Am südwestlichen Ortsausgang wartet das Museum Voorlinden. In einem gewagten Bau beweist die

Eine Radtour durch die Dünen ist ein Spaß für die ganze Familie (li). Verpflegung gibt es an einem Pavillon am Strand von Wassenaar (re.)

Ausstellung, dass die künstlerische Avantgarde nicht verkopft sein muss, sondern lustig sein kann. Als familienfreundliche Alternative wartet nun die Boerderij Mejendel auf. Mitten in den Dünen gelegen, haben frühere Generationen hier mit bescheidenem Erfolg Kartoffeln anzubauen versucht. Heute hat sich die Erkenntnis durchgesetzt, dass ein Lokal lukrativer ist. **Insider-Tipp** Ein typisch niederländischer Pfannkuchen empfiehlt sich besonders zur Auffüllung der Kohlehydratspeicher. So wird die Rückfahrt zum Pier von Scheveningen zu einem Kinderspiel. Besonders beeindruckend ist dabei diesmal nicht der Blick auf die Dünen und das Meer. Vielmehr baut sich hinter dem Naturschutzgebiet die inzwischen recht beeindruckende Skyline von Den Haag auf. Auf diese Weise manifestieren sich Vergangenheit und Gegenwart in einem Bild.

Die Tour im Überblick

Mittelschwere Radtour durch Den Haags uriges Nordseeschutzgebiet, 30 km, reine Fahrzeit 2 Std., mit Pausen kinderfreundliche Ganztagstour

Start am Scheveningen Pier | Mit der Tram 1,9 bis Den Haag Kurhaus | Parkplatz Parkeerterrein Zwarte Pad (€€) | €€ (Duinrell und Voorlinden)

Ganzjährig
Velo bei Haagsche Stadsfiets mieten (Keizersstraat 27, haagschestadsfiets.nl, €/Tag)
52.11533, 4.28362 (Startpunkt)

DOWNLOAD GPX-Track

Immer dem Wasser nach in Leiden ★

Leiden gehört zu den ältesten und schönsten Städten der Niederlande. Im 17. Jh. wurde sie mit einem Stadtgraben vor unerwünschtem Besuch geschützt. Dieser sogenannte Singel ist heute fast vollständig von Grünflächen umgeben. Ein ideales Terrain für einen Spaziergang, der die Gäste tief in Vergangenheit und Gegenwart der Stadt führt.

Am Erbe des Goldenen Zeitalters

Ein Tag am Wasser mit Parks ohne Ende, viel Geschichte, ein wenig Kultur und gut gelegenen Lokalen. Das klingt nach einem Traum von einem Städtetrip. In Leiden wird er real.

Schon im Jahr 1266 hat Leiden Stadtrechte erhalten. 1575 wurde hier die erste Universität der Niederlande eröffnet. Und im Goldenen Zeitalter der Niederlande war die Stadt so wohlhabend, dass sie sich einen Festungsring inklusive eines stattlichen Gewässers gegönnt hat. Dieser heute gut 6 km lange Singel wird an seiner Innenseite von einem Weg begleitet, der nur an wenigen Stellen vom Wasser weicht. Ein markanter Einstieg ist die Museumswindmühle De Valk. Von hier aus geht es gegen den Uhrzeigersinn über das Gelände des Volkenkundemuseum an die Westflanke, wo mit dem Morspoort ein Stadttor von 1669 wartet.

Wo einst Rembrandt lebte

Es folgen in enger Taktung die Holzwindmühle De Put und eine malerische Ziehbrücke über den Oude Rijn, einen Seitenarm des Rheins. Am anderen Ufer befindet sich der Ort, wo Rembrandt das Licht der Welt erblickt. Das Geburtshaus steht nicht mehr, wohl aber erinnern eine Statue mit Staffelei sowie eine Plakette an den Großmeister. Auf dem Weg nach Süden lädt die Terrasse des mexikanischen Restaurants Tabú zu einem kulinarischen Zwischenstopp. Bald danach ist der alte botanische Garten erreicht, der Hortus Botanicus von 1590.

Zurückschlängeln

Am Südende des Singel stehen zunächst herrliche Wohnhäuser, ehe abermals ein Park mit Bänken, Wiesen und einem schlangenförmigen Pfad übernimmt. Auf dem Weg zurück nach Norden passierst du über die Hapynionbrücke den Nieuwe Rijn. Vorbei an einer alten Mehlfabrik geht es durch den Ankerpark zum fotogenen Zijlpoort und schließlich zur Nordseite der City. Blekerspark und Huigpark setzen den bekannten Grundton fort, ehe sich fast aus dem Nichts und ohne jeden Kontext ein Kraftwerk aufbaut, welches das Idyll auf dem Weg zurück zum Ausgangspunkt jedoch nur kurz stört.

Die Tour im Überblick

Leichte Rundtour in Leiden, die Wanderung ist mit Raben-Piktogrammen ausgewiesen, 6 km, ca. 2 Std.

Der Bf. ist ganz in der Nähe von Singel und Museumsmühle | Die City ist weitgehend autofrei, Parkplatz Leiden Centrum (Haagweg 8, parkingleiden.com, €€/Tag), gratis Shuttle-Service

Am schönsten an verträumten Sonntagnachmittagen vom Frühjahr bis zum Frühherbst

Evtl. Picknickdecke und -korb

52.16456, 4.48569 (Startpunkt)

DOWNLOAD GPX-Track

Singelgracht in Leiden (li.). Die Stadt lockt mit vielen historischen Bauwerken (re.) – und mit Rembrandt (u.)

MEHR ERLEBEN

*WEITERE ABENTEUER & AUSFLÜGE

Überbleibsel vergangener Zeiten: der Hafen von Goedereede

Noch mehr erleben auf der Insel Goeree-Overflakkee, rund um Rotterdam, Den Haag oder Gouda? Kein Problem, denn von abenteuerlichen Kanutouren über eine ausführliche Strandwanderung von der einen Metropole zur anderen bis hin zu Surfkursen für jeden Schwierigkeitsgrad ermöglicht die Provinz Zuid-Holland eine große Bandbreite an Aktivitäten.

AUF GOEREE-OVERFLAKKEE

Kleine Stadt, große Vergangenheit

1 Leichter Spaziergang durch das historische Städtchen Goedereede, 1,6 km, 30 Min.

Außenposten der Römer, bedeutender Handelshafen – und Wohnsitz des einzigen niederländischen Papstes. Das ist ein beeindruckender Lebenslauf für ein Dorf mit nicht einmal 2300 Einheimischen. Die Rede ist von Goedereede, dessen glorreiche Vergangenheit bis heute zum Greifen nah ist. Los geht es am Ortsrand, wo eine Kornmühle von 1791 den Jahren trotzt. Von hier aus sind es nur ein paar Schritte zum 40 m hohen Toren van Goedereede, der zwischen 1467 und 1512 als Kirchturm ohne Spitze errichtet wurde und der jahrhundertelang auch als Leuchtturm fungierte. Anschließend schlängelt sich der Weg vorbei am malerischen Kirchplatz durch die mittelalterliche Pieterstraat zum Markt, der von schönen Patrizierhäusern eingerahmt ist. Eine Runde um das Hafenbecken beginnt am Südufer (Zuidzijde) und führt über den Kinderdijk und die Noordzijde zurück ins Dorf. Nostalgie im Zeitraffer.

De Windvang, Goereeseweg 5, Goedereede | Mit dem Bus 104 nach Ouddorp und Renesse | Parkplatz Doelweg | visitgo.nl (> Suche: Goedereede) Ganzjährig 51.81883, 3.97403 (Start)

Wo die Niederlande noch wachsen

2 Leichte Wanderung im Norden der Insel, 3 km, 50 Min.

Vielerorts bildet die Nordsee eine Gefahr für die Niederlande. Doch die Insel Goeree-Overflakkee wächst an ihrem Nordzipfel beständig, weil durch das Mündungsdelta des Rheins in Verbindung mit den Nordseeströmungen Sand angespült wird. Während sich der unverhoffte Zuwachs nicht

In den Salzwiesen der Kwade Hoek kann sich die Natur frei entfalten

Das Observatorium Tij ist eine bevorzugte Anflugstelle für Vögel

zur Besiedlung eignet, hat die Kwade Hoek sehr wohl Qualitäten als Naturschutzgebiet. Ohne den Schutz von Deichen dringt bei starken Fluten immer wieder Wasser in die Dünen und Schlickflächen vor. Auf den Salzwiesen grasen derweil Kühe. Ein ideales Habitat für Pflanzen wie Strandwinde und Vögel wie Kiebitze, die hier weitgehend ungestört leben können, denn auf dem Rundkurs durch die „Böse Ecke" (so die wörtliche Übersetzung) sorgen Zäune dafür, dass Gäste nicht auf unerwünschte Pfade gelangen.

Oostdijkseweg, Goedereede | Parkplatz Oostdijkseweg, Goedereede | visitgo.nl/de (> Suche: Kwade Hoek) Ganzjährig möglich außer bei starken Fluten, am schönsten im Frühjahr

51.83615, 3.98366 (Start)

Gut getarnt beobachten

3 Leichter Spaziergang im Vogelschutzgebiet bei Stellendam, ca. 1 km, 45 Min.

Lust auf eine Überraschung? Dafür bietet sich der Besuch des Vogelobservatoriums Tij an. Östlich des geschäftigen Hafens von Stellendam gelegen, breitet sich unmittelbar hinter dem Parkplatz am Haringvliet ein kleines Schutzgebiet aus. Der knapp 1 km lange Wanderweg führt über Sand zunächst durch eine bewaldete Düne, um anschließend ein Gewässer zu queren und schließlich in einer Art Tunnel zu verschwinden. **Insider-Tipp** Dahinter baut sich seit 2019 ein 8 m hohes und 11 m breites Gebäude aus Holz und Stroh aus, in dem eine Treppe nach oben führt. An mehreren Stellen gibt die Fassade den Blick auf die umliegende Natur frei. Mit etwas Glück kannst du diverse Enten-, Gänse- und Möwenarten, Löffler und Eisvögel sichten, wobei ein Teleskop behilflich ist.

Deltahaven Stellendam | Mit dem Bus 104 Stellendam Zwembad, von dort 2,7 km laufen | Parkplatz Deltahaven am Jachthafen | Das Vogelschutzgebiet befindet sich hinter dem Hafengelände von Stellendam, nicht von den Schranken abschrecken lassen Tgl. 8.30–17 Uhr

51.81956, 4.04973 (Start)

Eine vergessene Insel entdecken

4 Leichte Radtour auf Tiengemeten, ca. 20 km, 1 Std. 20 Min.

In den ebenso kleinen wie dicht besiedelten und hoch entwickelten Niederlanden hat jeder Quadratmeter einen festgelegten Verwendungszweck.

Die Fähre zur Insel Tiengemeten

Der Weg ist das Ziel: Treppe zum Dachgarten in Rotterdam

Nur mit der Insel Tiengemeten wusste man lange nichts anzufangen. Das 7 mal 2 km große Eiland ist durch Versandung im Rheindelta entstanden und zählte einst 200 Einheimische sowie mehrere landwirtschaftliche Betriebe. Die Sturmflut von 1953 bereitete dem ein jähes Ende. Heute gehört Tiengemeten der Stiftung zur Pflege von Naturdenkmälern. Gäste können vor Ort ein Rad mieten, um Polder, See, Deiche, Relikte der Vergangenheit und die Reste der Zivilisation erkunden. Zu sehen gibt es darüber hinaus eine enorme Vielzahl an Vögeln sowie eine Kolonie Wisente. **Insider-Tipp** Einige in der Vergangenheit von Bauern bewohnte Häuser wurden zu hübschen Ferienunterkünften umgebaut. Besonders schön ist die Laurettehoeve (*natuurmonumenten.nl, > Suche:* Laurettehoeve).

ℹ *Insel östl. von Goeree-Overflakkee | Umständlich, aber möglich mit dem Bus 711 bis Nieuwendijk Veerdienst | Parkplatz Parkeerplaats Tiengemeten | € (Fähre), € (Fahrrad)* 🕘 *Jederzeit, Fähre ab Nieuwendijk tgl. 10–17 Uhr zur vollen Stunde*
📍 *51.75466, 4.31652 (Start)*

RUND UM ROTTERDAM

Über den Dächern von Rotterdam

5 🚶 Leichter Spaziergang auf einem der größten Dachgärten Europas, 1,5 km, 25 Min.

Dachgärten machen Städte freundlicher, grüner, kühler und dadurch lebenswerter. Rotterdam hat es sich zur Aufgabe gemacht, in dieser Hinsicht Pionierarbeit zu leisten. Schon eine halbe Million Quadratmeter sind begrünt, viele Dächer haben parkähnliche Qualitäten. Der im Südwesten der Hafenstadt gelegene Dakpark ist so groß, dass eigens eine Anreise lohnt. Auf dem Dach eines Einkaufszentrums ist in 9 m Höhe ein 1 km langer und 85 m breiter Park mit einer vielseitigen Flora entstanden. Schön für eine Auszeit und Anschauungsunterricht für die Stadt der Zukunft.

ℹ *Vierhavensstraat Rotterdam | Mit der Metro A, B, C Rotterdam Marconiplein | Parkplatz Tiefgarage Interparking, Vierhavensstraat 77 | rotterdam.info (> Suche: Dakpark)* 🕘 *Tgl. 7–21 Uhr*
📍 *51.91038, 4.43503 (Start)*

Mit Muskelkraft durchs Rheindelta

6 🚲 Mittelschwere Radtour durch den Nationalpark De Biesbosch, 55 km, 3 Std. 15 Min.

Ein Geflecht an größtenteils einsamen Gewässern und ein enormer Artenreichtum zeichnen den

Wasserreich: der Nationalpark de Biesbosch bei Dordrecht

Prächtiges Kanurevier: der Fluss Linge

Nationalpark De Biesbosch aus. Kurz bevor sich die diversen Rheinarme in die Nordsee ergießen, durchfließen einige von ihnen die abwechslungsreiche Landschaft östlich von Dordrecht. Mithilfe eines ausgeklügelten Systems an Knotenpunkten können Radfahrer:innen eine abwechslungsreiche Runde um das Schutzgebiet drehen, bei der die Sichtung von Bibern, Adlern und anderen seltenen Tieren gut möglich ist. Zwei Teilstücke der Route werden an Bord kleiner Fähren absolviert. Weil der Parcours eine Länge besitzt, die nicht jeder in den Beinen hat, ist die Anmietung eines E-Bikes eine Überlegung wert.

De Biesbosch ab Lage Zwaluwe | Mit dem Zug bis Bf. Lage Zwaluwe, mit dem Bus 122 bis Lage Zwaluwe Oude Weg | Parkplatz Flierstraat/Zwaluwse Dijk | Streckenplan mit GPX Track und Fahrradknotenpunkten unter beleefdebiesbosch.nl (>Zien & doen >Fietsen >Rondje Biesbosch) | E-Bike z. B. bei Bij Ons (€€€/Tag, Gaete 7, Lage Zwaluwe, bijonslagezwaluwe.nl/verhuur) Nur im Sommerhalbjahr, weil die Fähren nur dann in Betrieb sind 51.71512, 4.69058 (Start)

In ruhigem Fahrwasser

7 Mittelschwere Kanutour auf der Linge, Distanz nach Gusto

Wasserstraßen gibt es unzählige nahe der niederländischen Küste. Die Linge jedoch ist ein Geheimtipp. Der 108 km lange Fluss gehört zum Rheindelta und ist für die kommerzielle Schifffahrt nicht nutzbar. Gute Nachrichten für alle, die sich in Espijk unbeschwert in ein Boot setzen können, um zu einem Ausflug in Richtung Westen aufzubrechen. Unterwegs sieht man eine mechanisch betriebene Fähre, fruchtbare Wiesen und hübsche Häuschen. **Insider-Tipp** Du kannst bei der Buchung des Kanus zusätzlich ein herrliches Lunchpaket bestellen, das die Schwiegertochter des Verleihers zusammenstellt. Optischer Höhepunkt der Tour ist eine schlohweiße Windmühle. Auch an Bademöglichkeiten mangelt es nicht.

Enspijk/Linge | Mit dem Zug nach Geldermalsen, von dort Bus 260 bis Enspijk Monument | Parkplatz beim Vermieter im Hof | Vermietung: Lekker aan de Linge, kano.nl | €€€ Ganzjährig, am schönsten an einem trägen Wochenende im Spätsommer 51.88450, 5.21026 (Start)

Bei einem Spaziergang durch die Delfter Innenstadt begegnet man Vermeer auf Schritt und Tritt

Wie in München

8 Surfen auf Rotterdams künstlicher Welle

Mitten in der Stadt auf der perfekten Welle reiten? Dieses Konzept war bislang nur aus München bekannt. Während in Bayern ein fließendes Gewässer für die perfekte Welle sorgt, bieten die Rotterdamer das Vergnügen in einem stillgelegten Hafenbecken an: der Steigersgracht. Wellen mit einer Höhe von 50 cm bis 1,5 m sorgen zudem dafür, dass Neulinge nicht überfordert und Profis nicht gelangweilt werden. Wie in einem Wellenbad aus dem 1980er-Jahren ist auf die Brandung Verlass: Alle sieben Sekunden erzeugen die Maschinen eine Welle.

Steigersgracht, Rotterdam | Mit der Bahn bis Rotterdam Blaak | Parkplatz Q-Park Koopgoot | Equipment kannst du vor Ort ausleihen | €€€ Tgl. 10–22 Uhr 51.92005, 4.48354 (Start)

DELFT

Auf den Spuren des Meisters

9 Leichte Wanderung durch Delft, 3,5 km, 1 Std.

Der Hype um das Werk Johannes Vermeers (1632–1675) erreicht immer größere Ausmaße. Zeit seines Lebens hat der Schöpfer des *Mädchens mit dem Perlenohrring* in Delft gewohnt und gearbeitet. Seine wenigen Werke (37) sind zwar auf Museen in aller Welt verstreut. Doch seine Geburtsstadt macht in Form einer Vermeer-Wanderung einen Kniefall vor ihrem berühmtesten Sohn. Diese führt zu verschiedenen Wirkungsstätten. **Insider-Tipp** Zu den Highlights gehört jener bis heute gut erhaltene Ort, wo Vermeer sein Gemälde *Stadtansicht von Delft* angefertigt hat.

Mit der Bahn nach Delft | Parkplatz Zuidpoort Garage, Zuidwal 14, Delft | Das Tourismusbüro verkauft eine Broschüre (auch auf Deutsch), auf der Route und Stationen erklärt sind. Erhältlich für 3 Euro beim VVV (Stationsplein 7) und im Vermeer Center | delft.com Jederzeit, am schönsten bei einem „Vermeer-Himmel" mit Sonne, Wolken und intensivem Licht 52.00752, 4.35646 (VVV) (Start), 52.0058, 4.36227 („Stadtansicht von Delft")

Zu den höchsten Mühlen der Welt

10 Mittelschwere Wanderung von Delft nach Schiedam, 13 km, 3 Std.

Zwischen Delft und Schiedam breitet sich eine der größeren Grünflächen der Provinz Zuid-Holland aus. Das ist auch dem schönen Naturschutzgebiet

Schöner wird es nicht mehr: die Schie im Zentrum von Schiedam

Abtswoudse Bos zu verdanken, das von kurvenreichen Wasserstraßen durchzogen ist. Von hier aus ist es nicht sehr weit bis zu den Ausläufern Schiedams. Die Vorstadt von Rotterdam ist international für zwei Attraktionen bekannt: die mit bis zu 55 m höchsten Windmühlen der Welt – und den Jenever. Beides spielt gegen Ende der Wanderung eine Rolle, denn sowohl die Museumsmühle De Walvisch *(deschiedamsemolens.nl)* wie auch das Nationaal Jenevermuseum *(jenevermuseum.nl)* liegen an der Route. Rund um die beiden Attraktionen übrigens zeigt sich das ansonsten etwas verbaute Schiedam von seiner schönsten Seite: Alte Packhäuser und Zugbrücken säumen den namensgebenden Fluss Schie.

Delft - Schiedam | Mit der Bahn bis Delft Campus, ggf. ab Schiedam zurück | P+R-Parkplatz Delft Campus | Die Bahnfahrt von Delft-Campus nach Schiedam dauert 6 Min., dreimal pro Stunde

Am besten Mi–Sa 11–17 Uhr, wenn die Musemsmühle geöffnet hat *51.99098, 4.36405 (Start)*

Training für die Oberarme

11 Leichte bis mittelschwere Kanutour durch ein Naturschutzgebiet oder durch Delft, Strecke je nach Geschmack

Sein malerisches Stadtbild verdankt Delft auch den vielen Kanälen. Deshalb eignet sich die Heimat des Delfter Blau für eine Erkundungstour im Kanadier oder im Kajak. Weitgehend unbekannt hingegen ist das Naturschutzgebiet Abtswoudse Bos, das sich südlich der Stadt befindet. In weiten Bögen mäandert ein Gewässer durch den Wald, das sich für eine erholsame Tour geradezu aufdrängt. Ab dem Kanuverleih auf dem Bauernhof Delflandhoeve sind zwei Strecken ausgewiesen, deren Bewältigung 45 Minuten oder 2,5 Stunden in Anspruch nimmt. Wer lieber in die Stadt paddelt, sollte über trainierte Oberarme verfügen. Anfahrt und Rundkurs ergeben eine Streckenlänge von rund 12 km, was jedoch im Normalfall locker zu bewältigen ist.

Delft (Abtswoudse Bos) | Bis Bf. Delft Campus, 2,5 km pro Strecke | Parkplatz Delflandhoeve,

Das Kanu erweist sich vielerorts als effektives Fortbewegungsmittel

Schieweg 166, Delft | delflandhoeve.nl | €€ (3 Std./ pro Person) ◷ Mitte April–Anfang Sept. ⊙ 51.97511, 4.38438 (Start)

Das Museum Escher zeigt 150 Werke des niederländischen Künstlers M.C. Escher

RUND UM DEN HAAG

Immer den Royals nach

12 Einfache Wanderung auf den Spuren des Königshauses, 3,5 km, 1 Std. reine Laufzeit

Das niederländische Königshaus ist seit mehr als 400 Jahren in Den Haag ansässig. Genug Zeit, um überall in der Stadt Spuren zu hinterlassen. Dieser Rundgang beginnt am Paleis Lange Voorhout, der zuletzt Königin Beatrix als Arbeitsdomizil diente und seit 2002 das Museum Escher in het Paleis beherbergt. Weiter geht es zum aktuellen Arbeitspalast von König Willem Alexander, dem Paleis Noordeinde, zu den Königlichen Stallungen und den Palastgärten, die ideal für ein Picknick sind. Über diverse Standbilder und weitere Wirkungsstätten der Royals führt der Parcours schließlich zur Königlichen Gemäldegalerie (dem Mauritshuis mit Vermeers *Mädchen mit dem Perlenohrring* und dem Königskabinett, wo der Monarch seine Aufgaben als formales Mitglied der Regierung erfüllt. Ein wahrlich royaler Rundgang, der ganz nebenbei durch einige der schönsten Straßen Den Haags führt.

ⓘ *Lange Voorhout 74, Den Haag | Mit der Bahn/ Straßenbahn bis Den Haag Central (850 m) | Parkplatz Tiefgarage Malieveld, Tagestarif €€ | denhaag.com/de (>Suche: Königlicher Rundgang) | €€ (Museum Escher in het Paleis), €€ (Mauritshuis) ◷ Ganzjährig ⊙ 52.08352, 4.31373 (Start)*

Von Metropole zu Metropole

13 Anstrengende Strandwanderung von Den Haag nach Rotterdam, 24 km, 5 Std. 30 Min.

Eine Wanderung von Den Haag nach Rotterdam? Das ist eine schöne Herausforderung, die aber für konditionsstarke Wandersleut kein Problem ist. Los geht es am Bahnhof Centraal, wo die Tram zum Kurhaus abfährt. Einmal auf dem Boulevard angekommen, geht es fortan beständig in Richtung Südwesten. Das einzige nennenswerte Hindernis ist der Hafen von Scheveningen, dessen Becken du umlaufen musst – ein Umweg von gut 2 km.

Die Gischt ist ein ständiger Begleiter bei der Wanderung von Den Haag nach Rotterdam

An Wellen mangelt es an der Nordsee nur selten

Vorbei an den Seebädern Kijkduin, Monster und der riesigen Sandfläche Zandmotor geht es – wahlweise über den Strand oder den asphaltierten Deich – in Richtung Hoek van Holland. Dort wartet die U-Bahn, die dich in die Metropole Rotterdam bringt. Hier locken Lokale ohne Ende, in denen du dich für die Anstrengungen des Tages belohnen kannst. **Insider-Tipp** Oder du suchst gleich die Markthalle *(markthal.nl)* auf, die Street-Food-Läden, Imbisse, Bars und Spezialitätenstände beherbergt.

Scheveningen | Mit der Bahn bis Den Haag Centraal, mit der Tram 9 bis Scheveningen | Parkplatz am Bahnhof Centraal, Scheldestraat 13, Tagesgebühr €€ | Unterwegs gibt es zahlreiche Strandpavillons Jederzeit 52.11368, 4.28318 (Start)

„All-in" mit Garantie

14 Surfen auch für Ungeübte in Scheveningen

Scheveningen ist ein Hotspot des Wellenreitens, denn die Brandung zählt zu den beständigsten der ganzen Niederlande. Wer eigenes Equipment hat, ist ohnehin fein raus. Doch auch Neulinge sind in dem Badeort gut aufgehoben, weil die Surfschule The Shore ein verlockendes Angebot macht: Wer nach einer ersten Einführungsstunde am „All-in-Kurs" mit drei Trainingseinheiten teilnimmt, erhält die Garantie, beim Unterricht derartige Fortschritte zu machen, dass es zum Stand auf dem Surfbrett kommt. Sollte es nicht klappen, sind die folgenden Trainingseinheiten so lange kostenlos, bis es endlich funktioniert. Wer den Erfolg feiern möchte, ist im dazugehörigen Strandpavillon richtig aufgehoben.

Scheveningen | Mit der Tram 11 Den Haag Strandweg | Parkplatz Noordelijk Havenhoofd, Tagestarif €€ | surfles.nl | €€€ (Einführungskurs) Mitte April–Anfang Okt. 52.10260, 4.26482 (Start)

Baggern am Strand

15 Beachvolleyball mit und ohne Training in Scheveningen

Wer sich unter freiem Himmel austoben möchte, muss nicht zwangsläufig lange Strecken auf sich nehmen. Schließlich gilt Den Haag als niederländische Hauptstadt des Beachvolleyball. Im Badeort Scheveningen etwa warten nicht weniger

Spikeball ist auch auf den Stränden in den Niederlanden eine Trendsportart

als 33 Felder auf sprungstarke Akteur:innen. Die Felder befinden sich sowohl am Zuiderstrand (südlich des Hafens) als auch auf dem Norderstrand. Hier steht zudem ein Stadion, das bis zu 3000 Besucher:innen fassen kann. Wer seine Fähigkeiten systematisch verbessern möchte, kann bei einer Beachvolleyballschule *(beachvolleybalschool.nl)* Trainingsstunden nehmen.

Zuiderstrand Scheveningen | Mit der Tram 11 Den Haag Strandweg | Parkplatz Noordelijk Havenhoofd, Tagestarif €€ | beachvolleybaldenhaag.nl/de/ April–Okt. (im Winter in der Halle)
52.10187, 4.26246 (Start)

Aufs kleine Trampolin

16 Spikeball am Pier in Scheveningen

Du magst Ballsportarten und scheust neue Trends nicht? Dann könntest du mal eine Runde Spikeball ausprobieren. Man braucht ein kleines Trampolin, einen Ball und vier Spieler:innen, die in Zweierteams gegeneinander antreten. Dabei versuchen sie den Ball so auf das Trampolin zu schlagen, dass die gegnerische Mannschaft ihn nicht mehr erreicht. Auf dem Strand mit dem Blick aufs Meer und den Pier von Scheveningen sind harte Landungen ausgeschlossen. Einer der Gründe, weshalb man dort immer mehr Leute sieht, die sich der Sportart verschrieben haben.

Scheveningen | Mit der Tram 11 Den Haag Strandweg | Parkplatz Noordelijk Havenhoofd, Tagestarif €€ | thesandcompany.nl | €€ (Leihgebühr) Jederzeit, Verleih tgl. 10–19 Uhr
52.11744, 4.28976 (Start)

RUND UM GOUDA

Auf den Spuren der Römer

17 Leichte Wanderung von Katwijk nach Leiden, 13 km, 2 Std. 30 Min.

Heute kaum noch wahrnehmbar, mündet an der Buitensluis in Katwijk einer der prominentesten Rheinarme in die Nordsee. Den Römern diente der Fluss als Nordgrenze ihres Reiches, die in Geschichtsbüchern auch als Limes umschrieben ist. Auf der historischen Demarkationslinie verläuft heute von Katwijk bis nach Valkenburg in der Provinz Zuid-Limburg ein 275 km langer Wanderweg.

Limes-Kunstwerk von Nicolas Dings am Strand von Katwijk

Blumen, so weit das Auge reicht, sieht man auf der Tulpenroute

Die erste Etappe führt dich an den Rand der historischen Universitätsstadt Leiden, und auch wenn die einstigen Limesmauern überwiegend vom Erdboden verschluckt wurden, bürgen Ausgrabungen bei Museen und Themenparks sowie Schilder unterwegs immer wieder für einen pädagogisch hochwertigen Aha-Effekt.

ⓘ *Katwijk | Mit der Bahn bis Leiden, mit dem Bus 90, 431 bis Katwijk Centrum | Parkplatz De Noordduinen | vvvkatwijk.nl/de (>Entdecken, Entlang den Limes) ◷ Jederzeit ⚲ 52.21131, 4.40175 (Start)*

Wie gemalt!

18 🚲 Leichte bis mittelschwere Radtour von Noordwijk nach Zandvoort, 35 km, 2 Std.

Egal, ob Tulpen, Narzissen, Hyazinthen oder andere Frühlingsgewächse: Kaum etwas ist so unwirklich schön wie eine Expedition in die blühenden Blumenfelder der Niederlande. Noordwijk gilt als Hauptstadt des sogenannten Bloemenstreek, der Blumengegend, in der viele Züchter:innen beheimatet sind. Vom Rand des Badeorts über Lisse (wo der Keukenhof meist Ende März seine Pforten öffnet) über Hillegom bis zum Nordstrand von Zandvoort führt die eigens für Radfahrer:innen entworfene Bloemenroute durch die schönsten Felder. Wer sein eigenes Rad dabei hat, kann nach Gusto starten. Ansonsten bieten sechs Unternehmen Leihräder an. **Insider-Tipp** Wenn dem Nachwuchs oder den Großeltern die 35 km zu lang sind, gibt es alternativ eine Tulpenroute von 15 km.

ⓘ *Noordwijk, Lisse, Zandvoort | Mit der Bahn bis Leiden, mit dem Bus 21 bis Noordwijk Schiestraat | Parkplatz z. B. bei Lemonbike Noordwijk, Nieuwe Offenweg 2A | bollenstreek.nl (>Deutsch >Aktivitäten >Radfahren > Fahrradrouten im Bollenstreek > Holländische Blumenroute) ◷ Ende April bis Anfang Juni ⚲ 52.25126, 4.47631 (Start)*

Bücken, tragen, gleiten

19 ≋ Kanutour für Fortgeschrittene durch Gouda, 4 km, 2 Std.

Recht abenteuerlich ist eine Kanutour durch das malerische Gouda. Der bei niederländischen Städten weit verbreitete Stadtgraben (Singel) ist hier nicht ohne Weiteres durchgängig befahrbar.

Idyllisch und zuweilen abenteuerlich: Kanutour in Gouda

Mehr braucht der Fuß nicht: Sand und ein bisschen Sonne nach dem Yoga

Schon bald nach dem Start an der Verleihstation am Turfsingel gilt es, die sehr niedrige Pottersbrug zu unterqueren, was nur liegend möglich ist. Es folgt ein weiter Bogen ans andere Ende der City, vorbei an Hausbooten und alten Bäumen. Doch am Park Houtmansplantsoen endet die Wasserstraße vorläufig bei einer Schleuse. Wer weiterpaddeln möchte, muss das Kanu knapp 100 m zum Minderbroederssteeg tragen, wo ein Anleger wartet. Nun geht es auf schmalen Kanälen unter abermals niedrigen Brücken bis zur beeindruckenden Kathedrale. Auf dem finalen Abschnitt folgt ein gut 100 m langer Tunnel, der durch Ketten vor ungewünschten Bewohnern wie etwa Tauben geschützt ist. Eine Tour wie im Videospiel.

Innenstadt von Gouda | Mit der Bahn zum Bahnhof Gouda | Parkplatz Q-Park Bolwerk, €€ (Tagessatz) | Verleih Jaba SUP, Turfsingel 59E, Gouda, jabasup.nl, €€€ (2,5 Std.) | Der Abschnitt bis zum Houtmansplantsoen eignet sich auch zum Stand-Up-Paddling, auch zu Fuß ist die Route leicht absolvierbar | April–Okt., Verleih tgl. 9–18 Uhr
52.00977, 4.70291 (Start)

Aktive Erholung

20 Qigong und Yoga, Übungen für alle Fitnessstufen am Strand von Noordwijk

Alle reden immer nur davon, wie entspannend Yoga ist. Dabei hat auch Qigong seine Vorzüge. Vor allem am Strand entfalten die aus China stammenden Meditations-, Konzentrations- und Körperkontrollübungen eine erholsame Wirkung. Die Intensität der Trainingseinheit wird an das Können der Teilnehmenden und an die äußeren Umstände angepasst. Und keine Sorge: Alternativ zum Qigong kannst du am Strand von Noordwijk auch an Yoga-Sessions teilnehmen.

Bei den Strandpavillons Bries (Koningin Astrid Boulevard 102) und Beachbreak (Zeereep 106, Noordwijk) | Mit der Bahn bis Leiden Centraal, Bus 20/21 bis Noordwijk Pickeplein | Parkplatz Parkeren Abraham Van Royenstraat | yogabeach.nl | €€ (Einzelstunden) Mi–So zu ausgesuchten Zeiten
52.23543, 4.42199/52.25590, 4.43934

DER SCHÖNSTE SONNENAUFGANG

Die Windmühlen von Kinderdijk

21 Erhabenes Weltkulturerbe

Man mag im Urlaub berechtigte Zweifel daran haben, dass sehr frühes Aufstehen einen Mehrwert hat. Doch wenn es um das Weltkulturerbe Kinderdijk geht, lohnt es sich auf jeden Fall, eine Ausnahme zu machen. Schau dir an, wann die Sonne über den 19 Windmühlen aufgehen soll und sieh zu, dass du gut 45 Minuten vor der angegebenen Zeit vor Ort bist. Wenn sich die Himmel über den archaischen Bauwerken langsam einfärbt und der Morgennebel über den umliegenden Feldern und Kanälen sichtbar wird, fehlen dir die Worte.

Kinderdijk, Ablasserdam | Mit dem Bus bis Kinderdijk Molenkade | Parkplatz Molenstraat

51.88823, 4.63735 (Start)

LOKALE SPEZIALITÄTEN

*UND WO DU SIE PROBIEREN KANNST

Die Stroopwafel ist eine Spezialität, die im 19. Jh. in Gouda erfunden wurde

Von herzhaft bis süß hat die Provinz Zuid-Holland ein reichhaltiges Portfolio an kulinarischen Aushängeschildern, die zum Teil in der ganzen Welt bekannt sind.

Niederländischer Nationalsnack

1 Hollands Nieuwe

Die Matjesssaison wird je nach Fettgehalt der Heringe im frühen Sommer in Scheveningen mit dem sogenannten Vlaggetjesdag eröffnet – der Tag wird groß gefeiert. Die Delikatesse steht hier vom einfachen Imbiss bis zum gehobenen Lokal auf den Speisekarten. Purist:innen verzichten auf Zwiebeln, Gurken oder sonstige Geschmacksbeeinflussungen

ⓘ **Simonis aan de Haven** *ist seit Generationen auf frischen Fisch spezialisiert. Der Matjes kommt hier im Doppelback nur mit Toast | Visafslagweg 20, Den Haag | simonisvis.nl | € 52.10090, 4.26425*

Kaffee zum Lutschen

2 Haagse Hopjes

Das in Den Haag erfundene Lutschbonbon mit Kaffeearomen ist ein perfektes Mitbringsel und seine Aromen begegnen Restaurantgästen im Dessert.

ⓘ *Die* **Haagse Hopjes** *von der Firma Rademakers sind in nahezu jedem Supermarkt erhältlich, z. B. Jumbo, Grote Marktstraat 24–30, Den Haag | € 52.07628, 4.31066*

Wohlfühlessen aus Gouda

3 Goudse Stroopwafels

Hauchdünner Waffelteig, der an der Innenseite mit Sirup bestrichen und dann im Eisen gebacken wird – der zweite Exportschlager der Käsestadt.

ⓘ **Berg's Bakery** *produziert jeden Tag Tausende Waffeln. Auf Wunsch werden sie zum Verzehr vor Ort oder zur Mitnahme verpackt. Wer mag, kann an einer Führung teilnehmen | Lange Groenendaal 32, Gouda | bergsbakery.nl | € 52.01141, 4.70976*

Würziger Wacholderschnaps

4 Jenever aus Schiedam

In Schiedam gab es Ende des 19. Jh. an die 400 Brennereien, von denen heute noch vier große und diverse kleine übrig sind.

Das **Nationaal Jenever Museum** *ermöglicht auch die Verkostung diverser Schnäpse | Lange Haven 74, Schiedam | jenevermuseum.nl | €*

51.91547, 4.39785

Hellster Stern am Käsehimmel

5 Stolwijker Käse

Über Käse aus Gouda muss nicht viel gesagt werden. Besonders cremig und würzig ist er, wenn er aus dem nahe gelegenen Dorf Stolwijk stammt.

Stolwijker Käse kannst du dienstags auf dem **Markt von Wassenaar** *und samstags auf dem* **Markt in Gouda** *kaufen. Im Webshop auch zur Lieferung nach Hause. | stolwijkkaas.nl |*

52.01185, 4.71046 (Gouda)

Hier findest du alles

6 Markthalle Rotterdam

Die spektakuläre Markthalle von Rotterdam hat 2014 bei ihrer Eröffnung weltweit Schlagzeilen gemacht. Hier kannst du alle genannten Produkte erhalten.

Markttage Di–Sa 8–17.30 Uhr | Ds. Jan Scharpstraat 298, Rotterdam | markthal.nl | €

51.9203, 4.48753

Ein Matjesbrötchen gehört zu den beliebtesten Snacks und ist nahezu überall zu finden

Die Museumsmühlen Schermerhorn bieten spannende Einblicke

Noord-Holland

TURMHOHE DÜNEN UND STRAND OHNE ENDE

Endlose Sandstrände, große Dünenreservate, entzückende Dörfer und die größte Stadt des Landes. Für all dies ist in der Provinz Noord-Holland Platz, deren Bevölkerungsdichte immer mehr abnimmt, je weiter man nach Norden kommt. Ferienorte wie Zandvoort, Bergen aan Zee oder Callantsoog haben sich gut auf die Bedürfnisse von Gästen eingestellt, die sich nicht mit Strandtagen begnügen möchten. Vor allem für Bootstouren und lange Radausflüge ist die Provinz wie gemacht. Auch die Städte haben einige Outdoor-Aktivitäten zu bieten, allen voran Amsterdam, der man als Bootskapitän ganz neue Seiten abgewinnen kannst. Haarlem und Alkmaar begeistern ebenfalls mit viel Grün und reichlich Wasser. Die Provinz besitzt mit der Ijsselmeerküste noch ein zweites attraktives Feriengebiet. Dieses findet sich aber in einem eigenen Kapitel ab Seite 120.

AUF EINEN BLICK

*NOORD-HOLLAND

MARCO POLO

OUTDOOR-HIGHLIGHTS ★

★ Amsterdams Hausberg erklimmen
Bei Bloemendaal wartet eine Düne so hoch wie ein Berg auf Radler:innen → S. 96

★ Die Hofjes von Haarlem
Ein Parcours vorbei an Windmühlen, Flüssen und Innenhöfen → S. 98

★ Mit dem Flüsterboot durch Amsterdams Grachten
Die Wasserstraßen Amsterdams aus der Perspektive des Hobbykapitäns → S. 100

★ Ein kleiner Urlaubstraum
Herrliche Wanderung durch die vielseitige Natur bei Castricum → S. 102

★ Auf die höchste Düne der Niederlande
Die über 50 m hohen Dünen bei Schoorl garantieren einen sandigen Spaß → S. 104

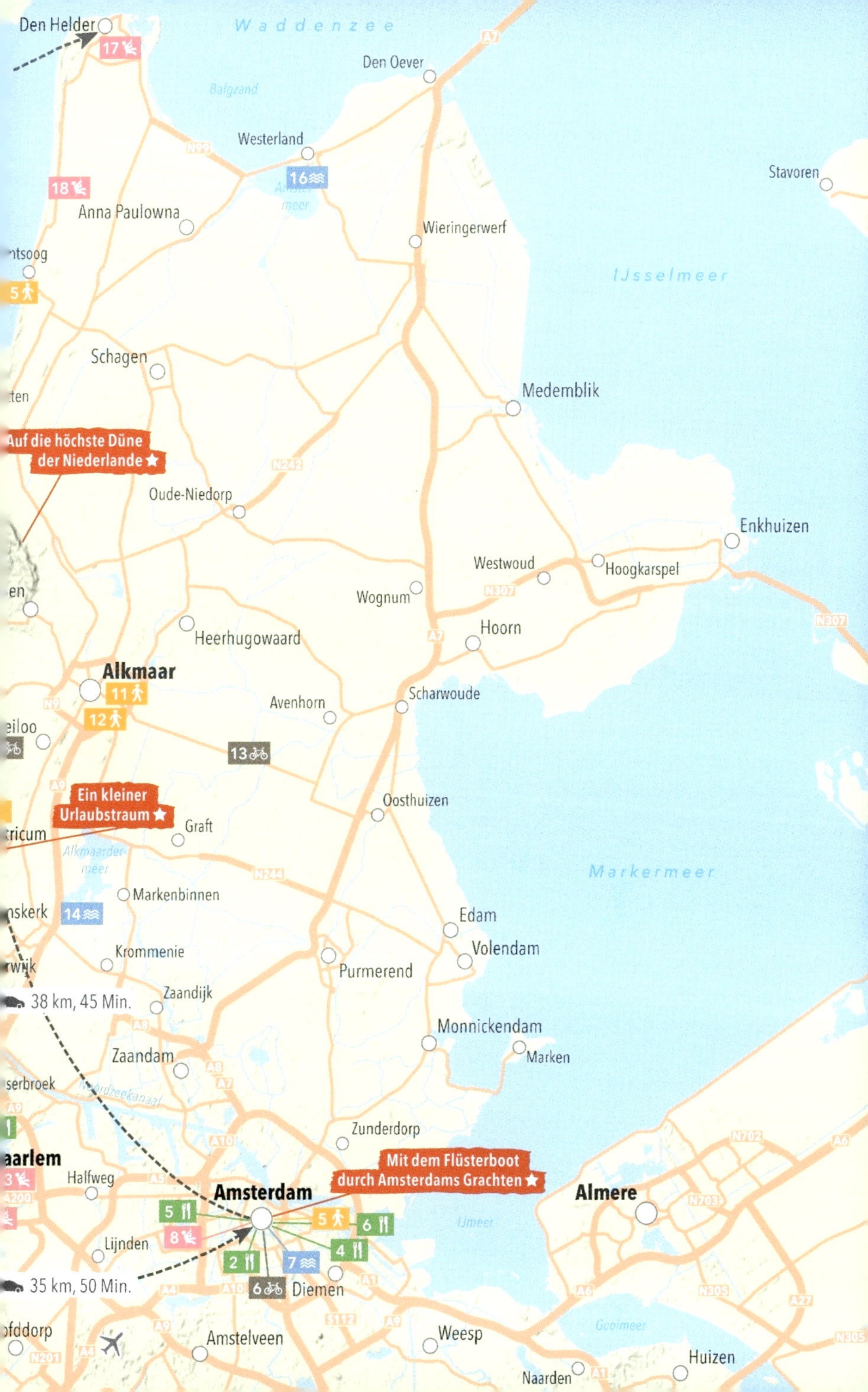

Den Helder
Waddenzee
17
Den Oever
Balgzand
Westerland
16
Stavoren
18
Anna Paulowna
Wieringerwerf
IJsselmeer
5
Schagen
Medemblik
Auf die höchste Düne der Niederlande
Oude-Niedorp
Enkhuizen
Westwoud
Hoogkarspel
Wognum
Heerhugowaard
Hoorn
Alkmaar
11
12
Avenhorn
Scharwoude
13
Ein kleiner Urlaubstraum
Oosthuizen
Graft
Alkmaardermeer
Markenbinnen
Markermeer
14
Edam
Krommenie
Volendam
Purmerend
38 km, 45 Min.
Zaandijk
Monnickendam
Zaandam
Marken
Noordzeekanaal
Zunderdorp
Haarlem
Mit dem Flüsterboot durch Amsterdams Grachten
Halfweg
Amsterdam
Almere
5
8
5
6
2
7
4
Lijnden
IJmeer
35 km, 50 Min.
6
Diemen
Amstelveen
Weesp
Gooimeer
Huizen
Naarden

OUTDOOR-HIGHLIGHTS

*DIE BESTEN ERLEBNISSE DRAUSSEN

Amsterdams Hausberg erklimmen ★

Ganz in der Nähe von Zandvoort baut sich der Kopje van Bloemendaal auf. Der Amsterdamer Hausberg wird von Radsportfans aus der ganzen Region als Trainingsgelände geschätzt, zumal der giftige Anstieg zum Teil über Kopfsteinpflaster führt. Wer ihn bezwingt, lernt ganz nebenbei eine der begehrtesten Küstengegenden des Landes kennen.

Trainieren wie die Legenden

Die Niederlande sind flach wie eine Flunder und das Radfahren geht fast von selbst. Das sind zwei Klischees, von denen das erste weitgehend stimmt. Anstrengend aber ist das Radeln schon allein wegen des Windes, der getreu einer weit verbreiteten Weisheit immer von vorne bläst. An der Küste kommt hinzu, dass sich stattliche Dünen auftürmen. Im Großraum Amsterdam beheimatete Radsport-Legenden haben diese benutzt, um ihre Kletterqualitäten zu trainieren.

Los geht es in Bloemendaal, das inoffiziell den Ehrentitel als vornehmster Ort des Landes besitzt. Das zeigt sich schon auf dem Weg vom Bahnhof ins Zentrum: Auf dem Zuider Stationsweg reihen sich stattlichen Villen aneinander, deren Baustil an ein Seebad erinnert.

Hinauf auf 43 Meter

Der Eindruck, dass hier viel Geld daheim ist, verfestigt sich auf der Zomerzorgerlaan, die vorbei an Sportplätzen mit fröhlichen Hockeyspieler:innen zu den Ausläufern der Dünen führt. Bereits der Weg zum Freilufttheater Caprera geht merklich bergauf. Dies setzt sich nach einer scharfen Linkskurve fort. Die Backsteine auf der Straße sorgen von nun an für zusätzliche Reibungsfläche und die nächste Kurve erinnert an eine Serpentine.

Bald jedoch wird es flacher – und der Blick fällt auf atemberaubende Villen, die sich auf der Südseite der Dünen unter ehrwürdigem Mischwald ausbreiten. Die Strecke führt nun leicht bergab, was zu der Annahme verführt, das Schlimmste sei geschafft. Doch dieser Eindruck täuscht. Bald führt der Weg wieder bergauf, bis ein Schild zu Ehren des viel zu früh verstorbenen Radrennfahrers Gerri Knetemann darauf hinweist, den 43 m hohen Gipfel erreicht zu haben. Es folgt eine höchst angenehme Abfahrt, erst in weiten Kurven durch den Wald, später durch das zauberhafte Bloemendaal.

Die Runde als solche ist nicht sonderlich lang. Doch wer sie – je nach Trainingsstand – mehrmals absolviert, der kann selbst in den flachen Niederlanden Höhenmeter machen und das Fitnesslevel steigern. Und bis zum Strand von Bloemendaal ist es auch nicht weit.

Die Tour im Überblick

Mittelschwere Radtour rund um Bloemendaal, 6,4 km, 45 hm, 20 Min.

Mit der Bahn zum Bahnhof Bloemendaal | Parkplatz auf halber Höhe des Anstiegs | €€ (Fahrrad/Tag)

Ganzjährig, am schönsten ist es an lauen Sommerabenden

Fahrrad z. B. bei Green Bikes (greenbikes.nl, 3 km) in Haarlem oder bei Behind the Beach (behindthebeach.nl, 7 km) in Bloemendaal aan Zee

52.4029000,4.6042300 (Kopje van Bloemendaal)

✓ DOWNLOAD GPX-Track

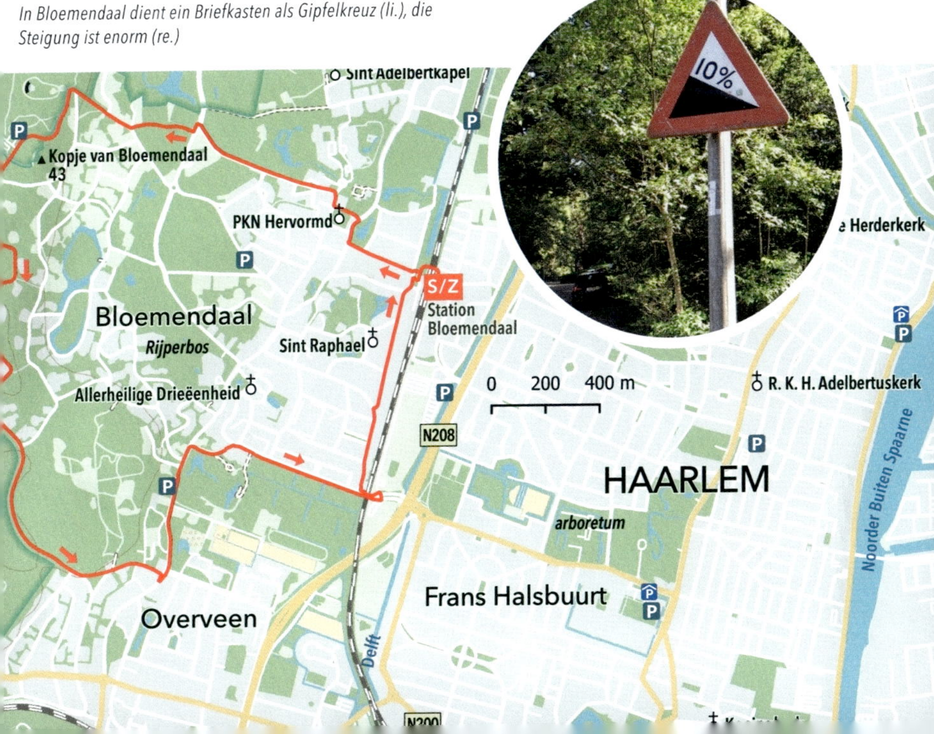

In Bloemendaal dient ein Briefkasten als Gipfelkreuz (li.), die Steigung ist enorm (re.)

Die Hofjes von Haarlem ★

In der Vielzahl attraktiver Städte geht Haarlem manchmal ein bisschen unter. Dabei kann es die Stadt bezüglich ihres Erscheinungsbildes mit jeder anderen aufnehmen. Besonders auffällig: In Haarlem haben 22 mittelalterliche Wohnanlagen („Hofjes") die Jahrhunderte überstanden. Ein Rundgang führt zugleich vorbei an den wichtigsten Attraktionen.

Von Hofje zu Hofje

Start ist am Grote Markt, wo die Marktleute montags und samstags köstliche Produkte anbieten. Auch steht hier die Grote of St. Bavokerk, die Kirche, in der der Maler Frans Hals begraben liegt und deren Orgel Mozart 1766 bespielt hat. Von hier aus ist es nicht weit zum Hofje In den Groenen Tuin, das an Werktagen von 10 bis 12 Uhr geöffnet ist. Es stammt aus dem Jahr 1616 und begeistert mit einer wunderbaren Gartenanlage. Weiter geht es zum Johan-Enschedé-Hof (Mo–Sa 10–17 Uhr), eine Besonderheit, denn die Anlage wurde erst 2007 errichtet und ist somit die einzige jüngeren Datums. Nächste Station ist das Teylers Hofje (Mo–Sa 10–18 Uhr), das auf einen Philanthropen zurückgeht, der für das umwerfende, gleichnamigen Naturwissenschaftsmuseum verantwortlich zeichnet. Das Hofje van Noblet (tgl. 10–18 Uhr) wurde 1735 als Domizil für unverheiratete protestantische Frauen im Alter von mehr als 50 Jahren errichtet.

An der schönen Spaarne

Es folgt der wohl reizvollste Abschnitt der Wanderung, der am malerischen Fluss Spaarne entlangführt. Nächstes Ziel ist das Frans Hals Museum *(franshalsmuseum.nl)*, das sich ebenfalls in einer mittelalterlichen Wohnanlage befindet – der ein-

Mit Magnolien besonders schön: das Hofje van Oorschot (li.). Kanal im Zentrum von Haarlem (re.)

zigen, die bedürftigen Männern vorbehalten war. Das Ausstellungshaus verfügt über die weltweit größte Sammlung von Werken des Künstlers, dessen Bedeutung knapp hinter der von Rembrandt anzusiedeln ist.

Der Proveniershof (immer geöffnet) ist ebenfalls eine Besonderheit, denn er diente keinem karitativen Zweck, sondern dem gehobenen Bürgertum, das sich hier in fortgeschrittenem Alter niederlassen konnte. Weiter geht es zum Hofje van Guurtje de Wael (werktags 10–17 Uhr), in dessen Wohnungen seit 1616 Witwen und alleinstehende Frauen untergekommen sind. Letzte Station ist das Brouwershofje, in dem die örtliche Brauereigilde 22 bedürftigen Frauen ein Zuhause geboten hat. Vielleicht ein guter Grund, um zurück am Markt im grandiosen Proeflokaal in den Uiver *(indenuiver.nl)* anzustoßen.

Die Tour im Überblick

Leichte Rundwanderung in Haarlem, vorbei an den berühmten Hofjes, 4 km, 1 Std. 30 Min.

Mit der Bahn bis Haarlem | Parkplatz Park Bee Jansstraat | hofjesinhaarlem.nl (nur auf Niederländisch, der VVV hat eine gedruckte Broschüre aufgelegt)

Am besten mittags oder am frühen Nachmittag

Genügend Speicherplatz auf dem Fotoapparat

52.38075, 4.63805 (Start)

✔ DOWNLOAD GPX-Track

Mit dem Flüsterboot durch Amsterdams Grachten ★

Die Temperaturen sind sommerlich und die Hochdruckwetterlage ist stabil? Das sind ideale Voraussetzungen, um Amsterdam vom Wasser aus zu erkunden. Am besten an Bord eines Flüsterboots, das an diversen Orten zur Anmietung bereitsteht.

Mit 6 km/h ins Verkehrsgewühl

Flüsterbootverleihstationen sind in der warmen Jahreszeit ein fester Bestandteil des Amsterdamer Stadtbilds. So auch an der Nassaukade westlich des Zentrums. Hier nimmst du die von einem Elektromotor angetriebene und auf 6 km/h gedrosselte Schaluppe in Empfang, um nach wenigen Metern Backbord auf die Lauriergracht abzubiegen. Bald erreichst du mit der Prinsengracht ein Gesamtkunstwerk mit grandioser Bebauung.

Auf der Gracht herrscht reger Verkehr. Dabei ist die Befahrung nur in eine Richtung gestattet: gegen den Uhrzeigersinn. Daher ist eine vorsichtige Anfahrt auf die Kreuzung mit gedrosselter Geschwindigkeit wichtig. Wenn du dich nach einer Rechtskurve eingefädelt hast, passierst du elegante Hausboote, mondäne Patrizierhäuser, schwelgerische Spaziergänger:innen und natürlich auch verliebte Pärchen.

Matjes für die Besatzung

Wenn man sich an den Verkehr gewöhnt hat, ist es Zeit für das landestypische Picknick: *Hollandse Nieuwe* (Matjes) mit eingelegten Gurken und Zwiebeln, Aal, mittelalter Käse, ein bisschen Brot und dazu passende Kaltgetränke.

Nach gut 45 Minuten ist die Amstel erreicht. Zur Rechten liegen die Schleusen, die im Falle eines Hochwassers geschlossen werden. Dahinter baut sich das Amstelhotel auf. Links wartet die malerische Magere Brug auf bewundernde Blicke. Die Route führt durch weniger volle Grachten geradeaus zur Plantage Muidergracht. Nach zwei Linkskurven ist es nicht auszuschließen, dass du die langen Hälse von Giraffen erblickst, denn deine Route führt vorbei am Zoo Artis. Am Ende des Entrepotdok geht es nach links erst auf die Nieuwe Herengracht und dann auf die Herengracht, wo sich der Reichtum des 17. Jh. noch heute in protzigen Palästen äußert.

Zurück auf dem schönsten Weg

Die eingeschweißte Karte, die dir der Bootsverleih mitgegeben hat, weist verschiedene Wege durch den Grachtengürtel aus. Diese sind an die mögliche Mietdauer von zwei, drei oder vier Stunden gekoppelt. **Insider-Tipp** Am schönsten ist der Weg über die Brouwersgracht zum Nordende der Prinsengracht. Und schließlich geht es durch die Lauriergracht zurück zum Ausgangspunkt.

Die Tour im Überblick

Amsterdam aus der Perspektive des Skippers, 11,5 km, 3 Std.

Mit der Tram 13, 19 Marnixstraat | Parkgarage Marnixplein (Marnixplein 2, Tagestarif €€€, 2 km bis zur Verleihstation) | Führerschein ist nicht erforderlich | €€€ (3 Std. für bis zu sechs Personen)

An einem lauen Sommerabend mit geringem Niederschlagsrisiko

Flüsterboot von Boats4Rent (bootjehureninamsterdam.com) oder Mokumboot (mokumbootverhuur.nl)

52.37139, 4.87464 (Startpunkt)

DOWNLOAD GPX-Track

Wer mit dem Flüsterboot auf den Amsterdamer Grachten unterwegs ist, entdeckt jede Menge neue Blickwinkel (li.) Elektroboot vor dem Amstel-Hotel (re.)

Ein kleiner Urlaubstraum ★

Castricum aan Zee ist nicht viel mehr als ein kleines Seebad mit Sandstrand und Pavillons. Doch wer den Hauptort Castricum als Ausgangspunkt für eine Wanderung wählt, kommt auf dem Weg zum Strand durch einen herrlichen Wald und wundervolle Dünen. Ein schönes Ziel, das sich für einen Ausflug ab Amsterdam oder anderen Städten eignet.

Durch den Wald zum Birdwatching

Erst ein Spaziergang durch einen duftenden Mischwald. Danach Birdwatching von einer der Vogelbeobachtungshütten aus, anschließend den Dünengürtel überwinden und zu guter Letzt auf den breiten Strand rennen. Dieser kleine Urlaubstraum wird in Castricum wahr. Los geht es direkt hinter dem Bahnhof, den nur wenige Häuser und Gehöfte vom Wald trennen, wo es nach frischer Erde riecht. Zunächst ist der Weg noch asphaltiert, weshalb auch Radfahrer unterwegs sind. Bald aber stehen mehrere Pfade zur Auswahl – und auf den ungepflasterten Wegen wird es auch bei bestem Strandwetter schnell einsam.

Nach gut einer halben Stunden nehmen die Lichtungen zu und das Wasserschutzgebiet ist erreicht. Abseits der Wege breiten sich nun Gewässer aus, die heimischen Vogelarten als Nistrevier und Zugvögeln als Rastplatz dienen.

Immer der Nase nach

Weht der Wind vom Meer her, riecht man es, lange bevor es in Sichtweite kommt. Nach einer weiteren halben Stunde sind die ersten Ausläufer der Dünen erreicht, die sich in mehreren Ketten als bis zu 25 m hohe Herausforderungen erweisen. Zur Belohnung wartet ein Abstieg zum Meer, der Euphorie auslösen kann.

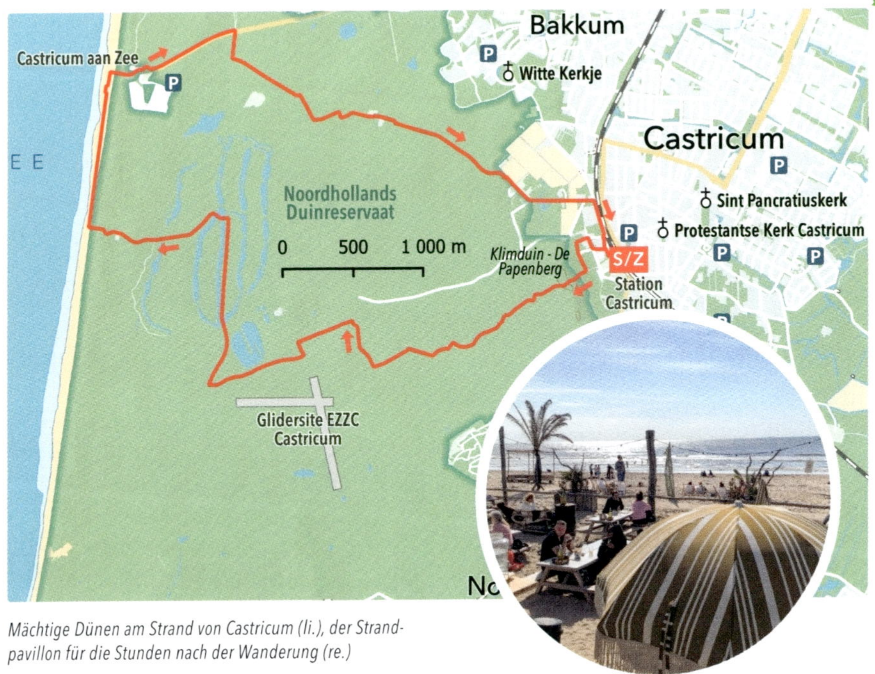

Mächtige Dünen am Strand von Castricum (li.), der Strandpavillon für die Stunden nach der Wanderung (re.)

Der Strand ist hier auch in der Hochsaison meist leer. Eine familienkompatible Tagesfortsetzung bietet sich jetzt an: in den Wellen herumtoben, im feinen Sand liegen und verträumt in den Himmel blicken. **Insider-Tipp** Wer die Wanderung fortsetzt, stößt nach abermals einer halben Stunde in Richtung Norden auf eine Handvoll Strandpavillons. Die typisch niederländische Gastronomie bietet *Bitterballen, Frietjes* und Fisch. Besonders empfehlenswert ist der Club Zand *(clubzand.nl)*.

Frisch gestärkt zurück

Nach der Stärkung leitet der Strandaufgang nach Castricum aan Zee den Rückweg ein. Dieser führt nur ein kleines Stück an der Straße vorbei, um bald in Richtung Süden in den Wald abzubiegen und über unbefestigte Wege zurück zum Ausgangspunkt zu führen.

Die Tour im Überblick

Leichte Wanderung bei Castricum, 12 km, 3 Std.

Mit dem Zug zum Bahnhof Castricum Linie auf der Strecke Amsterdam-Den Helder | P+R-Parkplatz auf der Westseite des Bfs.

Am schönsten an heißen Sommertagen, wenn Wald und Meer Abkühlung bringen

Feste Schuhe für den Weg durch den Wald, Badesachen

52.54500, 4.65875 (P+R-Parklatz am Bf. Castricum)

DOWNLOAD GPX-Track

Auf die höchste Düne der Niederlande ★

Es ist kein Geheimnis: Die Niederlande mögen überwiegend flach wie eine Flunder sein. Das bedeutet aber nicht, dass es keine giftigen Anstiege gäbe. Nicht umsonst heißt der Nachbarort von Schoorl Bergen – und dort existiert sogar ein Skiclub. In unmittelbarer Umgebung lockt zudem ein Hang wie eine alpine Piste, der an einem Rondell im Dorf endet.

Die Schoorlse Duinen

Der Hang befindet sich in Schoorl, einem Ort, der zur Gemeinde Bergen gehört. Er zählt rund 6000 Einwohner und befindet sich am Ostrand der Schoorlse Duinen, einem prächtigen Schutzgebiet, das man vor über einem Jahrhundert der Natur überlassen hat. Eines der Ergebnisse des geplanten Wildwuchses sind die mit bis zu 55,4 m höchsten Dünen der Niederlande. Wer sie erklimmen möchte, kann dies an der Südflanke der sogenannten Klimduin (Kletterdüne) machen, wo ein 450 m langer Wanderweg den Höhenunterschied mit einem durchschnittlichen Gefälle von mehr als 10 Prozent überwindet. Vorbei an einem spirituellem Zentrum und einem Aussichtspunkt geht es auf einem bogenförmigen Weg zum Torenpad, der schnurgerade zum höchsten Punkt der Düne führt. **Insider-Tipp** Wer sich nicht an der Klettertour beteiligen möchte, kann sich am Fuß der Düne in ein Café setzen und das Geschehen beobachten.

Talwärts ins Dorf

Oben warten diverse Optionen, die „Abfahrt" in Angriff zu nehmen: Elegant geht es auf einem Sandboard, das man allerdings selbst mitbringen muss, denn einen Verleih gibt es nicht. Wer es eilig hat, kommt mit großen Sprüngen in kürzester Zeit ins Ziel. Oder du machst es im Stile eines Kindes, indem du wonnig seitliche Purzelbäume schlägst. Ein Vorgang, der sich beliebig oft wiederholen lässt, wobei Sportliche auch einen Sprint bergauf nicht scheuen, wie ein jährlich ausgetragenes Rennen beweist.

Durchs Naturschutzgebiet

Eine sehr schöne Ergänzung ist es, das Dünenabenteuer um eine mehr oder weniger ausführliche Wanderung in dem wunderbaren Naturschutzgebiet zu erweitern, wo auf knapp 2000 ha mehr als 50 km ausgeschilderter Strecken zur Auswahl stehen. Wie das weitläufige Areal entstanden ist und welche Spezies sich hier abgesehen vom Menschen noch wohlfühlen, verdeutlicht eine Visite des Besucherzentrums Buitencentrum Schoorlse Duinen.

Die Tour im Überblick

Auf die Sanddüne klettern in Schoorl, mittelschwere körperliche Anstrengung, 1 km, 20 Min.

Mit dem Bus 410 Schoorl Centrum | Parkplatz des Besucherzentrums Buitencentrum Schoorlse Duinen Schoorlse Duinen, Oorsprongweg (€€/Tag)

Vormittags und abends an einem schönen Sommertag
Strandkleidung, etwas zum Abbürsten, Schuhe (bei großer Hitze kann der Sand sehr warm an den nackten Füßen werden
52.69918, 4.69281 (Startpunkt)

DOWNLOAD GPX-Track

Wie eine Skipiste – nur aus Sand: die Düne von Schoorl (li). Im Sand werden Kinderfreundschaften geschlossen (re.). Malkurs in Bergen aan Zee (u.)

MEHR ERLEBEN

*WEITERE ABENTEUER & AUSFLÜGE

Im Amphitheater in Bloemendaal gibt es im Sommer wunderschöne Vorstellungen

Noch mehr erleben in der Region rund um Zandvoort, Amsterdam, Castricum, Alkmaar und Callantsoog? Kein Problem, denn von der Erkundung historischer Städte über endlose Dünenreservate bis zu attraktiven Wasserstraßen steht eine enorme Bandbreite von Aktivitäten zur Auswahl. Und da haben wir über Radtouren noch gar nicht gesprochen.

RUND UM ZANDVOORT

Besondere Momente im Ökosystem

1 Leichte Wanderung mit Anstiegen bei Bloemendaal, 2,5 km, 40 Min.

Ein Tannenwald an der Nordseeküste? Ja, auch das existiert – auch wenn die Bäume vor langer Zeit von Menschenhand angepflanzt wurden. Dessen ungeachtet ist auf der Ostflanke der Dünen im noblen Ort Bloemendaal ein einzigartiges Ökosystem entstanden, in dem mehr als 180 Pflanzenarten gedeihen. Sie sind Kernbestandteil des weitläufigen Parks Caprera, den die Einheimischen jedoch auch wegen eines anderen Alleinstellungsmerkmals schätzen: Im Park befindet sich ein Amphitheater, in dem im Sommer Künstler:innen verschiedener Genres auftreten. Ein Garant für besondere Momente. Seit geraumer Zeit hat man sich zudem an ausgesuchten Terminen einem Trend zum Abbau städtischen Stresses verschrieben: Waldbaden.

Hoge Duin & Daalseweg 2, Bloemendaal | Mit der Bahn bis Bloemendaal, von dort 1,7 km zu Fuß | Parkplatz Hoge Duin & Daalseweg auf der Hügelkuppe (GPS 52.40950, 4.60469) | caprera.nu | €
Von Sonnenauf- bis Sonnenuntergang sowie bei Konzerten; Hunde sind erlaubt *52.41111, 4.60811 (Start)*

Die Brauerei als Wendepunkt

2 Mittelschwere Radtour im Nationalpark Zuid-Kennemerland, 23 km, 1 Std. 30 Min.

Wer in Zandvoort ist, hat den Nationalpark Zuid-Kennemerland direkt vor der Tür. Er ist Dünenschutzgebiet, Trinkwasserreservoir und Vogelparadies in einem – und als solcher ideal für einen Tagesausflug auf zwei Rädern. Los geht es am

Dünensee im Nationalpark Zuid-Kennemerland

Bahnhof in nördliche Richtung. Vorbei am Campingplatz De Laekens führt die Strecke entlang kleiner Seen und hoher Dünen durch pure Natur. Über Overveen geht es in die stolze Stadt Haarlem, wo sich als Wendepunkt die Brauerei Jopen (Gedempte Voldersgracht, Haarlem, *jopenkerk.nl*) anbietet. **Insider-Tipp** In diesem ehemaligen Gotteshaus werden hausgemachte Biere und Snacks serviert. Abermals durch die Dünen geht es zurück zum Ausgangspunkt.

Mit der Bahn nach Zandvoort | Parkplatz De Favaugeplein (52.37376, 4.52663) | Mietfahrrad z. B. bei Zilt at Zee (€, E-Bike €€/Tag, Passage 33, Zandvoort) Jederzeit 52.37605, 4.52972 (Start)

Nicht die Kuh treffen!

3 Bauerngolf auf dem Acker bei Haarlem

Sympathisch ist an den Menschen in den Niederlanden unter anderem, dass sie sich selbst nicht sonderlich ernst nehmen. So konnten sie auch den elitären Golfsport abwandeln: Bauerngolf findet statt auf gepflegtem Green auf den stoppeligen Feldern des Landes statt. Und anstelle eines filigranen Golfschlägers tragen die Sportler beim „Boerengolf" einen Holzstab mit einem holländischen Holzschuh umher – und versuchen mit diesem „Klompen", einen Ball auf der Weide einzulochen. Ein Spaß für die ganze Familie, der auf dem Parcours des Biohofs Liedehoeve noch eine ganz andere Dimension bekommt: Hier, im Naherholungsgebiet Spaarwoude, laufen auf den Wiesen die Milchkühe frei herum. Es gibt zehn Löcher, die Distanz vom Abschlag bis ins Loch beträgt 50 bis 150 m.

Zeitvertreib auf niederländisch: Bauerngolf

Haarlemmerliede, 5 km östl. von Haarlem | Mit der Bahn bis Spaarnwoude, von dort 1,7 km zu Fuß | Parkplatz vor Ort | Gummistiefel sind empfehlenswert | € Im Prinzip jederzeit, am schönsten an milden, trockenen Tagen 52.38856, 4.69035 (Start)

Blickkontakt mit Wisenten

4 Tierbeobachtung und leichte Wanderung im Nationalpark Zuid-Kennemerland, Länge und Dauer nach Geschmack

Zwischen der Mündung des IJ und dem Seebad Zandvoort kann sich der Nationalpark Zuid-Kennemerland frei entfalten. Dies ist unter anderem der Tatsache geschuldet, dass das Dünengebiet der

Wisent im Zuid-Kennemerland

Mit Industriecharme: NDSM-Gelände in Amsterdam

Trinkwasserversorgung Amsterdams dient. Auffälligster Hinweis auf die Nähe zur Zivilisation ist das Campingdorf de Laekens, das im Hochsommer für viel Betrieb sorgt. Ansonsten beherbergt der Park vor allem Dünen, Wälder, Seen und ein recht dichtes Netz an kombinierten Fuß- und Radwegen. Mondäne Landsitze runden das Idyll ab. Ein herrliches Revier für eine Expedition in urtümliche Nordseelandschaften. Dabei allerdings sollte man stets damit rechnen, dass ein Wisent den Weg blockiert: Die Tiere sind in dem Park erfolgreich angesiedelt worden. Mit ihren massigen Körpern und den auffälligen Mähnen werden sie gerne bestaunt. Wer es sich einfach machen möchte, folgt vom Besucherzentrum dem Pfad zu einem Aussichtspunkt.

Mit der Bahn bis Overveen, von da aus zu Fuß weiter | Parkplatz am Besucherzentrum | Die Route zum Wisent-Aussichtspunkt ist vom Besucherzentrum (Zeeweg 12, Overveen) ausgewiesen

An warmen Tagen sind die Wisente vom Aussichtspunkt aus vor allem vormittags zu sehen

52.39635, 4.59097 (Start)

RUND UM AMSTERDAM

Amsterdams raue Seite erleben

5 Spaziergang durch Amsterdam, ca. 2 km, 30 Min.

Klar, die Hauptstadt der Niederlande hat einen entzückenden Stadtkern voller Grachten und Giebelhäuser. Weniger bekannt ist, dass Amsterdam auch eine raue Seite besitzt. Sie befindet sich im Stadtteil Noord an der ehemaligen Schiffswerft NDSM, der sich zur Spielwiese für Kreative entwickelt hat. Schon bei der Ankunft am Fähranleger wird anhand exotischer Wasserfahrzeuge deutlich, dass es sich um ein anderes Amsterdam handelt. Um die Ecke am Ms. van Riemsdijkweg manifestiert sich dies in Form eines grandiosen Murals von Anne Frank, das auf den brasilianischen Künstler Eduardo Kobra zurückgeht. Ein paar Schritte weiter in Richtung Südosten warten auf dem NDSM-Plein weitere Street-Art-Sensationen. Ein Skate-Park, verlassene Straßenbahnen und ein alter Hafenkran. sowie **Insider-Tipp** Das Café Pllek mit Terrasse und Sandstrand ist in Schiffscontainern untergebracht.

Mit der Bahn bis Amsterdam Centraal, auf der Bahnhofsrückseite die kostenlose Fähre zur NDSM-Werft nehmen (15 Min., sehr sehenswerte Strecke) | Parkplatz NDSM, Ms. Oslofjordweg 9, Amsterdam |

Historische Häuser in Schellingwoude

Herrliches Wassersportrevier: der Sloterplas in Amsterdam

Vor Ort befindet sich auch das interessante Street Art Museum (NDSM-Plein 1, straatmuseum.com, €) ⏱ Jederzeit, nach einem Regenguss ist die Foto-Atmosphäre besonders spannend 📍 52.40128, 4.89123 (Start)

Facetten einer Hauptstadt

6 🚲 Leichte Radtour durch Amsterdam, ca. 15 km, 1 Std. 15 Min.

Wer glaubt, bereits alle Facetten der niederländischen Kapitale zu kennen, sollte diese Runde absolvieren. Sie beginnt hinter dem Hauptbahnhof und führt auf direktem Weg zu den Oostelijke Haveneilanden. Die im IJ gelegenen Inseln dienen nach erfolgreicher Transformation als Wohngebiete, in denen sich Architekt:innen ungehindert austoben durften. Durch Zeeburg führt der Weg ans Nordufer des Flusses, wo eine völlig andere Welt wartet: Schellingwoude gleicht in vielerlei Hinsicht einem traditionellen Fischerdorf. **Insider-Tipp** Zugleich ist es Standort des Landmarkt, eines Supermarkts mit Restaurant, der überwiegend Produkte aus der Region im Sortiment hat. Über den alten Deich geht es nach Nieuwendijk, einem ebenfalls archaisch anmutenden Stadtteil. Vom boomenden Stadtteil Noord bringt dich die kostenlose Fähre zurück zum Ausgangspunkt.

ℹ Mit der Bahn bis Amsterdam Centraal | Parkplatz Interparking Ijdok 33 | Fahrrad z. B. über OV-fiets der Nederlandse Spoorwegen, ns.nl/en/door-to-door/ov-fiets | € (OV-fiets pro Tag) ⏱ Jederzeit 📍 52.38052, 4.89937 (Start)

Gechillt am Stadtstrand

7 ≋ Badesee mit Joggingmöglichkeit in Amsterdam

In der Hauptstadt zu Besuch und spontan Lust auf ein Stündchen am Strand? Dafür musst du nicht zwingend ans Meer fahren, denn am Sloterplas befindet sich ein gut gepflegter City-Beach mit Bademöglichkeit. Der künstlich angelegte See im Stadtteil Nieuw-West besitzt einen Umfang von knapp unter 6 km, weshalb er sich auch vorzüglich als urbane Jogging-Runde eignet. Auch eine Kombination ist möglich: erst eine schweißtreibende Trainingseinheit, danach ein kühlendes Bad. Der Sandstrand liegt am Nordzipfel des Sees, ganz in der Nähe lockt auch ein Café.

Die noch relativ junge Sportart Disc-Golf kann man in Amsterdam ausprobieren

Brombeeren schmecken so richtig süß, wenn sie ganz dunkel sind

Amsterdam Nieuw-West | Mit der Bahn nach Amsterdam Centraal, Tram 13 bis Slotermeerlaan | Parkplatz Sloterbad, President Allendelaan | Die Wasserqualität des Sees wird zuweilen offiziell als bedenklich eingestuft, was die Einheimischen aber wenig beeindruckt Jederzeit 52.37213, 4.82252 (Start)

Das Runde muss ins Runde

8 Disc-Golf im Park in Amsterdam

Ein Breitensport ist es noch nicht. Doch Disc-Golf wird immer populärer. Ziel ist es, eine Frisbee-Scheibe von einem festgelegten Punkt in einen Korf zu werfen. Dies ist nicht so schwierig, wie einen Golfball in ein mehrere Hundert Meter entferntes Loch zu befördern. Und es bereitet Spaß – vor allem in der Gruppe. Im Amsterdamer Sloterpark befindet sich seit 2014 ein Parcours, der rege genutzt wird und aus dem sogar ein Verein hervorgegangen ist. Wie beim Golf auch gibt es 18 Löcher. Die Mitglieder des Vereins spielen zu festen Zeiten: samstags um 10 Uhr und mittwochs um 18 Uhr (im Winter früher). **Insider-Tipp** Wenn du magst, kannst du dich einfach anmelden und mitspielen, eine Scheibe steht immer zur Verfügung. Auch ohne Disc-Golf übrigens lohnt der am Sloterplas gelegene Park, denn er ist ein angenehmes Revier, um allerlei Sportarten auszuüben.

Sloterdam, Amsterdam Nieuw West | Mit der Tram 7, Sloterpark | Parkplatz Sloterparkbad | dsadiscgolf.com Jederzeit 52.36910, 4.81608 (Start)

RUND UM CASTRICUM

Brombeeren in den Dünen

9 Leichte Wanderung im Nordholländischen Dünenreservat, 6 km, 1,5 Std.

Das Noordhollands Duinenreservaat ist ein herrliches Naturschutzgebiet. Weil es sich in erster Linie um ein Trinkwasserreservoir handelt, das nicht zum Nationalpark wurde, bekommt es nicht ganz so viel Aufmerksamkeit wie vergleichbare Küstenabschnitte. Das erhöht die Chancen, in der Brombeerzeit mit üppig gefüllten Körben heimzukehren. Gestattet ist dies nur einen Monat lang, danach, so die niederländischen Behörden ganz pragmatisch, sind die Vögel dran. Ausnahmsweise dürfen Wanderer und Wanderinnen zu diesem Zwecke auch die Wege verlassen. Wohl aber sind

Unwirkliche Blumenpracht: Tulpen und Hyazinthen bei Egmond

sie angehalten, die geernteten Früchte vor dem Verzehr gut zu waschen oder besser noch einzukochen.

ⓘ *Noordhollands Duinenreservaat bei Castricum | Mit der Bahn bis Castricum | Parkplatz Kramersweg, Castricum | pwn.nl* ⏲ *Aug.–Sept.* ⚲ *52.54579, 4.65834 (Start)*

Strampelnd durch die Blumenfelder

10 🚲 Mittelschwere bis schwere Radtour um Egmond, 46 km, 3 Std.

Der Keukenhof und die angrenzende Gemeinde Noordwijk beanspruchen für sich, das Epizentrum der holländischen Blumenfelder zu sein. Doch auch Egmond kann sich diesbezüglich sehen lassen: Auf gigantischen Feldern leuchten im Frühjahr farbenfrohe Tulpen, Narzissen, Hyazinthen und andere Gewächse. Wer sich auf dem Fahrrad in Bewegung setzt, wird die Felder unweigerlich entdecken. Wer es systematisch angehen möchte, folgt lieber einer Route, die Rad fahrende Blumenfans ausgearbeitet haben. Sie beginnt in Egmond aan den Hoef und führt in einem weiten Bogen um und durch Alkmaar zurück nach Egmond. Die Orientierung erfolgt über die ausgeschilderten (und unten in der richtigen Reihenfolge genannten) Fahrradknotenpunkte.

ⓘ *Egmond | Mit der Bahn bis Alkmaar, Bus 165 bis Egmond aan den Hoef Herenweg | Parkplatz Parkeerplaats Nachtegalenpad/Delverspad, 52.62402, 4.64776 | Route über die Knotenpunkte 4, 5, 7, 49, 71, 72, 51, 3, 17, 52, 79, 78, 77, 76, 56, 55, 98, 99, 34, 33, 32, 31, 4 | Leihfahrrad z. B. bei Bert's Tweewielers (Fahrrad €/Tag, E-Bike €€/Tag, Lamoraalweg 74, Egmond aan den Hoef, berts2wielers.nl)* ⏲ *April und Mai* ⚲ *52.62686, 4.65185 (Start)*

RUND UM ALKMAAR

Bei der Gilde der Käseträger

11 🚶 Spaziergang auf dem historischen Markt von Alkmaar

Ein bisschen Folklore muss sein im Urlaub. Gut also, dass es den Käsemarkt von Alkmaar gibt. Hier veranschaulichen Schauspieler, wie sich der Handel mit dem begehrten Nahrungsmittel in frü-

Spaß für die ganze Familie: Käsemarkt in Alkmaar

Echte Fans lassen sich einen Besuch des Beatles-Museums nicht entgehen

heren Zeiten abgespielt hat – inklusive fachgerechtem Transport, Zuschneiden und Feilschen um den Preis. Aufgeführt wird das Schauspiel von der örtlichen Gilde der Käseträger, die seit dem 17. Juni 1593 existiert und die bis heute aus 30 Männern und einem „Käsevater" besteht. Schön für Kinder, aber auch für die eigenen Social-Media-Timelines.

Alkmaar | Mit der Bahn bis Alkmaar | Parkplatz Noorderkade 1044 Parking | kaasmarkt.nl
April–Sept. Fr 10–13 Uhr, Juli, Aug. Di 19–21 Uhr 52.63150, 4.75044 (Start)

Durch die Stadt der 1000 Denkmäler

12 Leichte Wanderung in Alkmaar, 5 km, 1 Std. 15 Min.

Grachten, windschiefe Giebelhäuser, Zugbrücken, eine umgewidmete Kirche und an die 1000 Denkmäler. Mit diesem Portfolio lockt Alkmaar seit Generationen Gäste in die Stadt. Weil die City zudem übersichtlich ist, eignet sie sich besonders gut für einen spontanen Besuch. Los geht es an der Ringersbrug, die für die moderne Seite Alkmaars steht, und die direkt in die historische Altstadt führt. Vorbei an Rathaus, Grote of St. Laurenskerk und dem ältesten Haus der Stadt geht es in einem großen Schlenker zur malerischen Oude Gracht. Die Windmühle Van Piet, die Hofanlage Wildemanshofje und das Nationaal Biermuseum sind weitere Highlights. **Insider-Tipp** Wer anschließend noch Energie hat, kann ein wenig außerhalb der City das Beatles-Museum besuchen *(beatlesmuseum.nl)*.

Alkmaar | Mit der Bahn bis Alkmaar | Parkplatz De Kwakel, Oosterweezenstraat 4 | Route unter anwb.nl/wandelen/routes/alkmaar Jederzeit 52.63383, 4.75057 (Start)

Auf einem einstigen Eiland

13 Leichte Radtour im Beemster-Polder, 24 km, 1 Std. 30 Min.

Der Beemster-Polder genießt Prominentenstatus, seit ihn die UNESCO zum Weltkulturerbe erklärt hat. Zu sehen allerdings gibt es dort nicht sonderlich viel – es handelt sich um ein künstlich trockengelegtes Stück Land. Die im Westen angrenzende

Niederländischer geht es nicht: Radeln vor Windmühlen

Region hat da schon mehr zu bieten, denn sie ragte vor dem Eingriff als Insel aus dem Wasser hervor. Eine Radtour ermöglicht dir, das ehemalige Schermereiland zu erkunden. Windmühlen, geschichtsträchtige Dörfer wie De Rijp, Spijkerboor, West-Graftdijk und Driehuizen sowie ein ehemaliges Fort ergeben einen ebenso spannenden wie erkenntnisreichen Parcours.

Schermerhorn | Mit der Bahn bis Alkmaar, Bus 129 bis Museumsmolen Noordervaart | Parkplatz Ecke Provincialeweg/Haviksdijkje | Knotenpunkte 27, 28, 29, 61, 60, 58, 80, 81, 82, 27 | Fahrrad am besten in Alkmaar anmieten, da kein Verleih an der Route *Jederzeit* *52.60251, 4.88260 (Start)*

Erholung auf dem Wasser

14 Mittelschwere Kanutour durch den Woudpolder, 8,5 km, 2 Std. 30 Min.

Riesige Sumpfgebiete haben sich früher in der Provinz Noord-Holland ausgebreitet. Zwischen Uitgeest, Krommenie und Alkmaar haben sich diese gründlich gewandelt. Heute findest du im Norden des Gebiets mit dem Alkmaardermeer einen See von beträchtlichen Ausmaßen vor. Der Süden wird dagegen vom Woudpolder eingenommen, eine wasserreiche Landschaft mit Kanälen, Weiden und rietbewachsenen Ufern. Kiebitze, Uferschnepfen und Rotschenkel gehören zu den farbenfrohen Bewohnern dieser Landschaft, die zur Erholung auf dem Wasser wie gemacht ist.

Uitgeest | Mit der Bahn bis Uitgeest, von dort 2,8 km zu Fuß | Parkplatz neben dem Verleih | Kanu z. B. bei Kanoverhuur De Aker (Zweierkajak €€/2 Std., Lagendijk 35, Uitgeest, kanoverhuurdeaker.nl) *Frühsommer bis Herbst* *52.52656, 4.73478 (Verleih)*

RUND UM CALLANTSOOG

Auf der Küstenlinie einer ehemaligen Insel

15 Mittelschwere Wanderung von und nach Callantsoog, 12 km (auf 17 km ausdehnbar), 3–4 Std.

Hoch im Norden gelegen, ist Callantsoog heute ein populärer Ferienort. Noch Ende des 16. Jh. allerdings befand sich die Siedlung auf einer dem Festland vorgelagerten Insel, deren Bewohner:innen erst durch Eindeichung dauerhaft trockene

Wanderweg fernab der Zivilisation in Callantsoog

Windsurfer können sich in Westerland auf den benötigten Antrieb verlassen

Füße bekamen. Die Konturen des Eilands sind zum Teil noch heute erkennbar und ein Heimatverein hat sich die Mühe gemacht, auf der einstigen Küstenlinie eine Wanderroute zu markieren. Los geht es hinter den Dünen im Ortskern. Von hier aus dauert es nicht lange, bis ein Waldgebiet mit sandigen Böden erreicht ist. Nun übernehmen weitläufige Polder, auf denen sich gemütlich aussehende Bauernhöfe eingerichtet haben. Bei Grote Keeten überquert der Weg die Dünen, um über den herrlichen Strand zurück zum Ausgangspunkt zu führen.

Callantsoog | Mit der Bahn bis Schagen, Bus 152 bis Callantsoorg Zeeweg, auch OV-fiets möglich | Parkplatz Zuidschinkeldijk, Callantsoog | callantsoogstrand.nl/wandelen.html An milden Tagen ohne große Hitze 52.83503, 4.69198 (Start)

Sport im seichten Gewässer

16 Windsurfen in Westerland

Du willst zurück nach Westerland? Dafür musst du nicht nach Sylt reisen, denn am nördlichen Ende der Provinz Noord-Holland befindet sich ein Ort gleichen Namens, der ebenfalls am Meer liegt. De facto aber ist der südliche Teil einer Bucht durch eine Deichstraße von der Nordsee abgeschnitten, was exzellente Bedingungen zum Windsurfen zur Folge hat. Diese müssen sich nicht um die Gefahren des offenen Meeres sorgen, sondern können sich in seichten Gewässern dem Sport widmen. **Insider-Tipp** Für Badegäste gibt es mit dem Lutjestrand sogar einen kleinen Sandstrand.

Lutjeweg 2a, Westerland | Mit der Bahn bis Den Helder, mit dem Bus 135 nach Westerland Rode Keet | Parken vor Ort | leerwindsurfen.nl | €€€ (1,5 Std.) Termine auf der Webseite 52.88967, 4.91189 (Start)

Schwimmfähige Konstrukte

17 Floßtour mit vorherigem Bau in Den Helder

Kanufahren oder Stand-up-Paddeln? Das können viele. Doch ein Naturschutzgebiet in einem Wasserfahrzeug erkunden, das man selbst gebaut hat, ist eine besondere Herausforderung. Ein Anbieter aus Den Helder macht den Spaß möglich. Doch keine Sorge: Es geht weniger darum, hohe Inge-

Auf geht's in der Kirche: Start eines Laufs in Haarlem

Glückliches Landleben: Vierbeiner bei Callantsoog

nieurskunst an den Tag zu legen, als vielmehr aus einigen Fässern, Tauen und Brettern ein – zumindest vorrübergehend – schwimmfähiges Konstrukt zusammenzuzimmern.

De Helderse Vallei 7a, Den Helder | Mit der Bahn bis Den Helder, Bis 851 bis Den Helder Donkere Duinen | Parkplatz Kofferbakmarkt Parkeerplaats Donkere Duinen | kanoverhuurdenhelder.nl | €€ (2 Std. mit Instruktionen) Jederzeit nach vorheriger Reservierung 52.93618, 4.73628

Auf zum Ponyhof

18 Reiten auch am Strand

Von Oktober bis April dürfen Reiter, die schon ein bisschen Erfahrung haben, den gesamten Tag über auf die Strände von Callantsoog und Julianadorp. Ideale Voraussetzungen, um sich einen Traum zu erfüllen. Was die Sache noch einfacher macht, sind die Deutschkenntnisse einiger Trainer:innen. So fällt die Sprachbarriere weg und du kannst dich im Sattel sicher fühlen. Falls du noch nie auf einem Pferd saßt und erst einmal einen Reitkurs machen möchtest: Auch das ist kein Problem.

Manege Noot, Zwarteweg 4, Callantsoog | Mit der Bahn nach Den Helder, Bus 30 nach Julianadorp Zwanenbalg | Parkplatz am Hof | manege noot.nl, Reiter:innen nur bis 90 kg, alle weiteren Details nach Absprache Ganzjährig 52.87713, 4.72610 (Start)

Durch die Kirche rennen

19 Mittelschwerer Fun-Lauf, Trainingseinheit von 5 bis 10 km

Einen Lauf im Sport-Outfit in einer Kirche, einem Kino oder einer Hotellobby beginnen, um anschließend 5 oder 10 km durch eine Stadt zu laufen? Das ist das Konzept der KLM Urban Trail Series, bei der sich die Organisatoren eine Verrücktheit nach der anderen einfallen lassen. In gut einem Dutzend Städte müssen die Teilnehmenden die verschiedensten Orte durchqueren. In Haarlem etwa führte die Strecke bereits durch einen laufenden Gottesdienst, in Amsterdam vorbei an den Becken eines Schulungszentrums für Marinetaucher. Dabei steht natürlich nicht die sportliche Leistung, sondern der Spaß im Vordergrund.

Verschiedene Städte, u. a. Haarlem, Amsterdam, Leiden, Delft, Den Haag u. Rotterdam | urbantrail series.nl | €€€ (inkl. Verpflegung und Medaille) Diverse Zeitpunkte diverse Startpunkte, z. B. 52.37388, 4.63206 (Haarlem)

DER SCHÖNSTE SONNENUNTERGANG

Die Dünen von Castricum

20 **Strandromantik fernab vom Tourismus**

Keine Straße, nur ein Fahrradparkplatz und selbst an perfekten Tagen kaum Betrieb. So präsentieren sich die Dünen gut 1,5 km südlich des Seebades Castricum aan Zee, wo man nur zu Fuß oder mit dem Rad hinkommt. Die Dünen sind über 20 m hoch und erlauben einen Rundumblick über die unberührte Nordseelandschaft (einziger Schandfleck ist eine Fabrik in Wijk aan Zee). Wenn die Sonne langsam untergeht und den Himmel in ein euphorisierendes Farbspektrum hüllt, ist es an der Zeit, das mitgebrachte Picknick zum Verzehr anzurichten.

Dünen in Castricum aan Zee | Mit dem Bus bis Castricum Strand (nur Juli, Aug.) | Parkenplatz Castricum Zeeweg *45 Min. Fußweg einplanen* *52.54773, 4.60418*

LOKALE SPEZIALITÄTEN

*UND WO DU SIE PROBIEREN KANNST

Die Mikrobrauerei Jopen ist für süffige Gerstensäfte und für ihre Location berühmt

Wenig überraschend, dass du im wasserreichen Noord-Holland hervorragend Fisch essen kannst. Doch auch die Gerstensäfte aus den Craftbier-Brauereien überzeugen.

Frisches Seafood mit Meerblick

1 🍴 Krabbencocktail

Nordseegarnelen sind in den Niederlanden fast so populär wie Hollandse Nieuwe (Matjes) und Paling (Aal). Klassisch als Cocktail zubereitet, gehören sie auf jeden Urlaubsspeiseplan.

ℹ *Der Strandpavillon* **Thalassa** *besitzt als einer der wenigen eine Raw Bar mit Fisch und Meeresfrüchten. Unübertroffen ist der Garnelencocktail | Boulevard Barnaart, Strandafgang 18, Zandvoort | thalassabeach.nl | € 📍 52.37753, 4.52778*

Einfaches Traditionsgericht

2 🍴 Stamppot

Das Essen war in den Niederlanden lange Zeit simpel: Es musste vor allem sattmachen. Aus dieser Zeit stammen Hutspot (Kartoffelstampf mit Möhren und Zwiebeln), Boerenkol (Grünkohl mit Wurst) und andere, vor allem im Winter, leckere Gerichte.

Bei **Moeders** *(Mütter) kommen die Gerichte auf altmodischen Tellern in nostalgischem Ambiente. An den Wänden hängen Tausende Fotos von Müttern | Rozengracht 251, Amsterdam | moeders.com | € 📍 52.37182, 4.87501*

Craftbier in der Kirche

3 🍴 Jopen Bier

Wenn du schon immer mal ein Bier in einer Kirche trinken wolltest, dann bist du bei dieser erfolgreichen Brauerei richtig. Das Angebot reicht vom Lager über mehrere IPAs bis zu den saisonalen Gerstensäften.

ℹ *Das Stammhaus in der Haarlemmer* **Jopenkerk** *hat neben Verkostungen auch nahrhafte Grundlagen im Angebot | Gedempte Voldersgracht 2, Haarlem | jopenkerk.nl | €€ 📍 52.38130, 4.63049*

Köstliches Gebäck

4 Aardbijenslof

Die Königsdisziplin in der Backstube ist ein lang gezogenes Mürbeteiggebäck, das üppig mit Erdbeeren, Waldfrüchten und Pudding bedeckt ist.

Bei **Van Avezaath en Beune** *wird das Gebäck formvollendet mit Schlagsahnehaube gereicht | Johannes Verhulststraat 98, Amsterdam | vanavezaath-beune.nl | € 52.35476, 4.87270*

Indonesien in Amsterdam

5 Reistafel

Eine große Vielfalt von Speisen aus der indonesischen Küche von Gado Gado über Atjar bis zu Saté – und das alles auf einmal auf dem Tisch. Der kulinarische Festschmaus nennt sich Reistafel und ist vor allem in Amsterdam weit verbreitet.

Bei **Long Pura** *wird die Reistafel zelebriert | Rozengracht 46–48 | Amsterdam | restaurant-longpura.com | €€€ 52.37373, 4.88178*

Hier findest du alles

6 Noordermarkt Amsterdam

Am Samstagsvormittag verwandelt sich das komplette Stadtviertel Jordaan in ein Schlaraffenland mit vielen Spezialitäten aus der Region. Fischhändler, Bio-Bäcker und Anbieter von Street Food machen den Marktbesuch zum Erlebnis.

Rund um die Noorderkerk, Amsterdam, Sa, Mo 9–16 Uhr 52.37999, 4.88706

Der Aardbijenslof ist ein Genuss und auch optisch reizvoll

Segelschiffe an einem Steg im Hafen von Urk

Ijsselmeer

TRADITIONSREICH UND VOLLER VERÄNDERUNGEN

Das Ijsselmeer blickt auf einen einzigartigen, kuriosen Werdegang zurück. Bis 1932 war das Gewässer als Zuiderzee eine offene Meeresbucht, die dem Temperament der Nordsee hilflos ausgesetzt war. Durch den Bau des 32 km langen Afsluitdijk können sich die Menschen nun in Sicherheit wiegen. Gleichzeitig aber haben massive Veränderungen eingesetzt: Einst große Seefahrerorte wie Hoorn oder Urk müssen sich mit den Status einen Binnenhafens zufriedengeben und vor den einstigen Küstenlinien wurden riesige Polder trockengelegt. Ein Nebeneffekt: Für den Wassersport und zum Radfahren findet man hier sehr gute Bedingungen vor. Im Hinterland des Ijsselmeers, das zur historischen Küstenlinie der Niederlande gehört, locken Wälder, Heidelandschaften und jede Menge Städtchen, die sich für Aktivitäten auf und um das Wasser anbieten.

AUF EINEN BLICK

*IJSSELMEER

MARCO POLO

OUTDOOR-HIGHLIGHTS ★

★ Das Ijsselmeer im Zeitraffer
Eine Radtour zu den Städtchen Volendam, Edam und Monnickendam → S. 124

★ Die Giganten von Zaanse Schans
Bei einer Wanderung auf der Zaanse Schans entdeckst du altholländisches Flair → S. 126

★ Bei Eisvogel und Otter im Nationalpark
Eine Kanutour durch den wunderbaren Nationalpark Weerribben-Wieden → S. 128

★ Mit Boot durch Hollands Serenissima
Das Bilderbuchdorf Giethoorn lädt zur Erkundung seiner Gewässer → S. 130

★ Auf dem Sallander Hügelrücken
Eine Expedition in einem der schönsten Wandergebiete des Landes → S. 132

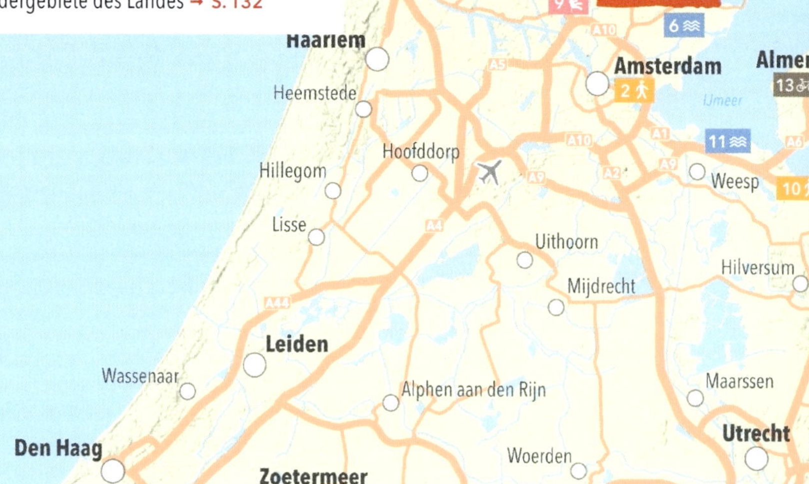

Drachten
Bolsward
Sneek
A32
A7
Oosterwolde
Assen
Heerenveen
A6
Wolvega
Lemmer
Steenwijk
Bei Eisvogel und Otter im Nationalpark
20
IJsselmeer
19
A32
Hoogeveen
Emmeloord
Mit dem Boot durch Hollands Serenissima
Meppel
Urk
17
A28
2
6
18
Dedemsvaart
100 km, 1 Std. 20 Min.
100 km, 1 Std. 15 Min.
Ketelmeer
N50
Kampen
A28
16
Dronten
5
14
Lelystad
12
Zwolle
Elburg
3
IJssel
A50
Raalte
4
Nijverdal
Harderwijk
A28
Epe
Auf dem Sallander Hügelrücken
Veluwe
Deventer
A1
Nijkerk
Apeldoorn
Voorthuizen
A1
A1
Lochem
Amersfoort
Zutphen
15
A30
A50
Ede
A12

OUTDOOR-HIGHLIGHTS

*DIE BESTEN ERLEBNISSE DRAUSSEN

Das Ijsselmeer im Zeitraffer ★

Volendam und Monnickendam gehören zu den malerischsten Orten der Niederlande. Ebenso wie die einstige Insel Marken blicken sie auf eine wechselhafte Geschichte zurück, die vielerorts noch sichtbar ist. Eine Radtour zu den touristischen Highlights ist sehr entspannt – auch weil die Rückfahrt per Fähre möglich ist.

Start im ehemaligen Fischerort

Der Startschuss fällt am Hafen von Volendam, dessen Name in den ganzen Niederlanden für Fischhandlungen herhalten muss. Tatsächlich wecken der Ort und sein Hafen den Eindruck eines betriebsamen Fischerdorfs, doch die Glanzzeiten liegen weit zurück – schließlich wurde das Städtchen durch den Bau des Afsluitdijk vom offenen Meer abgeschnitten.

Zunächst geht es in Richtung Süden vorbei an der einstigen Zuiderzee nach Katwoude. **Insider-Tipp** Bei der Jacobs Hoeve (Hoogedijk 8, *henriwillig.com*, tgl. 9–18 Uhr,) kannst du Biokäse aus dem Imperium von Henri Willig verkosten. Bald nach der Stärkung beim Käsehändler ist das Städtchen Monnickendam erreicht, das mit seinem intakten mittelalterlichen Dorfkern verzaubert.

Über den Damm

Am Hafen schaukeln alte Klipper im Wasser, während jenseits der Kaimauern windschiefe Häuschen mit üppigen Ornamenten für staunende Blicke sorgen. Im Sommer dienen die Geländer der Brücken als Rampen für einen Sprung ins Wasser. Über den Deich führt die Route nun in einem Bogen zu jenem Damm, der die Insel Marken seit 1957 mit dem Festland verbindet – eine Tatsache, die in Marken nicht überall für Begeisterungsstürme sorgt. Den Transfer zur Ostspitze, die zu Inselzeiten der Landwirtschaft vorbehalten war, vereinfacht das Bauwerk enorm. Zumindest, wenn der Wind nicht aus Nordosten kommt. Vorbei an Häusern mit dunkelgrünen Holzfassaden, die aus Furcht vor Flutkatastrophen fast alle auf Stelzen ruhen, geht es zum nächsten Etappenziel: dem Hafen, der von traditionellen Fischerhäusern flankiert wird, in denen sich zahlreiche Lokale befinden. Ein herrlicher Ort, der eine beinahe unwirkliche Begegnung mit der Geschichte gestattet.

Schlager zum Ausklang

Was bleibt, ist der Transfer mit der Fähre zurück nach Volendam – und damit zu einer musikalischen Tradition. Das Städtchen gilt als Hochburg der niederländischen Schlagermusik. Fast alle Größen des Genres haben ihre Karriere im Gat van Nederland (Brugstraat 2–8, Volendam, *gatvan nederland.com*) begonnen.

Die Tour im Überblick

Leichte Kombi-Radtour durch drei malerische Städtchen, Route ggf. mit viel Wind, 27 km, 1 Std. 45 Min.

Mit der Bahn bis Purmerend, mit dem Bus 110 bis Volendam Haven | Parkplatz am Strandweg | Fahrrad oder E-Bike z. B. bei Rent & Event, Haven 45, Volendam, rent-event.nl (Fahrrad €€, E-Bike €€€/Tag), € (Fähre in eine Richtung)

Fähren ab Marken von 10.30–19 Uhr
Wegen der Bootstour auch bei gutem Wetter eine leichte Jacke
52.49427, 5.07648 (Startpunkt)

✔ DOWNLOAD GPX-Track

Das hübsche Volendam mit seinem Hafen hat alles, was Gäste von den Niederlanden erwarten (li.). Schilderwald in Monnickendam (re).

Die Giganten von Zaanse Schans ★

Die Windmühlen auf der Zaanse Schans erinnern an frühe wirtschaftliche Glanzzeiten der Niederlande. Während solche Bauwerke andernorts längst durch effiziente Maschinen ersetzt wurden, sind hier zwölf prächtige Exemplare erhalten, aufgereiht an einem Fluss.

Spaziergang in die Vergangenheit

An der Zaan haben einst um die 400 Windmühlen ihre Arbeit verrichtet. Mithilfe der Giganten konnte Holz gesägt, Mehl gemahlen oder Wasser abgepumpt werden. All dies begünstigte ab dem 17. Jh. den Aufstieg zu einer wirtschaftlichen Großmacht. Ein kurzer Spaziergang führt zurück in diese Epoche. Er beginnt auf der Nordwestseite der Julianabrug in Zaandam und führt sogleich über die Brücke. Hier fällt der Blick sofort auf fünf Windmühlen, die stolz am Ostufer des Flusses ruhen. Dort angekommen, führt ein Fußweg nach Norden, wo sich das großflächige Freilichtmuseum Zaanse Schans ausbreitet. Dessen Besuch ist erhellend, wenn man sich ausgiebig mit der Epoche auseinandersetzen möchte. Das Museum (tgl. 9–17 Uhr, *dezaanseschans.nl*, €€€), das sehr touristisch ist, lockt mit original eingerichteten Häusern und Geschäften aus dem 17. und 18. Jh. **Insider-Tipp** Wer nur die Windmühlen bestaunen will, muss es jedoch nicht unbedingt besuchen. Die Uferstraße entlang der Mühlen ist frei zugänglich. Sie führt zunächst an Lokalen und Souvenirläden vorbei, nach wenigen Schritten übernehmen die Windmühlen.

Zu sieben Mühlen musst du gehen

Erste Station ist die Senfmühle Het Indiës Welvaren, an deren Standort die Zaan einen Bogen schlägt. Daher sind hier sieben Windmühlen auf einen Schlag zu sehen. Es folgt die Sägemühle De Gekroonde Poelenburg und dahinter die einzig erhaltene Farbmühle der Welt – sie trägt den Namen De Kat (Die Katze). Ihr kam die Aufgabe zu, mithilfe eines ausgeklügelten Antriebssystems die Bestandteile von Farben zu vermengen. Weitere Mühlen warten auf den wenigen Hundert Metern bis zu einer Fußgängerfähre.

Altholländische Szenen

Wer noch nicht genug hat, kann diese zur Querung der Zaan (Mai–Okt., €, *voetveerzaandijk.nl*) nutzen und am Westufer zurück zum Ausgangspunkt gehen. Alternativ gehst du so zurück, wie du gekommen bist, um landeinwärts zu schauen, wo sich weitere altholländische Szenen auftun – in einem Traditionsdorf mit Kanälen, holzverkleideten Häusern und altmodischen Geschäften.

Die Tour im Überblick

Leichter Spaziergang mit altholländischem Flair auf der Zaanse Schans, 2,5 km, 1 Std.

Mit der Bahn zum Bahnhof Zaandam Zaanse Schans, von dort 650 m zum Ausgangspunkt | Parkplatz beim Freilichtmuseums (8–19 Uhr), ansonsten im Ort | € (Fähre)

An einem lauen Sommerabend, wenn die Besucher:innen des Freilichtmuseums wieder verschwunden sind

Keine besondere Ausrüstung erforderlich

52.47175, 4.81173 (Startpunkt)

DOWNLOAD GPX-Track

Wie gemalt: Die Windmühlen an der Zaan waren im 17. Jh. das Fundament eines ersten Industriegebiets (li.). Sonnenuntergang im Hochsommer (o.)

Bei Eisvogel und Otter im Nationalpark ★

Jeder Quadratmeter hat in den Niederlanden eine festgeschriebene Funktion. Die Zivilisation scheint mit wenigen Ausnahmen stets in greifbarer Nähe. Ein besonders schöner Flecken ursprünglicher Natur ist der Nationalpark Weerribben-Wieden. Das ehemalige Torfabbaugebiet ist ein traumhaftes Kanurevier.

Rückzugsraum für die Natur

In bedächtigem Tempo gleiten die Kanus vorbei an hübschen Häusern mit rietgedeckten Dächern. Sie alle verfügen über großzügige Gärten mit Hortensien und natürlich über eigene Bootsanleger mit Schwimmtreppen. Die Kanus für eine Tour durch den Nationalpark vermietet das Kanoparadijs (dekluft.de). Im Nationalpark sind verschiedene Kanurouten ausgeschildert.

Zu hören ist außer dem Paddelschlag und dem Wind nichts, denn eine Straße gibt es nicht. Wer hier wohnt, muss alles mit dem Boot heranschaffen. So ist das im Nationalpark, der seine Existenz dem Torfabbau verdankt. Seit dem 13. Jh. haben die Menschen das Brennmaterial hier gewonnen, um die damals noch viel härteren Winter erträglich zu machen. Bis zum Ende des Abbaus in den 1950er-Jahren sind in dem tief gelegenen Land erhebliche Aushebungen zustande gekommen, die das Wasser dankbar ausgefüllt hat. So ist ein Rückzugsraum für die Natur entstanden, der nicht nur in den sonst so betriebsamen Niederlanden seines gleichen sucht.

Skandinavien oder Kanada?

An den Ufern stehen bunte Hütten, die an Touristen vermietet werden. Skandinavien light. Oder doch eher Kanada? Hinter dem Abzweig von der Kalenbergergracht ähnelt die Strecke immer mehr einem Labyrinth, dessen Ufer mit Kolonien von

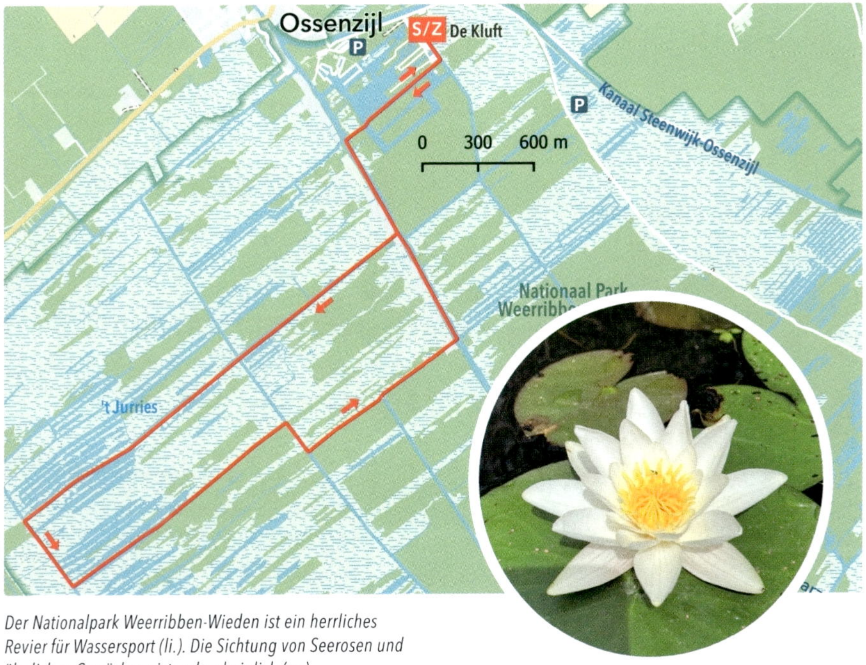

Der Nationalpark Weerribben-Wieden ist ein herrliches Revier für Wassersport (li.). Die Sichtung von Seerosen und ähnlichen Gewächsen ist wahrscheinlich (re.)

prächtigen Sumpfschwertlilien bewachsen sind. Auf dem Wasser gesellen sich Seerosen hinzu. Es herrscht Stille, die nur gelegentlich durch den Ruf eines Kuckucks unterbrochen wird.

Kraft für den Rückweg

Tagelang, behaupten Einheimische, könne man hier umherpaddeln, ohne von der Außenwelt behelligt zu werden. Höchstens ein Eisvogel oder ein Otter buhlen um Aufmerksamkeit. Wer mag und sich zutraut, ohne Treppe wieder ins Boot zu gelangen, nimmt ein Bad. Oder man starrt einfach in den Himmel – eine äußerst beruhigende Tätigkeit, bei der man genug Kraft für die Rückfahrt tanken kann. Denn so viel sei verraten: Diese kann je nach Route und Windrichtung zu einer Belastungsprobe für die Arme werden. Doch der Trip ist jeden einzelnen Paddelschlag wert.

Die Tour im Überblick

Mittelschwere Kanutour durch den Nationalpark Weerribben-Wieden, etwa 5 km, 3 Std.

Mit dem Auto bis nach Ossenzijl, danach Schildern folgen, Parkplatz beim Kanuverleih De Kluft, Hoogeweg 26, Ossenzijl | €€ (Kanu für zwei Personen)

Früher Morgen im Mai oder Juni, wenn Sumpfschwertlilien und Seerosen blühen

Kanu, Essen, Trinken, Sonnenschutz, Sonnenbrille, Mütze oder Hut

52.80773, 5.93274 (Startpunkt)

DOWNLOAD GPX-Track

Mit dem Boot durch Hollands Serenissima ★

Kanäle, Brücken, eine weit zurückreichende Geschichte und gondelähnliche Wasserfahrzeuge? Vieles drängt in Giethoorn den Vergleich mit Venedig auf. Doch anders als in der der norditalienischen Prachtstadt sind die Häuser in dem Bilderbuchdorf mit Reet gedeckt – und die Boote besitzen Elektroantrieb.

Über die Gracht in den See

Um 9 Uhr ist es noch still auf dem nördlichen Teil der Dorpsgracht. Die Bootsverleihe haben gerade erst geöffnet und vieles erinnert an jene Zeiten, als das Dorf noch nicht von Gästen aufgesucht wurde. Die Sonne wärmt, es scheint ein herrlicher Tag zu werden. Unter zahllosen Brücken hindurch und vorbei an reetgedeckten Häusern bahnt sich das Boot langsam seinen Weg.

Bald nähert es sich dem See Bovenwijde. Er ist durch den Torfabbau entstanden, von dem die Bewohner Giethoorns lange ihren Lebensunterhalt bestritten. Hier teilen sich die Flüsterboote das Wasser mit traditionellen Punters – Booten, die mit nur einem einzigen Leinensegel ausgestattet sind. Sie waren lange das einzige Fortbewegungsmittel in dem 1234 erstmals erwähnten Dorf. Heute werden die Punters meist zur nostalgischen Leibesertüchtigung genutzt. In zwei Werften werden sie noch immer zusammengezimmert.

Unterwegs im Baderevier

Auf der nahen Dorpsgracht hat nun das tägliche Schaufahren begonnen. Doch der örtliche See ist ein Garant für Ruhe und Erholsamkeit. Selbst Nichtschwimmer:innen droht hier kaum Gefahr, denn das Gewässer ist nur etwa einen Meter tief. Im Sommer ist der Bovenwijde ein herrliches Baderevier. Als nach einer Pause das leise Schnurren des Motors wieder ertönt, ist in wenigen Minuten das südliche Ende der Dorpsgracht erreicht. Diese Route ist die einzige Möglichkeit, Giethoorn in seiner ganzen Pracht zu entdecken, denn die Gracht ist überwiegend Einbahnwasserstraße.

Auf der Einbahnwasserstraße

Am Ufer stehen in großzügigen Abständen die Häuser, fast alle waren früher Bauernhöfe und sind heute fein herausgeputzt. Die am Ostufer gelegenen Anwesen befinden sich auf kleinen Inseln, die man nur über die charakteristischen Holzbrücken erreicht. Das mutet fast schon archaisch an – und ermöglicht Impressionen, bei denen die Zeit auf dem Weg zurück zum Bootsverleih fast wie im Flug vergeht. **Insider-Tipp** Wer keinen Wert darauf legt, durch das Dorf selbst zu schippern, findet auf der nahen Dwarsgracht eine ähnliche Szenerie – aber mit viel weniger Menschen.

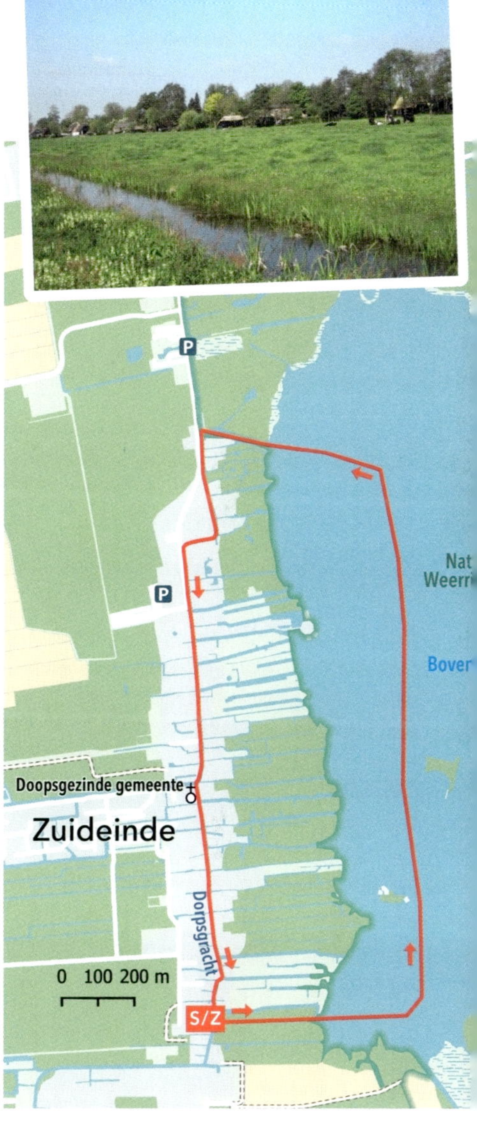

Der Vergleich mit Venedig liegt nahe. Doch mit seinen reetgedeckten Häusern und Holzbrücken ist Giethoorn doch ganz anders (li.). Außerhalb geht es ruhig zu (o.)

Die Tour im Überblick

Leichte Bootstour bei Giethoorn, etwa 5 km, 2 Std.

Mit dem Zug bis Steenwijk, mit dem Bus 70 bis Giethoorn | Parkplatz Eendrachtsplein, Giethoorn Dominee Hylkemaweg

An einem sonnigen Werktag im Mai, Juni oder September

Bootsverleih: gut ein Dutzend Anbieter, Liste auf der Webseite von giethoorn.com. Kein Führerschein erforderlich, Boote mindestens für vier Personen ausgelegt

52.72151, 6.08052 (Parkplatz)

✓ DOWNLOAD GPX-Track

Auf dem Sallander Hügelrücken ★

Der 3500 ha große Nationalpark Sallandse Heuvelrug ist eines der schönsten Wandergebiete der Niederlande. Nicht weit vom Ijsselmeer entfernt, begeistert er mit einer Natur, die an ferne Länder erinnert. Und mit der größten Heidelandschaft des Landes erweitert er das breite Spektrum an attraktiven Freizeitmöglichkeiten.

Zwischenstopp beim Schäfer

Es ist Spätsommer am Rande von Nijverdal, einem kleinen Ort in der Provinz Overijssel, keine 50 km entfernt von der Küste des Ijsselmeers. Hier lockt eine landschaftliche Vielfalt, wie sie in den Niederlanden sonst kaum bekannt ist. Das wirkt sich auch auf Flora und Fauna positiv aus. So leben etwa rund 40 Birkhühner mit ihrem blauschwarzen Federkleid und dem roten Kamm im Nationalpark.

Zunächst führt die Wanderoute vorbei an den Stallungen eines Schäfers. **Insider-Tipp** Er erlaubt nach Absprache *(schaapskuddesallandseheuvelrug.nl)* auch den Zutritt zu seiner Herde, der *Schaapskudde*. Ein Stück weiter hält ein Torbogen die Erinnerung an ein düsteres Kapitel der Geschichte aufrecht: Im Zweiten Weltkrieg befand sich hier das Lager Twillhaar, in dem jüdische Gefangene Zwangsarbeit verrichten mussten.

Grenzenlose Ausblicke

Nun führt die Route durch einen schönen Wald in Richtung Süden. Bald ist jenes Gebiet erreicht, das die meisten Wanderfans anzieht: die Heide, die im August und September blüht. Weiter geht es auf einem Weg, auf dem man auch barfuß gehen könnte, denn er besteht aus feinem Sand – ein Überbleibsel aus der letzten Eiszeit vor rund 150 000 Jahren.

Die höchste Erhebung am Grote Koningsbelt misst zwar nur bescheidene 75 m. Doch in einer flachen

Umgebung heben sich eben auch solche Hügel ab. Der Anstieg zum Aussichtspunkt ist nur mäßig anstrengend. Ein Wegweiser zeigt an, dass es sich dabei um einen Abschnitt des Pieterpad handelt, dem mit 498 km längsten Wanderweg der Niederlande. Oben angekommen, wartet ein erhabener Augenblick. Der Ausblick über die Heidelandschaft ist grenzenlos, nur mit Mühe lassen sich in der Ferne Anzeichen der Zivilisation erkennen. Dabei scheint das Licht in einzelnen Strahlen durch die Wolken zu fallen. Es erscheint dem Gast, als ob man plötzlich nicht mehr in den überzivilisierten Niederlanden unterwegs ist, sondern in einer afrikanischen Savanne oder an sonst einem Ort in der unberührten Natur irgendwo in fernen Landen. Durch die Heidefelder führt der Weg zurück in den Wald. Nun ist es nicht mehr weit zurück bis zum Ausgangspunkt.

Die Tour im Überblick

Mittelschwere Wanderung auf den Sallander Hügelrücken, ca. 11 km, 3 Std.

Mit der Bahn nach Nijverdal, mit dem Bus 513 nach Nijverdal Buitencentrum oder 1,3 km laufen | Parkplatz Nijverdal Buitencentrum beim Restaurant Buitengewoon Lekker (buitengewoonlekker.com), das sehr leckere Sandwiches anbietet

Aug. und Sept., wenn die Heide blüht
Wander- oder Joggingschuhe, Getränke, evtl. Proviant
52.36565, 6.44203 (Startpunkt)

DOWNLOAD GPX-Track

Heide auf dem Sallander Hügelrücken (li.), wo Orientierungshilfen (li.) angesichts vieler Wege hilfreich sind (u.)

MEHR ERLEBEN

*WEITERE ABENTEUER & AUSFLÜGE

Der historische Hoofdtoren-Turm steht seit dem 16 Jh. im Hafen von Hoorn

Mehr erleben in der Region rund um das Ijsselmeer? Das ist leicht möglich. In der Nähe von Hoorn warten romantische Ijsselmeerstädtchen und weitläufige Kanureviere. Bei Muiden kommen Festungsanlagen hinzu - und weiter im Inland bei Zwolle locken gar Heidelandschaften und Nadelwälder.

RUND UM HOORN

Altertümlicher Charme

1 Leichte Stadtwanderung in Hoorn, 3 km, 50 Min.

Als Standort der Niederländischen Ostindien-Kompagnie war Hoorn (75 000 Einwohner) im 16. und 17. Jh. eine prosperierende Hafenstadt. So hat der aus Hoorn stammende Seefahrer Willem Cornelis-zoon Schouten als Erster mit einem Schiff den südlichsten Punkt Südamerikas umrundet – und ihm den Namen seiner Heimatstadt verpasst. Später übernahmen andere Städte die Vormachtstellung, doch vom altertümlichen Charme ist so viel übrig geblieben, dass schon eine kurze Stadtwanderung von bleibender Erinnerung ist. Ausgangspunkt ist ein sehenswerter Platz namens Roode Steen, wo sich das Westfries Museum befindet, das sich der wechselvollen Historie der Region verschrieben hat. Auch Fischmarkt (Vismark), Korenmarkt (Kornmarkt) und Binnenhaven künden vom Wohlstand der Vergangenheit. Architektonisches Highlight ist der zauberhafte Hoofdtoren von 1464.

Hoorn | Mit der Bahn bis Hoorn | Parkplatz Parkeerplaats Westerdijk | visithoorn.nl/gratis-stadswandeling-hoorn *An einem lauen Abend*
52.63928, 5.05906 (Start)

Die ländliche Seite der Metropole

2 Leichte Wanderung bei Schellingwoude, 5 km, 1 Std. 30 Min., kinderwagengeeignet

Der Ballungsraum Amsterdam hat viele Gesichter. Schellingwoude gehört technisch gesehen zum Stadtgebiet, obwohl es dem Ijsselmeer viel näher als der City ist. Der Spaziergang beginnt auf dem Deich, von dem der Blick auf im Wasser schaukelnde Hausboote und Jachten fällt. Nach wenigen Metern siehst du auf der Deichkrone winzige Häuschen, die zum Teil mit traditionellen grünen

Die weiße Schellingwouderkerk – ein beliebtes Fotomotiv in der Nähe von Amsterdam

Eine alte Dampflokomotive fährt auf der Strecke Medemblik–Hoorn

Holzpaneelen verkleidet sind und in denen früher Fischer gewohnt haben. Hinter dem Deich zieht die Schellingwouderkerk die Blicke auf sich. Das malerische, weiß getünchte Gotteshaus könnte genau so auch in New England stehen, was nicht überraschend ist, denn die Region in den USA wurde maßgeblich von Niederländern geprägt. Weiter geht es durch modernere Wohngebiete vorbei an zwei Parks bis nach Nieuwendam, wo abermals altertümliche Häuschen für Entzücken sorgen. Beim idyllisch gelegenen Café 't Sluisje ist der Wendepunkt erreicht.

Schellingwoude | Mit dem Bus 37, 245 Amsterdam Liergouw | Parkplatz Schellingwouderdijk am Straßenrand |Der Spaziergang beginnt am Landmarkt, dem vielleicht schönsten Supermarkt im Großraum Amsterdam Jederzeit, besonders schön an einem lauen Sommerabend 52.38077, 4.96713 (Start)

Alte Ijsselmeerstädtchen entdecken

3 Leichte Wanderung in Medemblik, 7,5 km, 2 Std.

Medemblik wurde im 10. Jh. das erste Mal urkundlich erwähnt. Doch trotz ihrer bevorzugten Lage im Norden der Zuiderzee ist die Stadt nie wirklich bedeutend geworden, da die Häfen von Enkhuizen und Hoorn besser anzufahren waren. Ein Rundgang durch den Ort mit seinen 8000 Einheimischen ist dennoch ergiebig: Er führt zu drei Häfen, die von alten Grachtenhäusern umgeben sind, und danach zum ehrwürdigen Kasteel Radboud. Vorbei an Gewässern geht es anschließend in den kleinen Nachbarort Opperdoes, der wegen seiner vielen Kanäle und Brücken mit dem Vorzeigeort Giethoorn – und somit unweigerlich auch mit Venedig – verglichen wird. Zurück in Medemblik hast du Gelegenheit, eine weitere Attraktion mitzunehmen: **Insider-Tipp** Eine historische Dampflok *(stoomtram.nl)* bringt die Fahrgäste unter lautem Geächze bis nach Hoorn.

Medemblik | Mit der Bahn bis Hoorn, mit dem Bus 139, 239 bis Medemblik Busstation | Parkplatz Oude Haven | hollandbovenamsterdam.com/de (> Umgebung > Historische Städte > Medemblik | €€€ (Tramfahrt) In Abstimmung mit dem Fahrplan der Bahn 52.77402, 5.10555 (Start)

Radfahren und zwischendurch Tee trinken – was könnte es schöneres geben?

Die Kirche von De Rijp spiegelt sich im Wasser, wo es sich gut aushalten lässt

Radeln und Tee trinken

4 Mittelschwere Fahrradtour im Beemster-Polder, 37 km, 4 Std. (mit Pausen)

Teegärten sind ein großes Ding nördlich von Amsterdam. Vor allem im Beemster-Polder locken sie an ausgesucht schönen Orten in der freien Natur, wo die Betreiber neben dem Heißgetränk auch Leckereien aus der Region anbieten. Das erste Etappenziel ist mit dem Theetuin de Neckermolen nur sechs Fahrradminuten vom Start entfernt. Danach folgen noch fünf weitere Etablissements dieser Art. Doch das ist noch nicht alles: **Insider-Tipp** Auf der landschaftlich schönen Route befindet sich auch das Besucherzentrum des renommierten Käseherstellers Beemster (cono.nl).

Purmerend und Umgebung | Mit der Bahn bis Purmerend, von dort 1,3 km laufen | Parkplatz am Start | Fahrrad z. B. bei Voor al uw fietsplezier (Fahrrad €€, E-Bike €€/Tag, Westerstraat 6, Purmerend, vooraluwfietsplezier.nl) | Karte auf laagholland.com (Suchfenster: Beemster Theetuinenroute), Fahrradknotenpunkte 48, 47, 44, 59, 60, 61, 29, 28, 07, 06, 05 Die meisten Teegärten haben freitags und samstags von Mai–Sept. auf, Öffnungszeiten auf den jeweiligen Webseiten auf laagholland.com (> Suche: Beemster Theetuinenroute 52.51190, 4.94571 (Start)

Vom Venn ins Dorf paddeln

5 Leichte Kanutour in De Rijp, 3 km, 2 Std.

Zauberhafte Dörfer existieren in Noord-Holland Dutzende. Kaum eines jedoch ist so bilderbuchartig wie De Rijp, das im 13. Jh. gegründet wurde und dessen Kern sich nur wenig verändert hat. Noch dazu liegt der Ort am Rande eines Venns, das von einem Geflecht an Wasserstraßen durchzogen ist. Auf dem sogenannten Eilandspolder startet beim Kanuverleih die Tour, die anschließend über die Dorfgracht zum Mieuwijdt führt. Dieses Gewässer ist deutlich breiter und erlaubt einen schönen Blick auf die Dorfkirche und die alten Häuser. Auf der anderen Seite gedeihen Seerosen und Sumpfschwertlilien, hinter denen sich Kuhweiden ausbreiten. Ein Idyll, wie es holländischer kaum sein könnte.

De Rijp bei Alkmaar | Mit der Bahn bis Purmerend, mit dem Bus 305, 416 nach De Rijp | Parkplatz Oostdijkje 7, De Rijp | boothurenderijp.nl | Die Tour ist auch im Flüsterboot machbar | € (Kanu), €€€ (Flüsterboot) Ende April–Anfang Okt. 52.56573, 4.86210 (Start)

Broek in Waterland ist ein niederländisches Vorzeigedorf

Durch Amsterdams schönsten Vorort

6 Kajaktour in Broek in Waterland, Länge und Dauer beliebig

Einige Dörfer oder Städtchen in den Niederlanden buhlen um Aufmerksamkeit, indem sie sich mit italienischen Städten vergleichen. Nicht so Broek in Waterland, was damit zu tun haben könnte, dass die reichen Amsterdamer, die es in dieses Idyll verschlagen hat, lieber unter sich sind. Das ändert jedoch nichts daran, dass das Dorf zu den schönsten des Landes zählt: Kanäle, bunte Häuschen mit formschönen Giebeln, gepflegte Gärten und kleine Lokale bilden ein Gesamtkunstwerk, dessen Erkundung vom Wasser aus am schönsten ist. Doch zu Fuß oder auf dem Fahrrad ist es nicht weniger attraktiv.

ℹ *Broeker Bootverhuur, Stal Baco, Belmermeer 5, Broek in Waterland | Mit der Bahn bis Amsterdam Centraal, mit dem Bus 314/316 bis Broek in Waterland | Parkplatz beim Vermieter | Nur nach Reservierung, bootjehurenwaterland.nl | €€€ (Zweierkajak bzw. Flüsterboot) ⏲ Juli, Aug. tgl. 10–18 Uhr, Mai, Juni, Sept., Okt. nur Mi–So 📍 52.42393, 5.01978 (Start)*

Verwöhne Körper und Geist

7 Spa mit großem Außenbereich in Zuidoostbeemster

Ein Spa in dem ehemaligen Fort Beemster, das von Wasser umgeben ist. Diese ungewöhnliche Kombination findest du nordwestlich von Purmerend im Beemster-Polder. Badelandschaften unter freiem Himmel, Warmwasserbrunnen, ein Barfußpfad und ein Meditationsgarten versprechen den Gästen eine zenmäßige Entspannung. **Insider-Tipp** Wer mag, kann auch diverse Saunen besuchen, in Kräutern baden oder sich eine Massage verpassen lassen.

ℹ *Nekkerweg 24, Zuidoostbeemster | Mit der Bahn bis Purmerend, mit dem Bus 129 bis Zuidoostbeemster Halfweg | Parkplatz am Resort |*

Bogenschießen wird bei Outdoorfans immer beliebter

fortresortbeemster.nl/wellness | €€€ Tgl. 9.45–23 Uhr 52.52786, 4.92827

Minigolf mit Queue

8 Billard-Golf in Wervershoof

Du liebst diesen Sport, aber möchtest dich nicht damit abfinden, kein Talent für Minigolf zu besitzen? In diesem Fall hilft vielleicht eine kleine Abwandlung. Südlich von Medemblik bietet sich die Gelegenheit, bei der Bewältigung des 18-Loch-Parcours anstelle eines Schlägers einen Queue einzusetzen. Versteht sich von selbst, dass sich das Ganze nicht auf dem Erdboden, sondern in Tischhöhe abspielt.

Nes 204, Wervershoof | Mit der Bahn bis Hoorn, mit dem Bus 139/415 bis Onderdijk | Parken auf der Straße | wataars.nl/activiteiten, vor Ort gibt es auch einen Minigolfplatz | € Tgl. ab 10.30 Uhr außer bei schlechtem Wetter 52.74714, 5.13488

Auf den Spuren von Robin Hood

9 Bogenschießen im Klimpark Het Twiske

Het Twiske ist ein riesiges Naherholungsgebiet in Laufdistanz zum nördlichen Stadtrand Amsterdams. Gut 20 Piktogramme weisen auf einschlägigen Schildern darauf hin, was man hier alles machen kann: im klaren Wasser baden, reiten, tauchen, angeln und sogar klettern. Letzteres ist dem örtlichen Kletterpark zu verdanken, der neben den üblichen Baum-zu-Baum-Parcours auch die Ausübung eines Sports anbietet, der fast noch einen exotischen Status besitzt: Bogenschießen. Wer sich zutraut, in die Fußstapfen von Robin Hood zu treten, erhält auch eine Einführung.

Klimpark Het Twiske, De Zuiderlaaik 3, Oostzaan | Mit der Metro bis Amsterdam Noord, mit dem Bus 392 bis Oostzaan Kalksloot, danach 1,9 km zu Fuß | Parkplatz beim Anbieter | klimparktwiske.nl, twiske-waterland.nl | €€ Öffnungszeiten auf der Webseite 52.44079, 4.88940

In Muiden schützten die Mauern nicht vor Wasser, sondern vor Eindringlingen

RUND UM MUIDEN

Perspektiven einer Festungsstadt

10 Spaziergang auf der Festungsmauer von Narden, 4 km, 1 Std. 15 Min.

Naarden blickt auf eine bewegte Historie zurück: der Ort wurde im frühen 14. Jh. zerstört und von 1350 bis 1355 als Festung neu aufgebaut. Dieses bemerkenswerte Stadtbild ist bis heute weitgehend unverändert erhalten. Die Erkundungstour beginnt im Südosten, wo du über die Brug Z zum äußeren Verteidigungswall gelangst. Über eine der charakteristischen Bastionen geht es zum prächtigen Utrechtse Poort, wo du innerhalb der Festung auf der Oostwalstraat gegen den Uhrzeigersinn weitergehst. An der Kreuzung Zusterenstraat/Oude Haven erklimmst du die innere Festungsmauer, auf der es vorbei am alten Arsenal bis zum Amsterdamsestraatweg geht. Hier nun biegst du links ab, später an der Cattenhagestraat noch einmal. Vorbei an historischen Häuschen gehst du nach rechts in die Marktstraat, die zum prächtigen Stadhuis, der Grote Kerk und netten Cafés führt. Über die Sint Annastraat und den äußeren Befestigungsring gelangst du schließlich zurück zum Ausgangspunkt.

Naarden | Bis Bf. Naarden, danach 1,7 km laufen oder mit dem Bus 110 zur Haltestelle Westwalstraat | Parkplatz Parkeerplaats Abri | vereniging vestingstad.nl (> Activiteiten > Stadswandelingen in en om de Vesting) Jederzeit 52.29159, 5.16705 (Start)

Unterwegs auf 4000 Pfählen

11 Bootstour mit einfacher Wanderung nach bzw. auf Pampus Eiland

Lust auf einen ungewöhnlichen Ausflug im Schongang? In diesem Fall bietet sich die künstliche Insel Pampus Eiland an. Sie befindet sich gut 3 km vor der Küste von Muiden und wurde 1870 als Bestandteil der Verteidigungslinie von Amsterdam angelegt. Ein Fährboot ermöglicht den Transfer zu dem Konstrukt, das von 4000 jeweils 11 m langen Pfählen getragen wird. **Insider-Tipp** Die Anfahrt ist von Ijburg möglich, was näher an Amsterdam liegt. Für Muiden jedoch spricht das trutzige Muiderslot *(muiderslot.nl)* von 1285. Auf Pampus Ei-

Schwimmender Shuttle von Amsterdam nach Pampus Eiland

Maritim: der Blick aufs Ijsselmeer bei Lelystad mit Skulptur im Hintergrund

land steht ein ovales Fort, das von einem Graben umgeben ist. Die Inselumrundung ist mit 700 m ein Leichtes. In einem neuen Pavillon werden die Gäste verköstigt.

ℹ *Muiden | Mit der Bahn nach Weesp, mit dem Bus 110 nach Muiden Centrum | Parkplatz Vestingplein 2 | pampus.nl | €€* ⏲ *April–Anfang* 📍 *52.33176, 5.07083 (Start)*

RUND UM ALMERE

Auf dem Wasserwanderweg

12 🚶 Leichter Spaziergang bei Lelystad, 3,5 km, 1 Std. 30 Min.

Erst haben die Menschen in den Niederlanden die ehemalige Zuiderzee durch den Bau des Afsluitdijk vom offenen Meer abgetrennt. Anschließend wurde von ihnen ein Teil des Gewässers eingedeicht und trockengelegt. Ebendort befindet sich nun Lelystad. Diese besondere Entstehungsgeschichte thematisiert ein Wasserwanderweg, dessen Start bei Lelystads größter Touristenattraktion liegt: der sogenannten Bataviastad, zu der neben einem interaktiven Museum auch eine Galeere der Ostindischen Kompagnie gehört. Der hübsch gemachte Wanderweg führt mit Blick aufs Wasser vorbei an Hafen und Wohngebieten. Mithilfe von 15 Schautafeln verdeutlicht er, wie es die vor allem bei Segler:innen beliebte Stadt aus dem Nichts zu einer Stadt mit knapp 80 000 Einheimischen gebracht hat. **Insider-Tipp** Ganz in der Nähe des Museums befindet sich das gleichnamige Outlet-Center.

ℹ *Lelystad | Bis Bf, Lelystad, danach mit dem Bus 3,13 bis Lelystad Bataviastad | Parkplatz Bataviastad, Tagestarif € | visitflevoland.nl/de (>Suche: Wasserweg > Der Wasserweg), bataviastad.nl* ⏲ *Jederzeit, kinderwagengeeignet* 📍 *52.52200, 5.43626 (Start)*

Architektour am Meeresboden

13 🚲 Mittelschwere Fahrradtour in Almere, 42 km, 2 Std. 30 Min.

Aufsehenerregende Architektur auf dem ehemaligen Meeresboden. Dieses Versprechen löst die größte Retortenstadt der Niederlande ein, denn nach der Einpolderung ist auf dem trockengelegten Grund und Boden Flevolands die mittlerweile achtgrößte Stadt des Landes entstanden. Von Anfang an gehörte es zum städtebaulichen Konzept,

Almere, die Stadt mit der Tulpenoptik, ist ein städtebauliches Experiment

Zwolle im Fahrradtaxi: Aktivurlaub einmal anders

die fehlende Geschichte Almeres durch kühne Architektur auszugleichen. Wie du während einer facettenreichen Radtour siehst, haben Baumeister:innen wie Rem Koolhaas, Herman Hertzberger und Liesbeth van der Pol ebenso ungewöhnliche wie formschöne Gebäude errichtet.

ℹ *Almere | Mit der Bahn bis Almere Centrum | Parkplatz Hennepveld | visitalmere.com (Suche: zeebodem > INDRUKWEKKENDE ARCHITECTUUR OP DE...) | Fahrrad z. B. über Van der Linde Almere (Fahrrad €€, E-Bike €€€/Tag, Brouwerstraat 8B, Almere, vanderlindealmere.nl) Verleih Di–Fr 8.30–18 Uhr, Sa bis 17 Uhr 52.36986, 5.22163 (Start)*

RUND UM ZWOLLE

Ohne eigene Muskelkraft

14 Stadterkundung im Fahrradtaxi in Zwolle

Auch der aktivste Mensch kann gelegentlich eine Pause gebrauchen. In Zwolle kannst du diese an Bord eines Fahrradtaxis regelrecht zelebrieren. Eigentümer Arjen und sein kleines Team kutschieren ihre Gäste kenntnisreich durch die mehr als 750 Jahre alte Hauptstadt der Provinz Overijssel. Dabei liegt es an dir, ob du dich durch die ehemalige Festungsstadt fahren lassen möchtest, die von der Stadtgracht umgeben ist, oder lieber durch die nicht weniger bekannten Viertel in der unmittelbaren Umgebung. Assendorp mit seinen gepflegten Straßen ist eine Alternative. Unterwegs gibt es interessante Ausführungen zur Geschichte sowie lustige Anekdoten.

ℹ *Mit der Bahn nach Zwolle | Parkplatz Parkeergarage Stationsplein, Westerlaan 4 | fietsjoe.nl, es stehen vier Taxis mit maximal 8 Plätzen zur Verfügung, Führungen auf Deutsch mit Buchung möglich | €€€ (2 Personen/Std.) Im Prinzip jederzeit, am besten an einem nicht zu heißen Tag 52.50640, 6.09739 (Fietsjoe)*

Heideblüte und Van-Gogh-Blumen

15 Leichte Radtour im Nationalpark Hoge Veluwe, 20 km, 1 Std. 30 Min.

Die niederländischen Nationalparks besitzen nicht die Ausmaße ihrer nordamerikanischen Pendants. Wie diese Tour zeigt, kann die Hoge Veluwe jedoch mit verschiedenen anderen Trümpfen aufwarten.

Die weißen Fahrräder sind ein typisches Bild im Nationalpark Hoge Veluwe

Im Fahrradsattel geht es zunächst durch den Wald und später durch hübsche Heidelandschaften zum Jagdhaus St. Hubertus, das sich die wohlhabende Industriellenfamilie Kröller-Müller von Stararchitekt H.P. Berlage hat errichten lassen. Durch die abwechslungsreiche Naturoase führt der Weg nach Hoenderlo und von dort zu einem weiteren Highlight, dem Kröller-Müller-Museum. Dieses besitzt die zweitgrößte Van-Gogh-Sammlung der Welt und einen kostenlos zugänglichen Skulpturengarten mit Werken von Henry Moore, Aristide Maillol oder Jean Dubuffet. Vom Kulturgenuss ist es dann nicht mehr weit bis zum Ausgangspunkt. **Insider-Tipp** Die 1800 weißen Fahrräder, von denen man immer wieder welche sieht, stehen den Parkbesucher:innen gratis zur Verfügung.

Mit der Bahn nach Ede, von dort mit dem Bus 108 nach Otterlo | Parkplatz am Eingang Otterlo | Am Startpunkt sowie an diversen Orten im Nationalpark stehen 1800 kostenlose „witte fietsen" bereit | hogeveluwe.nl, krollermuller.nl | €€ (Nationalpark, Jagdhaus und Museum extra) April–Okt., am schönsten ist es während der Heideblüte im Aug. und Sept. 52.10327, 5.78578 (Start)

Um die Hansestadt paddeln

16 Leichte Kanu- oder SUP-Tour in Zwolle, auch im Flüsterboot mit E-Motor möglich, 3 km, 1,5 Std.

Zwolle ist prächtig und einen eigenen Trip wert. Zum Kennenlernen bietet sich eine Runde auf dem „Stern" der ehrwürdigen Hansestadt an. Los geht es an der Wiese vor dem auffälligsten Gebäude der Stadt, dem Museum Fundatie, einem ehemaligen Justizpalast, auf dem ein Ufo gelandet zu sein scheint. In Richtung Osten folgst du nun dem ehemaligen Stadtgraben (Stadsgracht), dessen einstige Bastionen mit schöner Regelmäßigkeit Landvorsprünge bilden. Stattliche Villen und üppiges Grün machen die Strecke zu einer Augenweide. An der Thorbeckegracht kannst du linkerhand einen kurzen Stopp machen. Hier versorgt das Pannekoekenboot vorbeifahrende Bootsbesatzungen mit Snacks und Getränken. Oder du paddelst geradeaus in die Achtergracht. An der nächsten Kreuzung fährst du geradeaus wieder in die Stadsgracht zu deinem Ausgangspunkt.

Zwolle | Mit der Bahn nach Zwolle | Parkplatz Parkeergarage Stationsplein, Westerlaan 4 |

Der Leuchtturm von Urk ist eine weithin sichtbare Landmarke

Beliebter Boxenstopp bei Wassersport-fans: das Pannenkoekenboot Zwolle

hiawatha-actief.nl | €€ (SUP/1,5 Std.), €€ (Kanu/1,5 Std.), €€€ (Flüsterboot bis 8 Personen) Ende April–Anfang Okt. 52.51016, 6.090269 (Start)

RUND UM URK

Auf der einst stolzen Fischerinsel

17 Leichte Wanderung auf Urk, 5,3 km, 1 Std. 30 Min.

Das Thema „neues Land" begleitet alle Gäste der Region rundum das Ijsselmeer. Nirgendwo aber prallen Vergangenheit und Gegenwart so hart aufeinander, wie auf Urk – einer einst stolzen Insel, deren Fischer auf allen Weltmeeren zu Hause waren. Durch Einpolderung und Eindeichung aber gleicht Urk heute einer historischen Exklave in einem gesichtslosen Umland. Ein sehr faszinierender Kontrast, der auf einer Wanderung durch die alten Gassen zum Leuchtturm und zum Denkmal für die auf See verstorbenen Fischer sehr greifbar wird. Hinzu kommt noch, dass die Menschen auf Urk sehr gläubig sind: auf die 20 000 Einheimischen kommen nicht weniger als 24 Kirchen.

Urk | Mit der Bahn bis Dronten, mit dem Bus 146 + 149 bis Urk Singel (umständlich) | Parkplatz am Startpunkt, Burgemeester J. Schipperkade | visit flevoland.nl (>Suche: Urk > Wandelroute Wonder van Urk) Nicht zwischen 13 und 14 Uhr, dann herrscht in den Geschäften traditionell Mittagspause 52.66034, 5.59872 (Start)

Wundersame Wege auf einer ehemaligen Insel

18 Leichte Wanderung im UNESCO-Welterbe Schokland, 10 km, 2 Std. 30 Min.

Die Landgewinnung hat in den Niederlanden seltsame Blüten getrieben. Schokland etwa war einst eine Insel im offenen Meer, ehe es 1942 durch Eindeichung ein Teil des Noordoostpolders wurde. Dieser bizarre Werdegang genügte der UNESCO, das einstige Eiland mit dem Status des Welt-

Mitten im Noordoostpolder liegt die einstige Insel Schokland

Ein Ausflug auf zwei Rädern um Giethoorn gehört zu schönsten Radtouren in den Niederlanden

kulturerbes zu versehen. Der Rundgang beginnt am Keileemweg, der zunächst zur Gartenanlage Gesteentetuin führt. Nach einem kleinen Stopp (mit Verpflegungsmöglichkeit am Kiosk) geht es zur Nordspitze von Schokland, wo mitten auf der Weise ein etwas verloren wirkender Leuchtturm ruht. In sicherer Entfernung erinnert die Wohnung des einstigen Wärters an die bewegte Geschichte. Daneben sieht man die Reste des ehemaligen Hafens. Auf dem Weg zurück nach Süden wartet das Museum Schokland, das einen Blick zurück auf die Entstehungsgeschichte wirft. Nach einem Schlenker über die Südspitze führt der Weg zum Ausgangspunkt.

ⓘ Schokland, Flevoland | Parkplatz Parkeerplaats Schokland an der N 352 | visitflevoland.nl/de (>Suche: Weltkulturerbe Schokland > Weltkulturerbe Schokland) ◷ Jederzeit, besonders schön im Frühling bei blühenden Gärten ⌖ 52.63789, 5.76896 (Start)

Durchs Umland von Venedig

19 🚲 Mittelschwere Radtour um Giethoorn, 44 km, 2 Std. 45 Min.

Weltweit als „Venedig der Niederlande" bekannt, hat Giethoorn einiges zu bieten. Und das trifft auch auf die wunderbare Umgebung zu, denn das Dorf befindet sich am Rande des Nationalparks Weerribben-Wieden, der sich dank seiner wasserreichen Landschaft und seiner Historie als Torfabbaugebiet als Naherholungsgebiet aufdrängt. Wer sich in den Fahrradsattel schwingt, trifft auf gut gelaunte Bootskapitäne, sieht obskure Seilfähren und kommt in das zauberhafte Hafenstädtchen Blokzijl. Noch immer künden hier prächtige Patrizierhäuser vom Wohlstand der Seefahrer – allein das Meer ist verschwunden, denn wie so vielen Orten an der einstigen Zuiderzee wurde auch diesem Städtchen ein Polder vor die Nase gesetzt.

ⓘ Giethoorn | Mit der Bahn bis Steenwijk, mit dem Bus 70 bis Giethoorn Hylkemaweg | Parkplatz Eendrachtsplein | Knotenpunkte: Vom Start zu 52, 51, 44, 74, 75, 81, 82, 84, 94, 63, 66, 61, Leihrad z. B. bei Fietsverhuur Giethoorn (Fahrrad €€, E-Bike €€€/Tag, Nering 4, Giethoorn, fietsverhuur-giethoorn.nl) ◷ Mo–Fr 9–17.30, Sa 9.30–17 Uhr ⌖ 52.72364, 6.07746 (Start)

DER SCHÖNSTE SONNENAUFGANG

Im stillen Nationalpark Weerribben-Wieden

20 Frühnebel über dem Schilf

Die Farben der Dämmerung sind am Meer am schönsten? Das ist nicht automatisch der Fall. Auch die Gewässer im Nationalpark Weerribben-Wieden entfalten einen kaum greifbaren Zauber – vor allem an Bord eines Kajaks. Wenn sich erst die Morgenröte ankündigt und kurz darauf der auf den Gewässern wie angeklebt wirkende Nebel lichtet, kann dies Gänsehautmomente mit sich bringen. Insbesondere dann, wenn sich auch noch seltene Bewohner der Region sehen lassen. Ein Eisvogel etwa, oder vielleicht auch ein Otter.

Nationalpark Weerribben-Wieden | Mit dem Bus bis Ossenzijl Vennebosweg | Parkplatz De Kluft 52.80776, 5.93152

LOKALE SPEZIALITÄTEN

*UND WO DU SIE PROBIEREN KANNST

Flevoland, die jüngste Provinz der Niederlande, ist ein wichtiges Obstbaugebiet

Das Ijsselmeer wird von einer langen Küstenlinie geprägt, die auch hier wunderbare Fischspezialitäten hervorbringt. Zugleich ist das „neue Land" der Polder die landwirtschaftliche Schatzkammer des Landes.

Geräucherter Genuss

1 Aal aus Volendam

Fast alle Fischgeschäfte in den Niederlanden nehmen in ihrem Namen Bezug auf das kleine Ijsselmeerstädtchen. Besonders lecker ist der geräucherte Aal Volendammer Herkunft.

Frischer Aal aus eigener Räucherei ist die Standardvorspeise im Fischrestaurant **Smit Bokkum** | *Slobbeland 19, Volendam | smitbokkum.nl | € 52.49079, 5.06592*

Grünes Gold

2 Äpfel aus Flevoland

Das neue Land, das die Menschen in den Niederlanden dem Meer abgerungen haben, dient neben der Schaffung von Wohnraum vor allem auch der Landwirtschaft. Zu nationalem Ruhm haben es die Äpfel aus Flevoland gebracht, die gerne auch zu Säften verarbeitet werden. Auch Birnen, Holunder und Brombeeren finden als Saft oder Marmelade den Weg ins Glas

Auf dem **Bauernhof der Familie Vink** *kannst du dir an ausgesuchten Tagen dein eigenes Obst pflücken. Ansonsten gibt es im Hofladen eine gute Auswahl an Produkten | Zuiderringweg 13 II, Kraggenburg | vinkfruitboerderij.nl | € 52.66069, 5.88785*

Begehrte Tropfen

3 Wein aus Overijssel

In den Hügellandschaften zwischen Zwolle und Nijmegen haben sich tatsächlich einige Weingüter etabliert. Wer also schon immer mal einen der raren Tropfen aus den Niederlanden verkosten wollte, ist hier richtig aufgehoben. Probieren kannst du z. B. Cabernet Noir oder Cabernet Blanc.

Das Bed & Breakfast **De Wijnstaete** *hat neben hausgekelterten Produkten auch Übernachtungsmöglichkeiten sowie ein Restaurant | wijnstaete.nl | Vilstersedijk 13, Lemelerveld 52.45523, 6.34066*

Herzhaft oder doch lieber süß

4 Nahrhafte Pfannkuchen

Wer die niederländischen Grundnahrungsmittel aufzählt, darf Pfannkuchen nicht vergessen. Dabei sind auch Varianten möglich, auf die du vielleicht nicht unbedingt kommst – z. B. mit Apfel und Käse. Weitere Vorteile: Pfannkuchen sind günstig und es gibt sie auch vegan, gluten- und laktosefrei.

Bei **Hans & Griet** *kommen die nahrhaften Spezialitäten in einem Ambiente auf den Tisch, das einem märchenhaften (Hänsel und Gretel) entspricht | Sternweg 2a, Zeewolde | hansengrietje zeewolde.nl | € 52.40222, 5.61423*

Hier findest du alles

6 Renne Streekproducten

Ein gutes Sortiment mit Leckereien von am Ijsselmeer gelegenen Poldern führt der Hofladen: Frisches Obst und Gemüse, Säfte und Biofleisch von Tieren aus der Umgebung gehören zum Angebot.

Domineesweg 11, Nagele | rennestreekproducten.nl 52.64927, 5.66402

Vom Sternekoch

5 Sämige Senfsuppe

Zu den typisch niederländischen Spezialitäten gehört die Senfsuppe, die es in verschiedenen Variationen gibt. Am geläufigsten ist die mit angebratenem Speck. Seit sich Sternekoch Jonnie Boer vom Dreisternerestaurant De Librije der Senfsuppe angenommen hat, hat sie ein neues Niveau erreicht.

Die Brasserie **Jansen** *ist Boers Zweitlokal. Hier wird die Suppe mit hausgeräuchertem Lachs gereicht – köstlich! | Nieuwe Markt 14, Zwolle | brasseriejansen.com | €€ 52.51124, 6.09592*

In Groningen finden Wanderfans eine Reihe von schönen Wanderwegen

Friesland und Groningen

NICHTS GEHT ÜBER DEN HOHEN NORDEN

Die beiden Nordprovinzen sind spürbar anders. In Friesland äußert sich das nicht nur durch eine eigene Sprache und Kultur, sondern auch durch eigenwillige Sportarten wie das Fierljeppen, den Stabweitsprung über Wasserläufe. Natürlich ist Friesland auch für seine exzellenten Wassersportmöglichkeiten, seine weitläufigen Landschaften und seine historischen Städtchen bekannt. Und nichts bringt die Fries:innen mehr in Wallung als bei kalter Witterung die Aussicht auf die Elfstedentocht, ein Schlittschuhrennen über 200 km. Auch Groningen begeistert mit seinen Freizeitmöglichkeiten. Unvergesslich etwa ist eine Exkursion ins Wattenmeer, sei es zu Fuß oder auf einem Boot. Eine weitere Besonderheit für Entdeckungstouren sind die Warften im Hinterland, künstliche Erdaufschüttungen, auf denen sich die Einheimischen in früheren Zeiten vor den Fluten geschützt haben.

AUF EINEN BLICK

*FRIESLAND UND GRONINGEN

MARCO POLO

OUTDOOR-HIGHLIGHTS ★

★ Im Kanu durch ein altes Venn
Entspannte Paddeltour durch den weitläufigen Nationalpark Alde Feanen → S. 152

★ Elf Fontänen in elf Städten
Alle friesischen Städte überraschen mit skulpturalen Springbrunnen → S. 154

★ Genießertour um die Friesenstadt Dokkum
Food-Tour mit dem Fahrrad durch Dokkum und den hohen Norden → S. 156

★ Einmal um das Lauwersmeer
Die prächtige Landschaft rund um den Nationalpark Lauwersmeer erradeln → S. 158

★ Wattwanderung an der Küste Groningens
Eine unvergessliche Wattwanderung an der Küste Groningens → S. 160

NORDSEE
DEUTSCHLAND
Borkum
Borkum
Schiermonnikoog
Wattwanderung an der Küste Groningens
Einmal um das Lauwersmeer
Genießertour um die Friesenstadt Dokkum
16
17
Lauwers-meer
13
14
15
3
22
Pieterburen
Uithuizen
Dokkum
Winsum
Appingedam
2
N46
N356
Buitenpost
Zuidhorn
N33
85 km, 1 Std.
18
21
Groningen
8
5
Burgum
6
20
5
19
A7
90 km, 1 Std. 20 Min.
Leek
Roden
Hoogezand
N31
A28
Drachten
NIEDERLANDE
Zuidlaren
A7
N381
N34
Assen
Gieten
Oosterwolde
N33
Heerenveen
Borger
A28
A32

OUTDOOR-HIGHLIGHTS

*DIE BESTEN ERLEBNISSE DRAUSSEN

Im Kanu durch ein altes Venn ★

Lust auf Wassersport in einer Bilderbuchlandschaft? Dafür eignen sich die Gewässer Frieslands vorzüglich. Eine Bootstour im Nationalpark Alde Feanen ist spontan und ohne viel Aufwand möglich. Vor Ort warten Ruhe, herrliche Landschaften und bei Bedarf unbegrenzter Badespaß.

Über Wasserstraßen und Seen

In Earnewald herrscht gegen 10:30 Uhr bereits Trubel. Schon beim Bootsverleih siehst du, wie Motorjachten, Segelboote, Kanus und Windjammer bedächtig vorbeiziehen. Alle scheinen den Wetterbericht gelesen zu haben und wissen, dass sich die Wasserstraßen und Seen, die den Nationalpark wie ein Geflecht durchziehen, auf Badetemperatur erwärmt haben. Ein Grund zum kollektiven Feiern – ohne, dass man groß planen müsste. Schließlich gibt es einen Rundkurs, den der Bootsverleih empfiehlt. Wenn du diesem folgst, siehst du Earnewald schon bald an dir vorbeiziehen, ein properes Dörfchen mit kaum mehr als 400 Einheimischen. Gepflegte Anwesen stehen am Ufer, dazu ein Kirchturm, ein paar Ferienhäuser und das Hotel Prinsenhof.

In ruhigem Fahrwasser

Auf dem Wasser ist anfangs Vorsicht geboten, denn der Verkehr ist dicht und die größeren Boote haben Vorfahrt. Bald aber gelangst du in ruhigeres Fahrwasser: Die sogenannten Petgaten sind für motorisierte Boote gesperrt. So wähnst du dich schnell inmitten der Einsamkeit. Wo früher Torf abgebaut wurde, gedeiht heute eine mangrovenartige Bepflanzung. Auch Seerosen und Sumpfschwertlilien erfreuen das Auge. Du kannst dich ein wenig treiben lassen, die Wolken im Himmel beobachten, ein kleines Nickerchen machen oder ein bisschen in einem Buch lesen. Ein Specht und ein Kuckuck leisten akustische Untermalung.

Das Verpflegungsboot

Höchste Zeit, den Rest der Strecke in Angriff zu nehmen. Du steuerst auf einen Anleger zu, den der Bootsvermieter auf der Karte vermerkt hat. Dort musst du das Boot aus dem Wasser wuchten, um es auf der anderen Seite wieder hineinzulassen. So gelangt man in einen größeren See mit deutlich höheren Wellen. **Insider-Tipp** Mit etwas Glück steuert bald ein Motorboot auf dich zu. Ein schwimmender Kiosk, der Aalbrötchen und kalte Limonade an Bord hat. Wer sich nicht im Boot stärken will, steuert ein Eiland mit Picknickplatz an, um die Leckereien zu vertilgen. Was braucht es mehr, um anschließend zufrieden zum Ausgangspunkt zurückzupaddeln!

Die Tour im Überblick

Mittelschwere Kanutour durch den Nationalpark Alde Feanen, 9 km, 3 Std.

Mit dem Bus 20/6091 ab Leeuwarden Bf. | Mit dem Auto über die N 31 und Feantersdyk, parken an der Str. Tsjerkepaed | Wer ein Kanu mieten möchte, sollte unbedingt reservieren: hollema.nl | €€

Im Sommer ist es werktags weniger voll als am Wochenende, das Wasser erreicht angenehme Badetemperatur

Kanu, Sonnenmilch, Badesachen, Verpflegung

53.13144, 5.94336 (Startpunkt)

DOWNLOAD GPX-Track

Reetgedeckte Häuser auf Inseln (li.), die nur mit Booten erreichbar sind (re.). So lässt es sich leben im Nationalpark Alde Feanen

Elf Fontänen in elf Städten ★

Leeuwarden war 2018 Europäische Kulturhauptstadt. Bei der Ausschreibung hatte die friesische Kapitale mit dem Vorschlag gepunktet, auch die zehn – deutlich kleineren – Nachbarstädte zu besuchen. Seitdem stehen zwischen Dokkum und Stavoren Kunstwerke unter freiem Himmel, die auch eine längere Anreise rechtfertigen.

Geheimnisvolle Liebe

Wer den Bahnhof von Leeuwarden verlässt, wird mit Liebe empfangen. Dies zumindest legt eine Skulptur nahe, die der spanische Bildhauer Jaume Plensa dort errichtet hat. Sie besteht aus zwei mehr als 6 m hohen Köpfen, dem eines Jungen und eines Mädchens, die sich anzuschauen scheinen, deren Augen jedoch geschlossen sind. Um die Sache noch etwas geheimnisvoller zu machen, umgibt den Brunnen, wenn er aktiv ist, ein feiner Nebel. Schön!

Dokkumer Gefrorenes

Der in Leeuwarden platzierte Brunnen ist jedoch keineswegs der Einzige, der Aufmerksamkeit verdient. Dabei spielt die historische Verbindung der elf friesischen Städte eine Rolle, die auch, aber nicht nur, auf die berühmte Elfstedentocht zurückzuführen ist, jenes Schlittschuhrennen über 200 km, das zuletzt 1997 stattfinden konnte. Eine Schlüsselrolle kommt dem entzückenden kleinen Städtchen Dokkum zu, das als Wendepunkt der Strecke fungiert. Hier ist Birthe Leemeijer ein Geniestreich gelungen: Die Amsterdamer Künstlerin hat eine Skulptur entworfen, deren Oberfläche so stark gekühlt ist, dass das Wasser, mit dem sie besprenkelt wird, gefriert. So kombiniert sie Originalität und optische Finesse mit dem Eisthema. Brilliant, zumal die erforderliche Energie aus regenerativen Quellen stammt.

Der Wal im Hafenbecken

Weniger vertrackt, aber ebenso effektvoll ist der Brunnen, der im Hafenbecken von Harlingen gestrandet ist. Es handelt sich um einen lebensgroßen Wal, der alle paar Minuten eine Fontäne ausstößt. Damit verweist das aus Puerto Rico stammende Künstlerpaar Allora & Calzadilla auf die Vergangenheit Harlingens als Heimathafen vieler Walfänger – und auf den Wandel der Zeit, der den Schutz aller Walarten gebietet. Dank Botschaften wie dieser wird der Trip auch zu einem intellektuellen Vergnügen.

Die Springbrunnen kannst du auf verschiedene Arten besuchen: während einer Fahrradtour (was mehrere Tage dauert), per ÖPNV (was gute Planung voraussetzt) oder als Roadtrip mit dem Auto oder Motorrad. Weitere Informationen gibt es unter *www.friesland.nl*.

Die Tour im Überblick

Roadtrip per Auto, Bahn oder Fahrrad: Alle friesischen Städte überraschen mit einem skulpturalen Springbrunnen, etwa 200 km, ½–3 Tage

Friesland | Leeuwarden, Franeker, Harlingen, Sneek, Warkum, Hindelopen und Stavoren sind mit der Bahn erreichbar | Weitere Infos: friesland.nl/de (> Suche: 11fountains)

Wenn der Aufenthalt in der Nähe von Springbrunnen als erfrischend wahrgenommen wird

Einen guten Plan für die eigene Route

53.19711, 5.79208 (Start)

✓ DOWNLOAD GPX-Track

Die Springbrunnen von Ijlst (li.), Sneek (re.) und Dokkum (u.) – drei von insgesamt elf der friesischen Städte, die alle einem bestimmten Thema gewidmet sind

Genießertour um die Friesenstadt Dokkum ★

Als einzige der elf friesischen Städte liegt Dokkum nördlich von Leeuwarden. Weil sie nicht ans Bahnnetz angeschlossen ist, gilt sie für niederländische Verhältnisse als abgeschieden. Doch es lohnt sich, die Kilometer auf sich zu nehmen, um ein zauberhaftes Städtchen und sein charmantes Umland kennenzulernen.

Vorbei an Schaf- und Kuhweiden

In jedem anderen Land wäre Dokkum vermutlich eine Attraktion ersten Ranges. In den mit entzückenden historischen Perlen reich gesegneten Niederlanden jedoch rangiert das 12 000 Einheimische zählende Städtchen unter ferner liefen. Das hat den Vorteil, dass es nicht so überlaufen ist – und den Nachteil, dass man nur ungerne wieder weg möchte.

Die Fahrradtour führt jedoch zunächst vorbei an Schaf- und Kuhweiden in Richtung Ee. Am Rande der Warft, eines künstlich höher gelegten Dorfes, befindet sich der recht unorthodoxe Hofladen Âldemolkfabryk *(streekwinkelitaldemolkfabryk.nl)*, der u.a. hausgemachtes Rapsöl im Angebot hat. Auch der Ort ist sehenswert, zumal sich hier ein radfahrfreundliches Kuriosum befindet: An der Ecke Achterwei/Grutte Loane steht ein Selbstbedienungsladen für Heiß- und Kaltgetränke. **Insider-Tipp** Coffee to go mal anders: Wer mag, kann sich für kleines Geld einen Kaffee ziehen oder einen Softdrink nehmen.

Regionale Köstlichkeiten

Nach dieser kleinen Stärkung führt die Strecke ins Nachbardorf Engwierum, wo der biologisch bewirtschaftete Lauwershof *(lauwershof.com)* einen Laden für Himbeeren, Pflaumen und anderes Obst betreibt. Parallel zum Lauwersmeer geht es nun in Richtung Norden nach Anjum. Hier hat die Farm Frisian Angus *(frisian-angus.nl)* ein Geschäft, in dem neben Metzgereiprodukten auch friesischer Käse, Senf und Bier aus der Region angeboten werden. Weiter geht es nach Westen, wo unterwegs neben den Küstenorten Moddergat und Wierum die Höfe eines Kartoffel- und eines Ziegenbauern auf Gäste warten. Langsam kommt das Ziel in Sicht – und somit die Dokkumer Institutionen W'Iis (wiis.frl) und Stadsbrouwerij Bonifatius *(bonifatius754.nl)*, welche die im Sattel verrichtete Arbeit mit köstlichem Eis oder wahlweise mit Craft Beer aus eigener Produktion belohnen. Wer anschließend noch Zeit hat, sollte diese nutzen, um einen Blick auf die malerischen Gewässer Dokkums zu werfen. Der Fluss Het Grootdiep etwa wird von hübschen Giebelhäusern flankiert und auf dem Wasser schaukelt ein ehrwürdiges Plattbodenschiff.

Die Tour im Überblick

Mittelschwere Radtour durch Dokkum und Umgebung, 55 km, 4 Std.

Dokkum, Friesland | Mit der Bahn nach Leeuwarden, mit dem Bus 355 nach Dokkum Markt | Parkplatz Noorderbolwerk, Hanutmerweg | Fahrradverleih Volt Wheel (E-Bike €€/Tag, Boterstraat 2, Dokkum, voltwheel.nl) |Fahrradknotenpunkte: 1, 73, 11, 82, 50, 13, 46, 45, 04, 35, 34, 33, 32, 29, 27, 26, 78, 25, 24, 25, 30

Leihfahrrad Di–Sa tagsüber

Satteltasche oder Korb für Einkäufe

53.32709, 5.99805 (Start)

✓ DOWNLOAD GPX-Track

Leckereien aus dem hohen Norden: Bei der Fahrradtour rund um Dokkum (li.) steht alles im Zeichen regionaler Spezialitäten (re.)

Einmal um das Lauwersmeer ★

Bis 1969 war das Lauwersmeer die Lauwerszee. Durch den Bau eines Deiches wurde die Nordseebucht erst zu einem berechenbareren Gewässer – und 2003 zu einem Nationalpark. Heute erfreut der See vor allem Fans des Wassersports, doch auch Radler:innen und Birdwatcher kommen voll auf ihre Kosten.

Durch die Salzwiesen

Mit seinen 1200 Einheimischen ist Zoutkamp der größte Ort am Nationalpark Lauwersmeer. Er ist zugleich der Ausgangspunkt zu einer schönen Fahrradrunde um dieses für die Fauna bedeutsame Gewässer. Der Start erfolgt am Fluss Reitdiep, der sich seinen Weg aus der Stadt Groningen kommend quer durch die gleichnamige Provinz bahnt. Parallel zum Fluss führt die Route in Richtung Nordnordwest, wo schon nach wenigen Kilometern die Ausläufer des Lauwersmeer erreicht sind. Salzwiesen und Wasserflächen sind das Zuhause für viele Tierarten, von denen Pferde und Kühe die auffälligsten sind. Gegen den Uhrzeigersinn geht es weiter in Richtung Küste.

Wind für den Wassersport

Wer sich für die Entstehungsgeschichte des Biotops interessiert, kann unterwegs das Activiteitencentrum besuchen, das sich vor allem an die Gäste im nahen Ferienpark richtet, der mehr Bewohner:innen zählt als das Dorf Lauwersoog, auf dessen Grund und Boden er steht. Später, im Hafen, siehst du mit ein wenig Glück die Insel Schiermonnikoog. Nach einem kurzen Aufenthalt mit eingehender Beobachtung der sanft in den Wellen schaukelnden Schiffe führt die Route entlang des beachtlich hohen Deiches nach Westen. Von dort bläst oft ein gehöriger Wind, den Wassersportbegeisterte auf dem See für sich nutzen. Auf den angrenzenden Wiesen laufen wieder Pferde und verbreiten einen Hauch von Wildnis. Über Anjum erreichst du das beschauliche Feriendorf Esonstad und den Jachthafen von Oostmahorn. Die Strecke führt nun nach Süden, wo an einem Kanal mit Schleuse der winzige Weiler Dokkumer Nieuwe Zijlen liegt.

Kunstcafé oder Backfisch

Solltest du schon hier reif für eine Stärkung sein, bietet sich das Kunstcafé De Dream Gallery (Sylsterwei 21, Ingwierrum) an. Doch es lohnt noch zu warten, denn nach den finalen Kilometern erreichst du den Ausgangspunkt. **Insider-Tipp** Dort wartet der beste Backfisch bei der Palingrokerij Gaele Postma *(palingrokerijpostma.nl)* – exquisiter Kibbeling in simplem Ambiente. Und wenn du etwas außergewöhnliches suchst, dann bestell den gebratenen Aal.

Die Tour im Überblick

Leichte Radtour im Nationalpark Lauwersmeer (kann bei Wind sehr anstrengend sein), 45 km, 3 Std.

Mit der Bahn bis Winsum, mit dem Bus 65 bis Zoutkamp Marnestraat (umständlich) | Parkplatz Parkeerplaats Zoutkamp, Panserweg | np-lauwersmeer.nl | Fahrradverleih Fietsverhuur Zoutkamp, Reitdiepskade 16, Zoutkamp, fietsverhuurzoutkamp.nl | Fahrrad €/Tag, E-Bike €€/Tag

An einem windstillen Tag
Fernglas
53.33607, 6.30064 (Start)

DOWNLOAD GPX-Track

Das Lauwersmeer (li.) gehörte früher zur Nordsee. Heute ist es Rückzugsraum für Tiere und ein Trainingsrevier für Windsurfer (re.)

Wattwanderung an der Küste Groningens ★

Eine Wanderung durch das Wattenmeer gehört zu den spannendsten Urlaubserlebnissen. Das hübsche Dorf Pieterburen in Groningen ist ein guter Ausgangspunkt, um zu einer Expedition aufzubrechen. Ein erfahrener Guide ist dabei ebenso selbstverständlich wie unverzichtbar.

Die neue Subspezies

Vor rund 7500 Jahren hat die Natur das Wattenmeer geschaffen. Die Evolution hat umgehend reagiert und zwischen der niederländischen Insel Texel und dem dänischen Esbjerg eine neue menschliche Subspezies geschaffen: die Wattwanderinnen und Wattwanderer. Deren Hobby besteht darin, das Biotop bei Ebbe zu Fuß zu erkunden. Los geht es in der Lobby eines Hotels in Pieterburen, wo Guide Chris seine Gäste mit Gummistiefeln ausrüstet. Anschließend folgt ihm die Gruppe per Auto nach Noordpolderzijl. **Insider-Tipp** Nur wenige Meter vom Parkplatz entfernt befindet sich das Zeehondencentrum *(zeehondencentrum.nl)*, eine Auffangstation für Seehunde. Die Teilnehmenden parken hinter der Deichkrone und ziehen das geliehene Schuhwerk an. Chris stürmt den Deich hinauf, wo er kurz über die Küste doziert. Zu sehen gibt es nur saftige Wiesen, die von Schafen bewohnt werden. Erst am Horizont zeichnet sich das Meer ab, auf das der Führer zusteuert.

Wattwurm und Garnele

Weiter geht es ins Gezeitenland, aus dem immer noch Wasser abfließt. Hierzu bilden sich Flüsse mit teils beachtlicher Strömung, die immer nur für wenige Stunden Bestand haben, ehe die Flut ihr Bett wieder überspült. Priele heißen die vergänglichen Gewässer. Chris zeigt der Wattwandergruppe Mies-, Herz- und Pfahlmuscheln sowie Pazifische

Unwirkliche Landschaften: Wer an einer Wattwanderung teilnimmt, kommt mit völlig neuen Eindrücken (li.) nach Hause – und muss Schuhe putzen (re.)

Austern, die in der Nordsee heimisch geworden sind. Zielsicher gräbt er ein Stück weiter einen Wattwurm aus, der zur Auflockerung des Bodens beiträgt. Natürlich darf auch die glasige Garnele nicht bei der Fauna-Schau fehlen.

Eine magische Inszenierung

Überall scheint im Wattenmeer ein Abenteuer zu lauern. Dazu gehört, dass die ungeübten Spaziergänger:innen wie Störche im Salat umherstaksen. Immer wieder rutschen Einzelne aus oder verschätzen sich bei der Tiefe der Priele, um hüfttief im Wasser zu stehen. Doch die salzige Luft, der Wind und das dramatische Licht sind so faszinierend wie die ganzen drei Stunden im Watt. Eine Inszenierung der Natur, die sich zwei Mal täglich in mehreren Akten vollzieht – und der beizuwohnen magisch ist.

Die Tour im Überblick

Mittelschwere Wattwanderung an der Küste Groningens, ca. 5 km, ca. 3 Std.

Mit dem Bus 66, 68 ab Groningen | Mit dem Auto 35 Min. ab Groningen | Parkplatz 53.40058, 6.45529 | Nur in Begleitung eines erfahrenen Guides betreten | €€ (inkl. Kaffee und Kuchen)

April–Ende Okt. bei mutmaßlich gutem Wetter
Spezielle Gummistiefel
53.39992, 6.45394 (Hotel Waddenweelde Pieterburen)

DOWNLOAD GPX-Track

MEHR ERLEBEN

*WEITERE ABENTEUER & AUSFLÜGE

Mit üppiger Frühlingsvegetation wirkt der Norden noch idyllischer

Mehr erleben im hohen Norden der Niederlande? Das geht ohne großen Aufwand: Sneek empfiehlt sich als Zentrum für Wassersport, die Region rund um Leeuwarden lockt mit spannenden Spaziergängen und der Nationalpark Lauwersoog eignet sich sowohl zum Radfahren als auch zur Beobachtung seltener Vögel. In Groningen kommt ein Stück Musikgeschichte hinzu.

RUND UM SNEEK

Zu den berühmten Bleichwiesen

1 Leichter Dorfspaziergang durch Ijlst, 3 km, 45 Min.

Weiße Wäsche war früheren Generationen große Anstrengungen wert. Das Städtchen Ijlst verdankt diesem Begehren sogar ein einzigartiges Stadtbild. So wurden die bereits gewaschenen Laken, Handtücher und Kleidungsstücke auf Wiesen zum Bleichen ausgelegt. Die befanden sich auf der anderen Seite der damals schon bestehenden Straße am Flüsschen Ee. Das ist längst Geschichte, doch wie ein Stadtspaziergang vor Augen führt, existieren die Spuren bis heute. Er beginnt an der Windmühle De Rat, um nach wenigen Metern am Blumenbrunnen von Shinji Ohmaki vorbeizuführen. Nach einem Schlenker nach links werden die prächtigen Bleichwiesen sichtbar, die sich auf einer Länge von knapp 1 km erstrecken. Nicht selten sind die Parzellen schön bepflanzt – und bei gutem Wetter trinkt so macher Gast hier sehr gern sein Glas Wein.

Ijlst | Mit der Bahn bis Ijlst | Parkplatz De Dassenboarch | friesland.nl/de (>Elf Städte >Ijlst)
An einem sonnigen Nachmittag 53.01159, 5.62620 (Start)

Friesland auf dem Segelboot erleben

2 Segeln auf den Seen bei Heeg

Die Seen Heegermeer, Fluessen, De Holken und Morra gehen fast nahtlos erst ineinander und danach ins Ijsselmeer über – ein formidables Revier für Segelbegeisterte. Obwohl viele Fans dieses Hobbys auf ihr eigenes Boot schwören, existieren in Friesland auch einige Unternehmen, die Boote

In und um Sneek lässt es sich hervorragend paddeln

Auf Frieslands Gewässern ist stilechtes Segeln Standard

unterschiedlicher Klassen verleihen, die sogar für das Wattenmeer geeignet sind.

Heeg, Friesland | Mit der Bahn bis Sneek, Bus 46 bis Heeg, De Campen | Parkplatz beim Verleih | Segelschein oder Bootsführerschein sind in den Niederlanden für Boote von weniger als 15 m Länge nicht verpflichtend. Der Verleih kann jedoch nach einem Segelschein fragen. Allgemeine Infos unter hollandsail.de | Boote z. B. bei ottenhome heeg.nl | €€€ Mitte April–Okt. 52.97564, 5.61763

Sneek | Mit der Bahn bis Bf. Sneek, mit dem Bus 191 bis Sneek Edisonstraat | Parkplatz beim Verleih | Tour unter friesland.nl/de (> Suche: Kanurouten > Alle gefundenen Routen ansehen > Rundfahrt Sneek-Zentrum) | Verleih z. B. bei JFT Watersport (Top 3, Sneek, jft-watersport.nl, €€/Tag) Eher an windarmen Tagen 53.02355, 5.68923 (Start)

Rund um das Wassertor paddeln

3 Mittelschwere Kanutour in Sneek, ca. 9 km, 2–3 Std.

Dank seines Wasserreichtums ist Sneek wie gemacht für eine Kanutour. Sei es in Richtung Sneekermeer, das eine lückenlose Infrastruktur für Wassersportler:innen besitzt, oder aber in der Innenstadt. Hier bietet sich ein Rundkurs über die beiden großen Inseln an, auf denen weite Teile der historischen Innenstadt errichtet sind. Unangefochtenes Highlight der Route ist die Waterpoort, ein zierliches Wasserstadttor mit drei Rundbögen und zwei Türmchen, das seit 1492 über Ein- und Ausfahrten in die Stadt wacht. **Insider-Tipp** Die Tour eignet sich auch für das Stand-up-Paddling.

Mit der Campingschaluppe auf Elfstädtetour

4 Ausgiebige Bootstour durch Friesland, 5–7 Tage

Die friesische Elfstädtetour ist legendär: Fast 200 km gilt es auf Kufen zu absolvieren, dabei passieren die Fans des Schlittschuhlaufs alle elf Städte Frieslands. Da das Eis auf den Kanälen aber lange nicht mehr dick genug war, fand die letzte Tour 1997 statt. Doch die Menschen in den Niederlanden sind erfinderisch: Seit einiger Zeit ist der Parcours fast deckungsgleich auch für kleine Boote wie etwa Campingschaluppen befahrbar. Er führt mal über ausgewachsene Wasserstraßen, dann wieder über große Seen und vor allem durch

Eine friesische Tradition: das Fierljeppen

Neuerdings Weltkulturerbe: das Planetarium in Franeker

kleine Kanäle. Unterwegs warten saftige Wiesen mit Kühen und Windmühlen, entzückende Städtchen wie Ijlst oder Hindeloopen, nur mithilfe von Wärter:innen passierbare Brücken und weitere Abenteuer. Ein grandioses, Erlebnis, für das kein Bootsführerschein erforderlich ist. **Insider-Tipp** In Friesland gibt es über 3500 Marrekrite-Anlegeplätze mitten in der Natur. Hier darf man kostenlos vor Anker gehen und übernachten *(marrekrite.frl)*.

ℹ *Friesland, Start und Ziel in Heeg | ÖPNV wegen mitzubringender Ausrüstung nicht empfehlenswert | Parkplatz beim Bootsverleih | Ottenhome, It Butlan 2, Heeg, ottenhomeheeg.nl | €€€ Ende April–Anfang Okt., am schönsten im Juni mit besonders langen Tagen 52.97533, 5.61698 (Start)*

Über die Kanäle hüpfen

5 Fierljeppen – Stabweitsprung über eine Gracht in Noardburgum

In Friesland ist man stolz auf Traditionen. Dazu gehören auch archaische Sportarten. Beim Fierljeppen – das im deutschen Teil als Pultstockspringen bekannt ist – geht es darum, mit der Stabhochsprungtechnik einen Kanal zu überwinden. Wer dies beherrschte, hatte in der wasserreichen Provinz einen klaren Vorteil. Noch immer betreiben gut 600 Menschen diesen Sport aktiv und das Fierljepmuseum bietet Workshops an. Vielleicht findest du nach der Teilnahme endlich zu deiner wahren sportlichen Berufung – allerdings sollte sich nur darin versuchen, wer über die entsprechende Athletik verfügt. Allen anderen bleibt das Museum, das sich Traditionen und Kniffen des Sports verschrieben hat.

ℹ *Dokter Ypeylaan 10, Noardburgum | Mit dem Bus 13 ab Leeuwarden bis Noardburgum Swarte Mar | Parkplatz vor Ort | Workshops für Gruppen ab 10 Personen, fierljeppolder.com | €€ Auf Anfrage 53.21854, 6.00302*

RUND UM LEEUWARDEN

Real und virtuell durch Franeker

6 Leichter Stadtrundgang mit Augmented Reality durch Franeker, 3 km, 1 Std.

Franeker ist unbegreiflich schön. Angesichts dessen ist jede Form von Hilfsmittel willkommen, die zur Ergründung der rund 1000 Jahre alten Stadt

Alte Segelboote am Zuiderhafen in Harlingen mit der Kiche St. Michael im Hintergrund

beiträgt. Wer mag, kann sich die 13 000 Einwohner:innen zählende Stadt bei einem Rundgang mithilfe des Smartphones erklären lassen. Webseite oder App erklären anhand von Bild, Text, Karten und Audioeinspielungen (bislang nur auf Niederländisch), was es zum Beispiel mit dem Renaissance-Rathaus und seiner Baugeschichte auf sich hat. Noch faszinierender allerdings ist ein schräg gegenüberstehendes Gebäude, in dem sich das älteste noch funktionierende Planetarium der Welt befindet. Es geht auf den friesischen Tüftler Eise Eisinga zurück, der es ab 1784 in sieben Jahren errichtet hat – hauptsächlich, um Weltuntergangsfantasien zu entkräften. Ein Thema, bei dem man im Netz versacken könnte – würde Franeker nicht sofort wieder alle Aufmerksamkeit für sich beanspruchen.

ℹ *Franeker | Mit der Bahn bis Franeker | Parkplatz Sjaardemastraat | friesland.nl/de (> Suche: Franeker > Franeker | augmented reality route) | € (Planetarium)* ⏲ *Am besten Di–Sa 10–17 u. So 11–17 Uhr, wenn das Planeterium eisinga-planetarium.nl) geöffnet hat* 📍 *53.18678, 5.54483 (Start)*

In Harlingens glorreicher Vergangenheit schwelgen

7 Leichter Stadtspaziergang in Harlingen, 3,5 km, 1 Std.

Für viele Gäste ist Harlingen nur Durchgangsstation, denn hier legen die Fähren nach Terschelling und Vlieland ab. Dabei glänzt die stolze Hafenstadt mit ihren 16 000 Einheimischen mit architektonischen Attraktionen und historischen Episoden. Nicht weniger als 600 Denkmäler stehen auf dem ebenso überschaubaren wie reizvollen Stadtgebiet. So wird ein Spaziergang von der Wattenmeerpromenade durch das Viertel Zoutsloot zum Noorderhaven und Zuiderhaven zu einer Reise durch die Glanzzeiten Harlingens, das lange zu den wichtigsten Häfen der Niederlande gehörte.

ℹ *Harlingen | Mit der Bahn bis Harlingen Strand | Parkplatz Westerstraat (parkerenharlingen.nl) | Der Stadtspaziergang ist mit 13 Infotafeln auch auf deutsch illustriert: harlingenwelkomaanzee.nl/de (> Suche: Infopanelenroute)* ⏲ *Bei schönem Wetter und an vollen Wochenenden, wenn die Stadt so lebendig wie ein Welthafen ist* 📍 *53.17653, 5.41389 (Start)*

Aussichtspunkt im Ottema-Wiersma Reservaat im Naturschutzgebiet Bûtenfjild

Auf der Route der Gottlosen

8 🚲 Leichte Radtour im Naturschutzgebiet Bûtenfjild, 30 km, 2 Std.

Hinterhältige Diebe, gruselige Gestalten und unheimliche Erscheinungen. All diese wenig erbaulichen Phänomene gab es in vergangenen Zeiten in Bûtenfjild. Das nordöstlich von Leeuwarden gelegene Naturschutzgebiet diente lange dem Abbau von Torf und vor allem bei nebligem Wetter konnte es recht unheimlich dort werden. Heute führt eine Fahrradroute durch das Gebiet, die u. a. das Zollhaus der Gottlosen (Goddeloze Tolhuis) passiert. Doch keine Sorge: Es gibt auch erbauliche Flecken wie den Sandstrand am See Eeltsjemeer und das Landgut De Klinze. Kurz vor dem Ziel erlaubt ein Aussichtsturm einen Rundblick über das Areal.

Stasjonswei 2, Feanwâlden | Mit der Bahn bis Feanwâlden | P & R-Parkplatz am Bf. | Routenbeschreibung: friesland.nl/de (> Suche: goddeloze > Goddeloze Singel en Goddeloos Tolhuis) Gespenstisch bei Nebel 53.23537, 5.98938 (Start)

Durchs friesische Warftenland

9 🚲 Leichte, aber lange Radtour durchs friesische Warftenland, 50 km, 3 Std.

Vor dem Bau turmhoher Deiche mussten sich die Menschen auf andere Weise vor den Fluten der Nordsee schützen. Hierzu haben sie Warften errichtet, nur wenige Meter hohe Hügel, auf denen sie ihre Häuser so bauen konnten, dass sie einigermaßen sicher waren. Eine auch sonst reizvolle Fahrradtour führt durch das friesische Warftenland. **Insider-Tipp** Zusätzlicher Bonus für alle, die den Geschichtsmodus eingeschaltet haben: In Harlingen liegt die älteste Jacht der Niederlande. Das Expeditionsschiff Willem Barentsz hat der gleichnamige Seefahrer schon im 16. Jh. genutzt, im Hafen wurde es aufwendig restauriert. Spannend!

Harlingen | Mit der Bahn bis Harlingen Strand | Parkplatz Parkeerterrein Spoorstraat | Route unter harlingenwelkomaanzee.nl/de (> Suche: Archeologisch > Archeologisches Watt – Friesland – Teil 1) Jederzeit 53.17088, 5.42778 (Start)

Gute Brise, flaches Wasser

10 Wind- und Kitesurfen in Makkum lernen

Vom feinsandigen Strand über einen ansehnlichen Boulevard, riesige Campinganlagen und einen noch größeren Jachthafen hat Makkum alles. Ganz davon zu schweigen, dass sich in sicherer Distanz zu den Freizeitanlagen noch ein hübsches historisches Städtchen verbirgt. Doch streng genommen denken Sportler:innen bei dem Namen

Eine Wattwanderung gehört zu den Erlebnissen, die im Gedächtnis haften bleiben

nur an eines: Windsurfen (und neuerdings auch Kitesurfen). Weil sich der Ort in unmittelbarer Nähe zum Afsluitdijk und somit unweit des offenen Meeres befindet, herrscht meist ausreichender Wind. Da das Wasser nicht tief ist, trauen sich auch Neulinge hier an die Sportgeräte heran. Im Zweifelsfall leistet das Personal der vielen Wassersportschulen Unterstützung.

ℹ *Makkum | Mit der Bahn bis Sneek, mit dem Bus 96/99 bis Makkum Camping Holle Poarte (umständlich) | Parkplatz hinterm Kreisverkehr De Holle Poarte | surf-makkum.com | €€€ (Schnupperkurs, 2 Std.)* ⏱ *Bei Wind, also fast immer* 📍 *53.05366, 5.37822*

Geplant auf Grund laufen

11 Schiffstour mit Wattwanderung ab Harlingen

Auf einem historischen Klipper den Hafen verlassen, im Wattenmeer Ausschau nach Seehunden halten, anschließend darauf warten, dass sich das Wasser so weit zurückzieht, bis das Schiff auf Grund läuft, und dann auf der temporären Sandbank aussteigen und den Lebensraum unter Anleitung eines erfahrenen Guides erkunden. So ungefähr sieht im Zeitraffer der Tagesablauf aus, wenn du eine Tour bei Historische Zeilvaart Harlingen buchst. Ein unvergessliches Erlebnis nah an den Elementen.

ℹ *Harlingen | Mit der Bahn bis Harlingen Strand | Parkplatz Westerstraat (parkerenharlingen.nl) | historischezeilvaart.nl | €€€* ⏱ *Rund ein Dutzend Termine pro Saison, die auf der Internetseite zu finden sind* 📍 *53.17282, 5.41733 (Start)*

Eisige Legende

12 Ultramarathon auf Schlittschuhen ab Leeuwarden, auch als leichte Jedermannstour planbar

Schon seit 1997 wartet man in den Niederlanden auf geeignete Bedingungen, doch infolge des Klimawandels ist die Wahrscheinlichkeit sehr gering, dass es zu einer erneuten Austragung der Elfstedentocht kommt. Dennoch darf das größte folkloristische Sportereignis der Niederlande in diesem Buch nicht fehlen: Es führt über 200 km

Speziell für die Vogelbeobachtung: Aussichtspunkt am Lauwersmeer

durch alle elf friesischen Städte auf zugefrorenen Flüssen, Kanälen und Seen von Leeuwarden nach Leeuwarden. Am Streckenrand jubeln Millionen von Fans – ein Großereignis. **Insider-Tipp** Es gibt mittlerweile vom Fahrrad über die Inliner bis zum Boot allerlei Alternativen, um die Strecke zu absolvieren. Etwas für die Bucket List.

Friesland | Mit der Bahn bis Leeuwarden Bf. | Parkplatz P+R Wijnhornsterstraat, Tagesgebühr ca. 7 € | Die Eissporthalle Elfstedenhal (elfstedenhal.frl) ist ganzjährig geöffnet; elfstedentocht.frl Bei ausreichend dickem Eis 53.19650, 5.79302 (Bf.)

RUND UM LAUWERSOOG

Den Mönchgrasmücken beim Singen zuhören

13 **Leichter Spaziergang mit Vogelbeobachtung im Nationalpark Lauwersmeer, 1 km, 20 Min.**

Mit seinem teils salzigen, teils süßen, oft tiefen und dann wieder sehr flachen Wasser ist der Nationalpark Lauwersmeer ein idealer Rückzugsraum für heimische Vögel und Zugvögel. Raubvögel wie Habichte, Bussarde und Weihen wissen den Lebensraum ebenso zu schätzen wie Stelzenläufer und Löffler. Um Gästen den Kontakt zu den Flugkünstlern zu ermöglichen, ohne diese bei der Brut zu stören, hat man im Nationalpark eine wunderbare Vogelbeobachtungshütte errichtet. Von hier aus kannst du die Bewohner des Biotops mit dem Teleobjektiv oder Fernglas beobachten. Eine Spezies übrigens macht es dir ganz einfach: Einige Paare Mönchsgrasmücken haben den Nutzen der Hütte für sich erkannt und sie kurzerhand zu ihrer Brutstätte auserkoren. Der Gesang der Tiere ist entzückend.

Vogelkijkhut Deensgat, etwa 6,5 km südl. von Lauwersoog | Mit der Bahn bis Groningen, mit dem Bus 163 bis Lauwersmeer Marneweg | Wenige Parkplätze an der Straße | np-lauwersmeer.nl Zugvogelzeit, März, April, Okt. 53.36465, 6.24997 (Start)

Über den Meeresspiegel klettern

14 **Leichter Spaziergang durch das Dorf Ee, 1,5 km, 30–45 Min.**

Es ist heute kaum noch vorstellbar. Doch als vor wenigen Jahrhunderten die Nordseeküste noch

Leicht erhöht: das Dorf Ee auf einer künstlich angelegten Warft

Trotz langer Anfahrt zum offenen Meer bleibt Zoutkamp ein geschäftiger Hafen

nicht allerorten eingedeicht war, ist das Wasser bei Sturm- und Springfluten tief ins Land vorgedrungen. Die Menschen haben daher ihre Dörfer auf kleinen Hügeln errichtet, die sie künstlich aufgeschüttet und in deren Mitte sie ihre Kirche errichtet haben. Das niederländische Wort für eine solche, oft nur zwei bis drei Meter erhöht liegende Siedlung lautet „terp". Das Dorf Ee besitzt nicht nur den kürzesten Namen aller niederländischen Orte, sondern ist zugleich ein Prachtexemplar dieser alten Siedlungsform. Schon beim Betreten wird deutlich, dass die Einheimischen stolz auf ihr Dorf sind, denn es ist sehr gepflegt und mit Blumen geschmückt. Auf der Straße Lytse Loane ist der leichte Anstieg gut erkennbar. An der Kirche schließlich wird deutlich, dass die Menschen auch ihre Toten sehr schätzen, denn ihre letzte Ruhestätte befindet sich im Dorfkern in bevorzugter Lage hoch über dem Umland. Ee liegt auf der Waddentour *(waddentour.nl)*, einem kulturhistorischen Parcours durch insgesamt sieben Orte mit vielen Schildern und Beschreibungen, leider sind fast alle nur auf Niederländisch.

ℹ *Mit der Bahn bis Buitenpost, mit dem Bus 63 bis Ee Branbuorren (umständlich) | Parken am Straßenrand Stienfeksterwei |* ⏲ *Jederzeit*
53.32943, 6.10225 (Start)

Auf den Spuren der Fischer

15 Leichte Stadtwanderung in Zoutkamp, 6 km, 1 Std. 30 Min.

1969 wurde Zoutkamp durch den Bau eines Deiches vom Meer abgetrennt. Noch immer aber gehen Fischer in Zoutkamp dem Beruf ihrer Vorfahren nach: Die Besatzungen von nicht weniger als 36 Kuttern suchen sich nun über Schleusen ihren Weg auf hohe See. Kein Wunder, dass die damit verbundene Kultur in dem 1200-Seelen-Dorf lebendig ist: Am Jachthafen reihen sich Restaurants aneinander, ein paar Schritte weiter lockt ein kleines Fischereimuseum. Es folgen Aalräucherei, Werft und schließlich die Ankerplätze der Kutter, hinter denen wiederum bunt gefärbte Häuser eine fast schon skandinavische Atmosphäre verbreiten. Eine Reise durch die Zeit, die mit der Umrundung des kleinen Dorfes gegen den Uhrzeigersinn vorbei am Hunsingokanaal endet.

ℹ *Mit der Bahn bis Winsum, mit dem Bus 65 bis Zoutkamp Marnestraat (umständlich) | Parkplatz Parkeerplaats Zoutkamp, Panserweg | Route unter waddenmarktplaats.nl (> Routes > Visserij wandelroute Zoutkamp)* ⏲ *Am späten*

Der Nationalpark Lauwersmeer ist ein Paradies für Wassersportfans

Nachmittag oder frühen Abend, wenn Räucherei und Restaurants geöffnet sind ⚲ *53.33747, 6.29874 (Start)*

Das Watt zu einem besseren Ort machen

16 Segeltörn mit Müllsammlung ab Lauwersoog

Mach mal watt! So lautet wörtlich übersetzt das Motto einer Initiative, die Gäste nicht allein mit der Faszination Wattenmeer lockt, sondern die es zugleich zu einem besseren Ort machen möchte. Der Segeltörn bringt die Teilnehmenden ins UNESCO-Weltnaturerbe, damit sie den durch den Gezeitenwechsel angeschwemmten Unrat entfernen – von Staubsaugerschläuchen über Fetzen von Fischernetzen bis zum alltäglichen Plastikmüll. Sogar Teile eines Flugzeugwracks wurden schon gefunden. Ein naturnahes und dabei zugleich pädagogisch wertvolles Erlebnis.

ℹ *Vor dem Restaurant Schierzicht, Haven 8, Lauwersoog | Mit der Bahn bis Winsum, mit dem Bus 163 nach Lauwersoorg | Parkplatz Haven 2, Lauwersoog | doeeenswad.nl (> Bijzondere zeiltochten > Doe eens Wad tocht) | €€€ (4 bis 5 Std.)* ⏲ *Ausgesuchte Termine auf der Internetseite, z. T. mit Rückfahrt im Sonnenuntergang* ⚲ *53.40783, 6.20053 (Start)*

Auf einer Sandbank dinieren

17 Bootstour durchs Wattenmeer ab Lauwersoog

Klassische Ausflugsboote sind langweilig? Wer diese Ansicht teilt, findet im Wattenmeer Alternativen: In Lauwersoog hat sich ein Unternehmen darauf spezialisiert, Gäste an Bord eines Rettungsbootes durch das einzigartige Biotop zu befördern. Das garantiert einen actionreichen Trip, dessen Ziel mal Seehundbänke und dann wieder die besten Orte zum Genuss des Sonnenuntergangs sind. **Insider-Tipp** Wer es exklusiv mag, kann bei geeigneter Witterung sogar ein romantisches Dinner auf einer Sandbank buchen. Für größere Gruppen werden vor ähnlicher Kulisse Picknicks organisiert.

ℹ *Haven 50, Lauwersoog | Mit der Bahn bis Winsum, mit dem Bus 163 nach Lauwersoorg | Parkplatz beim Anbieter | lauwersoog.nl (> Activiteiten) | €€€ (Tour im Rettungsboot bzw. Diner auf der Sandbank)* ⏲ *Touren je nach Gezeiten* ⚲ *53.40974, 6.20297 (Start)*

Stadtwanderung zur Musikgeschichte in Groningen

Pure niederländische Idylle am Kronjuwelenpfad

RUND UM GRONINGEN

Die Bühnen der Stars erkunden

18 **Leichter Stadtspaziergang in Groningen mit Audiobegleitung, 5,8 km, 2 Std. 15 Min.**

Groningen versteht sich als Musikstadt und das Jahr für Jahr im Januar ausgetragene Festival Eurosonic Noorderslag besitzt internationalen Ruhm. Stars aus völlig unterschiedlichen Genres treten hier schon seit Generationen auf. Wenn du wissen möchtest, wo das Vera ist, in dem 1980 die noch unbekannte Band U2 auf der Bühne stand, kannst du einen Stadtrundgang absolvieren, zu dem die passende Musik über das Handy kommt. Unterwegs kommst du am Jazzcafé de Spiegehl vorbei, wo sich Miles Davis 1979 die Ehre gab, und am Huize Maas, das die Sex Pistols einst auseinandernahmen. Dem Groninger Museum war es unterdessen vorbehalten, eine monothematische Ausstellung über David Bowie auszurichten.

Mit der Bahn bis Groningen | Parkplatz Q-Park Oosterport, Trompsingel 23, Groningen | spot groningen.nl/muzikale-stadswandeling (QR-Code) *Am besten vor einem Konzert im Vera (vera-groningen.nl)* *53.21401, 6.57657 (Start)*

Wandern auf dem Kronjuwelenpfad

19 **Mittelschwere bis anspruchsvolle Wanderung auf dem Pronkjewailpad, 15 km, 4 Std.**

Die kleine Provinz Groningen besitzt einen Wanderweg von rund 1000 km Länge. Die Einheimischen nennen diesen in ihrem Dialekt Pronkjewailpad – Kronjuwelenpfad. Das erklärte Ziel lautet, die Attraktionen der Stadt Groningen mit denen des Umlandes zu verbinden. Dabei ist ein Netzwerk von vier Hauptrouten entstanden, die in handverlesene Tagesetappen mit Streckenlängen von 15 bis 25 km eingeteilt sind. Der Pronkjewailpad führt vorbei an Sehenswürdigkeiten, zu Betrieben und touristischen Angeboten wie Cafés, Gasthäusern und Herbergen. Alle paar Kilometer gibt es etwas Besonderes zu erleben, manchmal auch zu verkosten, zu hören, riechen und zu fühlen. **Insider-Tipp** Die Etappen sind so eingeteilt, dass man per ÖPNV zum Ausgangspunkt zurückkommt. Eine gute Strecke für Ungeübte führt von Groningen über knapp 15 km nach Bedum.

Stand-up-Paddler im Noorderhaven von Groningen

ⓘ *Groningen | Mit der Bahn nach Groningen und ab Bedum zurück | P & R-Parkplatz Hoofdstation, Cascade, Groningen | Die Organisatoren empfehlen die Nutzung der App, mit deren Hilfe die Strecke am leichtesten nachverfolgt werden kann, toerisme.groningen.nl, tochtomdenoord.nl | € (Bahnfahrt)* ⏲ *Jederzeit, am schönsten im September, wenn das Obst in den umliegenden Hainen reif ist* ⚲ *53.21098, 6.56388 (Start)*

Stadtumrundung mit dem Paddel

20 SUP-, Kanu- oder Bootstour in Groningen

Wer gerne eine Runde um die Stadt dreht, hat in den Niederlanden reichlich Auswahl – vor allem, wenn es sich um Wassersport handelt. Da die meisten Siedlungen ihr mittelalterliches Aussehen bewahrt haben und ein Stadtgraben zwingend dazugehörte, ist die Absolvierung eines Rundkurses ebenso problemlos möglich, wie touristisch reizvoll. Im hübschen Groningen besteht der sogenannte Singel aus mehreren Wasserstraßen, die gemeinsam einen Parcours bilden, den Stand-up-Paddler:innen in rund einer Stunde absolvieren. Wer die körperliche Anstrengung meiden möchte, mietet stattdessen ein Flüsterboot. Zu sehen gibt es so oder so reichlich.

ⓘ *Groningen | Mit der Bahn bis Groningen | Parkplatz Q-Park Westerhaven 17 | bijdesluisgroningen.nl | €€ (Miete SUP/Std.), €€€ (Flüsterboot für 3 Personen/Std.)* ⏲ *SUP vorzugsweise an windstillen Tagen* ⚲ *53.21301, 6.55875 (Start)*

Kunststücke auf und über dem Wasser

21 Schnupperkurs Wakeboarden in Groningen

Kaltstart aus dem Wasser gefällig? Dann ab zu Wakepark nordöstlich der Stadt Groningen, der diese Spielart des Wasserskilaufen anbietet. Beim Schnupperkurs Wakeboarden wirst du neben der Starttechnik auch mit ersten Moves auf dem Wasser vertraut gemacht. Alle erforderlichen Geräte sind im Preis inbegriffen. **Insider-Tipp** Wer Zeit mitbringt und weitere Feinheiten erlernen möchte, kann eine Fünferkarte kaufen.

ⓘ *Kardinge, Groningen | Mit der Bahn bis Groningen, Bus 3, 4, 61, 65 | P+R-Parkplatz Kardinge | wakeparkgroningen.nl | €€* ⏲ *Mai–Sept.* ⚲ *53.23920, 6.59932*

DER SCHÖNSTE SONNENUNTERGANG

Wanderung durchs Watt

22 Abendlicht bei Pieterburen

Die Füße sind tief im Boden versunken, aus dem leicht salziger Queller sprießt. Aus den Prielen läuft das letzte Wasser in Richtung Nordsee – und in der Ferne rauscht das Meer. Dieses Gezeitenszenario im Weltnaturerbe Wattenmeer ist bereits bei einer regulären Wanderung sehr besonders. Doch wenn du kurz vor Sonnenuntergang die sicheren Gefilde des Deiches erreichst, dich umdrehst und in die Ferne schaust, wird es zu einem Erlebnis von bleibender Erinnerung. Bei einer Wanderung an der Küste Groningens wird der Nordseetraum wahr.

Pieterburen | Mit dem Bus bis Pieterplein Pieterburen | Parkplatz Hoofdstraat/Oudedijk | €€ *Ganzjährig*

53.40058, 6.45529

LOKALE SPEZIALITÄTEN

*UND WO DU SIE PROBIEREN KANNST

Friesisches Suikerbrood ist eine typische Spezialität, bei der große Zuckerkörner mitgebacken werden

Die Provinzen Friesland und Groningen haben in den Niederlanden den Ruf, etwas eigenwillig zu sein. Dies schlägt sich auch in den kulinarischen Spezialitäten nieder. Die unterscheiden sich zum Teil merklich vom Rest des Landes, sind aber verführerisch lecker.

Traditionelles vom Bäcker

1 Friesisches Suikerbrood

Gezuckertes Brot mit Ingwer und Zimt macht die niederländischen Fries:innen angeblich stark und widerstandsfähig. Unabhängig vom Wahrheitsgehalt dieser Aussage ist es schmackhaft und allgegenwärtig. Der Unterschied vom Bäckershandwerk zu Supermarktware ist enorm.

ℹ *Bäcker* **Piet Haaksma** *betreibt seine Backstube in einer der elf friesischen Städte. Dort wurde er bereits dafür ausgezeichnet, das beste friesische Zuckerbrot des Landes herzustellen | Kruizenbroedersttraat 73, Sneek | piethaaksma.nl | €*
53.03346, 5.65996

Begleitung beim „Borrel"

2 Würzige Nelkenwurst

Die Menschen in der Provinz Groningen haben eine Vorliebe für Nelken, mit denen sie sowohl ihren Käse wie auch ihre Wurst anreichern. Die Groninger Droge Worst wird gerne mit lokalem Senf zum „Borrel" gereicht, der niederländischen Spielart des Aperitivo.

ℹ *Die* **Slagerij Havinga** *mag in einem Vorort Groningens angesiedelt sein, doch ihre Groninger Droge Worst met Kruidnagel wird nach weithin geschätzter Rezeptur hergestellt | Kleinestraat 3, Bedum | slagerijhavinga.nl | € 53.30049, 6.60318*

Knusprige Fischnuggets

3 Frisch frittierter Kibbeling

Frisch und von hauchdünnem Teig umhüllt, kann frittierter Fisch eine Delikatesse sein. Die Menschen in den Niederlanden lieben ihn in kleinen Nuggets, gereicht mit einer würzigen Remoulade.

ℹ *Die Aalräucherei* **Postma** *versteht sich nicht nur auf ihr Kerngeschäft, sondern auch auf die makellose Zubereitung von Kibbeling mit dem denkbar dünnsten Teilmantel | Reitdiepskade 16, Zoutkamp | palingrokerijpostma.nl | € 📍 53.33644, 6.30064*

Gemüse aus dem Watt

4 🍴 Frische Lammohren

Keine Sorge: Bei den „lamsoren" handelt es sich nicht um das Hörorgan junger Schafe, sondern um ein Gemüse, das im Watt gedeiht und in unseren Landen als Strand- oder Halligflieder bekannt ist. Es wird als Beilage gereicht oder als Hauptzutat für eine herzhafte Quiche.

ℹ *Das Restaurant* **Havenmantjse** *zaubert Menüs mit Zutaten aus dem Wattenmeer – oft auch mit Strandflieder | Havenplein 1, Harlingen | havenmantsje.nl | €€€ 📍 53.17527, 5.41293*

Hier findest du alles

6 🍴 Markt Groningen

Wie alle größeren Städte in den Niederlanden verfügt auch Groningen über einen Wochenmarkt, auf dem alle nennenswerten Leckereien aus der Region in gemütlicher Atmosphäre angeboten werden.

ℹ *Di, Fr, Sa 8–17 Uhr | Grote Markt, Groningen 📍 53.21873, 6.56780*

Gehaltvolle Stärkung

5 🍴 Der Eierball aus Groningen

Dieses von einer – neuerdings auch vegetarischen – Ragouthülle umgebene und anschließend in Panade frittierte Ei ist ein willkommener Snack nach einer durchzechten Nacht und seit 2017 auch immaterielles Weltkulturerbe der UNESCO.

ℹ *Die* **Cafetaria Koning** *mag betont altmodisch daherkommen, doch Liebhaber:innen des Eierballs schätzen sie für ihre meisterhafte Zubereitung des Snacks | Bedumerweg 15, Groningen | cafetariakoning.nl | € 📍 53.22934, 6.56121*

Auch schön an einem diesigen Abend: Strand auf Ameland

Wattenmeerinseln

Losgelöst von Zeit und Raum

Auf der einen Seite die Nordsee, auf der anderen das Wattenmeer. Diese geografische Besonderheit teilen die Westfriesischen Inseln. Alle fünf bieten neben der unvergleichlichen Abgeschiedenheit viele Möglichkeiten für Outdoor-Aktivitäten. Als größte Insel ist Texel dem Festland am nächsten. Schon die Tatsache, dass hier mehr Schafe als Menschen leben, ist Hinweis auf den hohen Erholungsfaktor. Das autofreie Vlieland zählt lediglich ein Dorf und ist die größte zusammenhängende Sandfläche Europas. Das lang gezogene Terschelling eignet sich hervorragend für ausführliche Radtouren in die Natur. Ameland versteht sich als vielseitige Insel, auf der eine Menge Leckereien produziert werden. Und das kleine Schiermonnikoog wurde zum Nationalpark erklärt. So bieten die Inseln für jeden etwas – nur das Inselhopping ist aufgrund fehlender Verbindungen schwierig.

AUF EINEN BLICK

*WATTENMEERINSELN

MARCO POLO OUTDOOR-HIGHLIGHTS ★

★ Durch die Priele zum Leuchtturm auf Texel
Wanderung durch Texels einzigartiges Naturschutzgebiet De Slufter → S. 180

★ Expedition durch die „Sahara des Nordens"
Vlieland lockt mit der größten zusammenhängenden Sandfläche Europas → S. 182

★ Zwischen den Meeren auf Terschelling
Eine Tour über Terschelling ist ein Trip zwischen den Extremen → S. 184

★ Tapastour im Sattel auf Ameland
Mit dem Fahrrad geht es über die Insel und dabei zu einigen Verkostungen → S. 186

★ Birdwatching auf Schiermonnikoog
Ganz Schiermonnikoog ist ein himmlischer Ort zur Vogelbeobachtung → S. 188

OUTDOOR-HIGHLIGHTS

*DIE BESTEN ERLEBNISSE DRAUSSEN

Durch die Priele zum Leuchtturm auf Texel ★

Unermüdlich attackiert die Nordsee die Küstenlinie Texels. Ende des 19. Jh. brach dabei der Deich. Seinerzeit waren die Bemühungen der Einheimischen vergebens, die entstandene Lücke wieder zu schließen. So hat sich an der Westküste des Eilands ein einzigartiges Naturschutzgebiet herausgebildet.

Das Spektakel der Gezeiten

Der Aufstieg zur Kuppe der zweiten Dünenreihe geht in die Beine. Doch die Mühen lohnen sich, denn von oben öffnet sich der Blick auf eine Landschaft, die wie aus der Zeit gefallen scheint: vorne grüne Wiesen, die von Prielen durchzogen sind. Dahinter eine Bucht, in die das Meer ungehindert vordringt. Der Deich ist auf einer Länge von knapp 1 km durchbrochen, weshalb die Gezeiten leichtes Spiel haben. Ein Spektakel, das sich im Naturschutzgebiet De Slufter zwei Mal täglich wiederholt und für einen großen Artenreichtum im Boden sorgt, den hungrige Vögel sehr zu schätzen wissen. Mit Ferngläsern bewaffnete Spaziergänger:innen, die sich auf der Suche nach Eiderenten, Goldregenpfeifern oder Pfuhlschnepfen befinden, sind denn hier auch keine Seltenheit.

Temporäre Inseln

Es gibt mehrere Möglichkeiten, durch den Queller – die Pflanzen, die knapp unterhalb der Hochwasserlinie stehen – an der Nordseite der Bucht zum Strand zu gelangen. Sollte das Wasser in den Prielen zu hochstehen, kommt als Ausweichroute der asphaltierte Weg hinter den Dünen in Frage. Von hier aus geht es in Richtung Norden, wo der Strand immer breiter wird. An dieser Stelle haben sich Babydünen gebildet, auf denen erste Grasbüschel Fuß fassen. Bei Flut werden auch sie von Wasser umspült und zu temporären Inseln.

Fernsicht vom Leuchtturm

Mit der Spitze Texels rückt der feuerwehrrote Leuchtturm von De Cocksdorp ins Blickfeld. Das Bauwerk kannst du erklimmen (im Sommer tgl. 10–17 Uhr, €), und bis nach Terschelling und zum Festland nach Den Helder blicken. An der Nordspitze der größten niederländischen Wattenmeerinsel befindet sich zudem ein Schiffsanleger. **Insider-Tipp** Von hier sticht ein betagtes Schiff in See, um Kurs auf eine nahe Sandbank zu nehmen, auf der eine große Kolonne Seehunde lebt. Der Rückweg führt wahlweise durch De Cocksdorp oder durch die westlich gelegenen Dünen. Weil die Strecke deutlich weniger spektakulär als der Hinweg ist, kannst du sie auch mit dem Bus abkürzen. Wer sich hingegen für den Fußweg entscheidet, bekommt ein Gefühl dafür, wie weitläufig die Insel ist.

Das Wahrzeichen von Texel: der Leuchtturm von De Cocksdorp (li). Die Kirche von Den Hoorn (o.)

Die Tour im Überblick

Mittelschwere Wanderung in Texels einzigartigem Naturschutzgebiet De Slufter, 11–15 km, 3–4 Std.

Auf Texel verkehrt eine Buslinie von der Fähre nach De Cocksdorp| Mit dem Auto auf die Fähre nach t'Horntje, dann über die Inselhauptstraße bis zum Slufterweg, dort links abfahren, Parkplatz hinter den Dünen am Zanddijk/Slufterweg |

Ein nicht allzu warmer Sommertag

Wanderschuhe, Sonnencreme, Sonnenbrille, Getränke

53.130839, 4.81669 (Startpunkt)

DOWNLOAD GPX-Track

Expedition durch die „Sahara des Nordens" ★

Der Westen Vlielands wird in den Niederlanden nicht ohne Stolz als größte zusammenhängende Sandfläche Europas bezeichnet. Unabhängig davon, ob der Superlativ auch der Wahrheit entspricht, kann man die Vliehors nur unter gewissen Einschränkungen erkunden.

Zu Fuß oder im Amphibienfahzeug

Von allen Westfriesischen Inseln ist Vlieland am weitesten vom Festland entfernt. Ursprünglich befand sich die größte Siedlung im gleichnamigen Dorf West-Vlieland, doch das ist ab dem 17. Jh. durch geänderte Strömungen im Meer versunken. Noch im 20. Jh. hat die niederländische Regierung mit dem Gedanken geliebäugelt, die Insel ganz aufzugeben. Anstatt das Eiland der gierigen Nordsee zu überlassen, hat sich Den Haag Vlieland lieber als offiziellen Truppenübungsplatz der Luftwaffe zunutze gemacht. Bis heute erfüllt der Westen der Insel diese Aufgabe zumindest sporadisch, sodass immer mal wieder Düsenjäger über Vlieland donnern (und damit natürlich über die ganze Region). Allerdings wurde die Militärpräsenz in der jüngeren Vergangenheit deutlich zurückgefahren – und so ist der Vliehors heute von Freitagnachmittag bis Montagfrüh für Touristen frei zugänglich. **Insider-Tipp** Während der Woche existiert die Möglichkeit zur Erkundung West-Vlielands an Bord des Vliehors Expres, eines kettenbetriebenen Amphibienfahrzeugs. Der Fahrer steht im Falle militärischer Übungen in direktem Kontakt mit den Militärs.

Richtung Fata Morgana

Ausgangspunkt für eine grandiose Wanderung ist das Hotel Posthuys, das recht isoliert in der Inselmitte ruht. Vorbei an Poldern geht es über den

Ein Nickerchen im Sand fernab der Zivilisation (li.) Amphibienfahrzeug am Nordseestrand von Vlieland (re.)

Postweg bis zum Strandzugang am Reddingbootpad. Schon nach wenigen Hundert Metern in Richtung Südwesten geht die Insel in eine scheinbar endlose Sandfläche über. Wie eine Fata Morgana baut sich am Horizont ein kleines, auf Stelzen stehendes Häuschen auf, das Gestrandeten früher Zuflucht geboten hat. Nach etwa 6 km ist es erreicht. Nun geht es durch die »Wüste« zur Südküste Vlielands, wo sich als einziges Zeichen der Zivilisation ein Bootsanleger aufbaut. Die Nachbarinsel Texel scheint nun zum Greifen nahe. Auf einer Sandbank zwischen den beiden Inseln hat sich eine Kolonie Seehunde niedergelassen, von denen sich einzelne immer mal wieder hier blicken lassen. Der Rückweg ist sehr skurril, denn er führt vorbei an den Ruinen einiger Panzer. Es handelt sich um die Überreste aus der Zeit intensiverer militärischer Nutzung.

Die Tour im Überblick

Je nach Wind und Wetter mittelschwere Wanderung in Vlielands Westen, ca. 15 km, 4 Std.

Mit dem kostenlosen Insel-Shuttle zum Hotel Posthuys | Vlieland ist autofrei | Vliehors Expres unbedingt rechtzeitig reservieren: vliehorsexpres.nl | €€ (Vliehors Express)

Freitagnachmittag bis Sonntagabend an einem lauen Sommerabend

Getränke, evtl. Strandschuhe, Badehose

53.26800, 4.96979 (Startpunkt)

DOWNLOAD GPX-Track

Zwischen den Meeren auf Terschelling ★

Lang gezogen und schmal. Mit dieser Erscheinungsform eignet sich Terschelling sehr gut für eine Fahrradexkursion. Der Clou ist, dass das Wattenmeer an einigen Stellen nicht weiter als 2 km von den Dünenketten der Nordsee entfernt ist. Und bei der Umrundung des Eilands warten weitere Überraschungen.

Der Radweg am Wattenmeer

Die Ankunft ist für alle gleich, denn an der Fähre zum Naturhafen von West-Terschelling führt kein Weg vorbei. Abschließend stellt sich bei diesem Trip, der sich übrigens auch als Tagesausflug vom Festland eignet, die Frage: erst zur Süd- oder doch lieber zur Nordküste? Die Antwort liefert die Insel in gewisser Weise selbst, denn schon wenige Meter hinter dem unverwechselbaren Leuchtturm Brandaris, der seit 1594 über das Eiland wacht, nimmt ein verführerisch aussehender Radweg seinen Lauf. Er ist so reizvoll, weil er direkt am Wattenmeer entlangführt, das nicht lange damit wartet, sich als Heimat seltener Vögel zu präsentieren: Unweit der Küste tummelt sich eine Kolonie weißer Löffler, die mit ihren Schnäbeln den lockeren Boden durchpflügen. Auch Zwergseeschwalben, Sanderlinge und Austernfischer lassen sich in größeren Stückzahlen blicken. Auch was sich auf der anderen Seite des Radwegs abspielt, verdient Aufmerksamkeit: hier grasen Schafe, die sich von herannahenden Radfahrer:innen wenig beeindrucken lassen und deren Laufwege es daher im Auge zu behalten gilt.

Elvis am Strand

Bei Oosterend endet der Radweg, da der Osten der Insel im Sommer weitgehend gesperrt ist. Doch bei der Überquerung Richtung Nordküste wird es nicht langweilig: Heide und Dünen prägen die

Landschaft hier. Eine Stichstraße führt tiefer hinein in die Dünen zum Ausgangspunkt nächtlicher Dark-Sky-Wanderungen. **Insider-Tipp** Der Strandpavillon Heartbreak Hotel huldigt im Stile eines amerikanischen Diners dem King of Rock'n'Roll. Auf dem Weg zurück in den Westen verbreitet Terschelling auch an seiner Nordflanke ein Gefühl von ursprünglicher Einsamkeit. Das ändert sich erst, wenn die Zahl der Ferienhäuser zunimmt, doch wer das sehr touristische Midsland umfährt, kommt weiterhin in den Genuss herrlicher Landschaften. Wenn der markante Leuchtturm Brandaris wieder am Horizont erscheint, kommt das Ziel in Sicht. Vorher aber geht es noch zum Groene Strand, wo Kitesurfer in atemberaubender Geschwindigkeit durch die Wellen bürsten und die Sandfläche bei Ebbe wüstenartige Ausmaße annimmt.

Die Tour im Überblick

Mittelschwere Fahrradtour über Terschelling, 40 km, 3 Std.

Mit der Bahn nach Harlingen Strand, Fähre nach Terschelling | Fahrradverleih z. B. bei Rijwielverhuur Tijs Knop, Torenstraat 8, West Terschelling, tijsknop.nl | Langzeitparkplatz Skieppedykje 1, Midlum (Shuttlebus zur Fähre) | € (E-Bike/Fahrrad pro Tag)

Nach Ankunft der ersten Fähre, wenn es noch ruhig ist am Wattenmeer

Fernglas und Kamera mit Teleobjektiv

53.35854, 5.21640 (Start)

DOWNLOAD GPX-Track

Wattenmeer und Feuchtgebiet (li.), Kuhweide und Elvis (re.): Auf Terschelling ist alles dicht beieinander

Tapastour im Sattel auf Ameland ★

Wer nicht seine kompletten Ferien auf Ameland verbringen kann, sollte wenigstens einen Tagesausflug auf die Insel machen. Ein Fahrrad genügt, um weite Teile des Eilands kennenzulernen – und ganz nebenbei die typischen Leckereien zu verkosten. Einige eignen sich auch für die Mitnahme nach Hause.

Start auf der Wattseite

Nachdem du dir beim Fähranleger ein Rad gemietet hast, kannst du erstmal ein Weilchen die frische Luft auf Ameland genießen: Auf der Wattseite der Insel radelst du von Nes etwa eine halbe Stunde in Richtung Ballum. Mit etwas Glück erspähst du dabei mit bloßem Auge Austernfischer und andere ansonsten eher selten gesichtete Vögel. Das geht sowohl innerhalb wie außerhalb des Deiches. In der sogenannten Ballumerbocht (Ballumer Bogen) biegst du in Richtung Ballum im Inselinneren ab, wo du als erstes Etappenziel die Bierbrouwerij Ameland ansteuerst – um die dort hausgemachten Gerstensäfte zu probieren oder aber sie für später einzukaufen.

Zur Mühle und zum Leuchtturm

Durch das malerische Ballum nimmst du Kurs auf Hollum, wobei du am Biobauernhof Ameland vorbeikommst. Hier hast du Gelegenheit, naturbelassene Milch zu kosten und Fleisch vom Hof zu kaufen. Anschließend kannst du nach links in den Ridderweg abbiegen, um die Amelander Kaasen Ijsboerderij zu besuchen. Neben Inselkäse gibt es hier auch köstliches hausgemachtes Eis. Einmal in dem hübschen Dorf Hollum angekommen, wartet in Form der Korn- und Senfmühle De Verwachting das nächste Highlight. Im Laden stehen diverse Senf- und Mehlsorten zur Auswahl. Das Westende der Insel mit seinem markanten Leuchtturm und dem Badestrand ist nun in Reichweite.

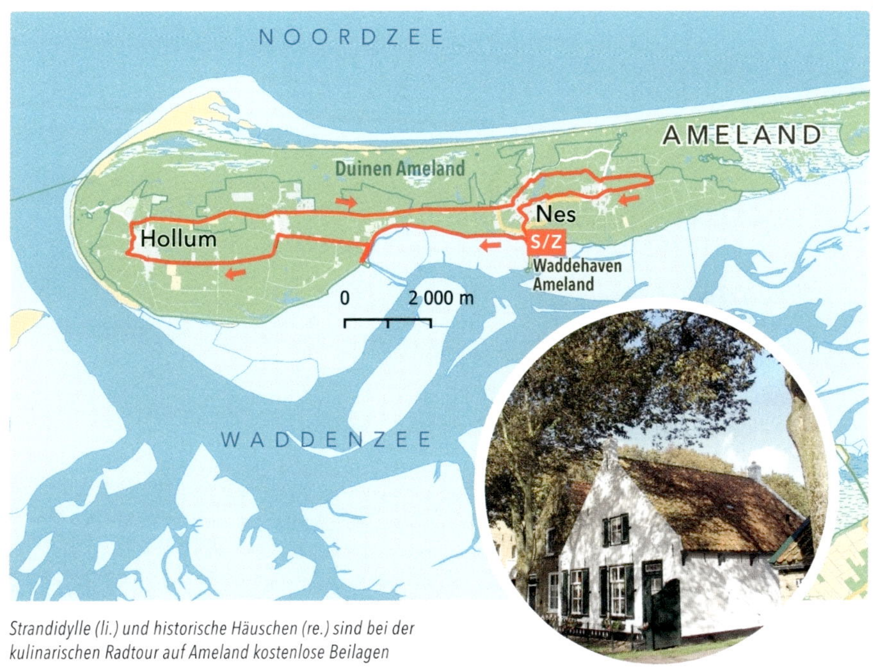

Strandidylle (li.) und historische Häuschen (re.) sind bei der kulinarischen Radtour auf Ameland kostenlose Beilagen

Austern als großes Finale

Wahlweise vorbei an den Dünen oder – etwas kürzer – über den Verbindingsweg radelst du nun an den Ostrand von Buren, wo die Fischzucht Metz neben Forellenbassins auch einen Laden unterhält. Im Ort selbst vervollständigen die Wurstmanufaktur Dennis Ytsma und die auf Brot aus Inselroggen spezialisierte Bäckerei De Jong die kulinarische Einkaufslandschaft. Krönender Abschluss ist die Fischhandlung bereits erwähnter Familie Metz, die hier auch Austern aus dem Watt zur Verkostung anbietet. **Insider-Tipp** Solltest du noch Hunger verspüren, kannst du dich hier außerdem an Kibbeling laben, frisch frittiertem Fisch in hauchdünner Panade. Wenn du sicher sein möchtest, dass die Läden auch tatsächlich alle geöffnet sind, checkst du das am besten zuvor beim örtlichen VVV. Jetzt ist es nur noch ein Katzensprung zurück zur Fähre.

Die Tour im Überblick

Leichte kulinarische Radwanderung auf Ameland, 29 km, 2 Std.

Mit der Fähre nach Ameland | Das Auto am besten auf dem Festland parken | Fahrradverleih z. B. bei Kiewiet Fietsverhuur, Oude Steiger 1, Nes, fietsenopameland.nl, €/Tag | vvvameland.de (> Sehen & Erleben, Routen, Spritztour Amelands Produkt)

Täglich von 8–19 Uhr, dann haben die meisten Betriebe geöffnet

Kühltasche, Fahrradkorb

53.43936, 5.77446 (Start)

DOWNLOAD GPX-Track

Birdwatching auf Schiermonnikoog ★

Die Wattenmeerinsel Schiermonnikoog ist unter Zugvögeln ein populärer Ort für Zwischenlandungen. Einigen gefällt es auf dem Eiland sogar so gut, dass sie hier ihren Nachwuchs aufziehen. Das bürgt für einen dicht bevölkerten Luftraum – und für Abwechslung vor dem Fernrohr oder dem Teleobjektiv.

Eine Insel als Nationalpark

Auf Schiermonnikoog mag sich ein Inseldorf ausbreiten, das knapp 950 Menschen ihre Heimat nennen. Dies aber ändert nichts daran, dass das Eiland als einzige niederländische Nordseeinsel den Status eines Nationalparks genießt. Die meist etwas wortkargen Einheimischen teilen sich das Eiland mit sehr wählerischen Lebewesen. Am östlichen Ende der Insel etwa breitet sich De Balg aus, eine Sandfläche, deren Erscheinungsbild Tag für Tag der Gestaltungskraft von Wellen, Wind und Gezeiten ausgesetzt ist. Hier fühlt sich unter anderem die Islandmuschel wohl, die sonst eher selten im Rampenlicht steht. Die Schalentiere können erstaunliche 500 Jahre alt werden. Vielleicht der Grund, dass sie in Zentraleuropa im Kochtopf eher verschmäht wird.

Diskrete Beobachtung

Das Gros der Aufmerksamkeit aber gilt anderen Tiere, denn die gut 16 mal 4 km große Insel ist ein bevorzugtes Ziel von Zugvögeln. Einigen gefällt es hier so gut, dass sie den ganzen Sommer auf Schiermonnikoog verbringen. So brüten bis zu 200 Paare lustig aussehender Löffler in den von Gewässern durchzogenen Dünenlandschaften. Dem geht ein Liebesspiel voraus, dass wegen der langen Schnäbel ein wenig umständlich erscheint. Doch auch Knutt, Haubentaucher, Basstölpel und der Große Brachvogel gehören zu den

Stammgästen. Anders als auf den Nachbarinseln, sind die sensiblen Biotope auf Schiermonnikoog nicht eingezäunt. So obliegt jedem Einzelnen die Verantwortung, die gefiederten Bewohner nicht zu stören. Diskretion gestattet eine Vogelbeobachtungshütte am größten Binnensee der Insel, dem Westerplas. **Insider-Tipp** Wer Hilfestellung bei der Suche nach den Tieren und ihrer anschließenden Identifizierung benötigt, kann sich an das örtliche Tourismusbüro (VVV) wenden, das regelmäßig ornithologische Erkundungstouren anbietet. Die Tour führt anschließend durch eine herrliche Dünenlandschaft. An der Nordküste kannst du einen kleinen Abstecher zum Strandpavillon De Marlijn Schier machen, der auf Stelzen gebaut ist und bei hoher Flut spektakulär im Wasser steht. Auf dem Rückweg fällt die Stille des Eilands besonders angenehm auf.

Die Tour im Überblick

Leichte Wanderung in Begleitung eines Ornithologen auf Schiermonnikoog, 11,5 km, 3 Std.

Mit der Fähre ab Lauwersoog, anschließend zu Fuß oder mit dem (Leih-) Fahrrad weiter | Die Insel ist autofrei | VVV Schiermonnikoog, vvvschiermonnikoog.nl | € (Führung, auch auf Deutsch unter vvvschiermonnikoog.nl)

Frühjahr und Herbst während der Zugvogelwanderung

Fernglas, Wanderschuhe,

53.47752, 6.16172 (Startpunkt)

DOWNLOAD GPX-Track

Schiermonnikoogs Strandpavillons bei Flut (li.). Bei ornithologischen Führungen behältst du immer trockene Füße (re. und u.)

MEHR ERLEBEN

*WEITERE ABENTEUER & AUSFLÜGE

Lohn nach getaner Arbeit im Watt: wilde Austern auf Texel

Mehr erleben auf den Wattenmeerinseln? Die Auswahl ist riesig. Sie reicht vom Fatbike-Fahren auf Texel über Vogelbeobachtung auf Vlieland und Cranberry-Suche auf Terschelling bis hin zu Seerettungstraditionen auf Ameland. Außerdem ist da noch Schiermonnikoog, das als einziges Eiland in seiner Gesamtheit zum Nationalpark ausgerufen wurde.

AUF TEXEL

Wilde Wattaustern schlürfen

1 Austernsuche im Wattenmeer

Ursprünglich galt Frankreich als das Land der Austern. Seit einigen Jahren aber sind auch Züchter in der niederländischen Provinz Zeeland erfolgreich. Im Wattenmeer allerdings kommen die begehrten Muschelarten sogar in der freien Natur vor. Ein Experte organisiert Expeditionen mit Verkostung. Dabei widmet er sich auch anderen typischen Bewohnern des besonderen Lebensraums, wie zum Beispiel dem Wattwurm oder der Venusmuschel. Die Hauptaufmerksamkeit aber gilt der Pazifischen Auster, einer invasiven Spezies, deren harte Schale heimische Vogelarten nicht zu knacken imstande sind und deren weitere Ausbreitung durch die Sammlung verlangsamt wird. Wenn die Delikatesse in ausreichender Stückzahl aus dem Watt gefischt ist, wird sie geknackt und mit einem Schlückchen Sekt serviert.

Texel, Wattenmeer | Mit der Bahn bis Den Helder, dann mit Fähre und Bus (umständlich) | Parkplatz Oesters & Meer, Waalderstraat 18A, Den Burg | detesselseoesterman.nl, die Touren finden nur bei min. zehn Teilnehmenden statt, bei Gewitterwarnung erfolgt telefonische Info | €€ Ausgesuchte Termine auf der Webseite 53.15458, 4.88100

Inselumrundung an einem Tag

2 Mittelschwere Radtour, 52 km, 3–4 Std., am besten per E-Bike

Du machst Ferien in Noord-Holland und möchtest einen Tag lang etwas anderes sehen? Dann auf nach Texel, das leicht erreichbar und zudem gut auf Tagesgäste eingestellt ist. Mit dem E-Bike ist eine Inselumrundung inklusiver vieler Highlights ein

Saisonale Architektur: Strandhütten auf Texel

Mountainbiken auf dem Strand? Auf Texel kein Problem

Leichtes. Fast direkt vom Fähranleger geht es zunächst ins malerische Den Hoorn mit seinen alten Kapitänshäusern. Durch den Nationalpark Texelse Duinen führt die Route erst nach Den Burg und anschließend ins Naturschutzgebiet De Slufter. Der Leuchtturm von De Cocksdorp kündigt das Erreichen der Nordspitze an. Nun wird die Landschaft merklich anders, da die Route jetzt dem Deich der Wattenmeerküste folgt. **Insider-Tipp** Letztes Highlight vor der Rückkehr zum Ausgangspunkt ist der geschäftige Hafen von Oudeschild mit Fischereiflotte, Windmühle und guten Fischbuden.

Texel | Mit der Bahn bis Den Helder, Fähre nach Texel | Parkplatz Zeepromenade Den Helder | € (Fähre), Fahrrad z. B. bei Fietsverhuur Texel (Fahrrad €€, E-Bike €€/Tag, Pontweg 2, Den Hoorn, fietsverhuurtexel.nl) Radverleih 9–18 Uhr

53.00498, 4.78104 (Start)

Mit dem Fatbike über den Strand brettern

3 Fat- oder Mountainbiken, schwere Radtour ab De Koog

Wer meint schon alle Formen des Radfahrens ausprobiert zu haben, könnte auf Texel eine Überraschung erleben. Hartgesottene Einheimische scheuen tatsächlich nicht davor zurück, ganz in der Nähe der Brandung auf dem Strand zu fahren. Mithilfe eines Fat- oder Mountainbikes erreichen sie dabei erstaunliche Geschwindigkeiten. Die Trainingseinheit erfordert ein gewisses fahrerisches Können und bietet sich vor allem bei starkem Südwestwind an, der exakt der geografischen Ausrichtung des Eilands entspricht und der auf Texel häufig weht. Zurück fahren die meisten im Inland auf asphaltierten Straßen.

Texel, an der insgesamt 33 km langen Nordseeküste, z. B. von De Koog bis De Cocksdorp | Mit dem Texelhopper bis De Koog | Parkplatz in De Koog | Fat- und Mountainbikes sind ausdrücklich erlaubt, texelbiking.nl, Verleih von Fatbikes z. B. bei Fietsen op Texel (€€/2 Tage, Nikadel 75, De Koog, fietsenoptexel.nl) Bei starkem Wind aus Südwest

53.10191, 4.75612 (Start)

Die Nase in den Wind halten

4 Historischer Segeltörn ab Oudeschild

Der historische Lotsen-Botter Texelstroom verkehrt schon seit 1906 vor der Küste des Eilands. Frü-

Yoga am Strand: Mehr Entspannung ist kaum möglich

Ein Törn mit der 1906 gebauten Texelstroom ist ein Traum für Segelfans

her war er anderen Schiffen dabei behilflich, den Weg in den Hafen von Oudeschild unbeschadet zu finden. Heute haben Gäste Gelegenheit, sich zwei Stunden an Bord aufzuhalten. Die Crew ist immer darum bemüht, den Kurs nach Wind und Strömung auszurichten – wie in alten Zeiten. Wer mag, kann der Besatzung bei der Arbeit unter die Arme greifen. Wer nur die Nase in den Wind halten möchte, ist jedoch ebenso willkommen. **Insider-Tipp** Wenn du nun Blut geleckt hast, kannst du je nach Uhrzeit dabei zusehen, wie die auf Texel beheimateten Fischer ihren Fang an Land bringen. Am größten ist die Wahrscheinlichkeit am Freitagnachmittag.

ℹ *Oudeschild, Texel | Mit dem Texelhopper bis Oudeschild | Parkplatz Haven Oudeschild | texelstroom.nl | €€€ ⏲ Zeiten beim VVV unter texel.net/de (> Suche: Loodsbotter Texelstroom)*
⚲ *53.03951, 4.84981 (Start)*

Kraft, Ausdauer und Dehnbarkeit trainieren

5 Yoga, leichte bis mittelschwere Entspannungsübungen in De Koog

Maximale Fokussierung auf den Körper und Eigengewichtsübungen, während im Hintergrund das Meer rauscht? Diesen kleinen Traum kannst du dir am Strand von De Koog erfüllen, wo dich eine Lehrerin in die Kunst des Vinyasa Flow Yoga einweiht. Die Session dauert eine Stunde und richtet sich sowohl an Neulinge wie auch an Fortgeschrittene. Eine Altersbeschränkung gibt es nicht. Namaste!

ℹ *Surfschule Foamball bei Paal 19, Ruijslaan 44, De Koog, Texel | Mit dem Bus 28 bis De Koog Epelaan | Parkplatz Strand De Koog, Badlaan | surfschoolfoamball.com | €€ (mit anschließendem Kaffee) ⏲ Mai–Sept. Do, So 9.30–10.30 Uhr*
⚲ *53.09526, 4.74943*

Mit Lämmern schmusen

6 Kinderbauernhof bei Den Burg

Einen ultimativen Zen-Moment erleben? Dafür empfiehlt sich der Besuch eines Schafsbauernhofs, auf dem frisch geborene Lämmer frei umherlaufen. Sie meckern nicht nur leise, sondern nuckeln Gästen auch freudig an ausgestreckten Fingern.

Mehr Schafe als Einwohner, das ist die Realität auf Texel

Flugkünstler: Starenschwarm auf Vlieland

Auf der Schafsinsel Texel gehört dieses Erlebnis zum Pflichtprogramm – und das keineswegs nur für die Allerkleinsten. Wer schon mal da ist, kann sich auf einem Spielplatz austoben, den Hofladen leerkaufen oder ein Erinnerungsfoto auf einem Traktor machen.

ℹ *Schapenboerderij Texel, Pontweg 77, Den Burg | Mit dem Bus 28 bis Texel Pontweg | Parkplatz am Hof | schapenboerderijtexel.nl | € Tgl. 10–16 Uhr 53.04148, 4.79567*

AUF VLIELAND

Starformationen auf Vlieland bestaunen

7 Einfache Wanderung mit Vogelbeobachtung durch die Polder in der Inselmitte, 7,5 km, 2 Std.

In den 1920er-Jahren hat ein Förster – letztlich erfolglos – versucht, einen landwirtschaftlichen Betrieb auf Vlieland zu etablieren. Ein Überbleibsel aus dieser Zeit sind die Deiche, die in der Inselmitte auf der Südküste vier Polder umschließen. Wenn im Herbst auf den nahen Wiesen die Heide blüht, ist dies schon Anlass genug, durch das Areal zu spazieren. Doch wenn das Gebiet von riesigen Starenschwärmen aufgesucht wird, die in bizarren Formationen ihre Flug- und Koordinierungskünste zeigen, ist dies ein fast schon unwirklicher Anblick. **Insider-Tipp** Zurück am Hotel Posthuys bietet sich die bewährte niederländische Nachmittagskombination aus Kaffee und Apfelkuchen mit Schlagsahne an.

ℹ *Kroon's Polder, Vlieland | Mit dem Inselbus von Oost-Vlieland zum Posthuys | Autofreie Insel | vlieland.net Sept., Okt. 53.26866, 4.97138 (Start)*

Into the Great Wide Open

8 Open-Air-Festival in Oost-Vlieland

Film, Theater, Bildende Kunst und vor allem jede Menge Musik verschiedener Genres zwischen Wald, Dünen und Zeltplatz. Das ist die verlockende Formel dieses Festivals, das seit 2009 das Ende des Sommers auf Vlieland einleitet. Indie-Größen wie Belle and Sebastian, Franz Ferdinand oder Wilco-Mastermind Jeff Tweedy sind schon auf der Insel aufgetreten. Weil das Ticket-Kontingent auf knapp 6000 begrenzt ist, ist das Festival rasend schnell ausverkauft, wer hinmöchte, muss zum

Auf der Suche nach dem roten Gold: Cranberry-Pflückerinnen auf Terschelling

Im Naturschutzgebiet De Boschplaat kann man die Dunkelheit genießen

Start des Vorverkaufs den Rechner anwerfen und auf ein glückliches Händchen hoffen. Im Preis inbegriffen ist die Übernachtung auf dem Zeltplatz.

ℹ *Vlieland | Mit der Fähre von Harlingen nach Vlieland | Autofreie Insel | intothegreatwideopen.nl | €€€* ⏲ *Vier Tage Ende Aug./Anfang Sept.* 📍 *53.30407, 5.07906*

AUF TERSCHELLING

Cranberries sammeln

9 🚶 Spaziergang in den Dünen

Auf Terschelling gedeiht eine Beere, die dort eigentlich nicht beheimatet ist. Wie sie dort Fuß gefasst hat, konnte bislang nicht wissenschaftlich geklärt werden. Fest steht indes, dass sich die invasiven Cranberries vorzüglich zu Produkten verarbeiten lassen, die auf der Insel verkauft werden. Doch Inselgäste können diese bei grünem Licht des Staatsbosbeheer (einer Art Försterei) auch für den Eigengebrauch pflücken. Voraussetzung ist, dass die kommerzielle Pflücksaison da bereits beendet ist. Wenn dies der Fall ist, kann man sich in fast allen Dünentälern auf die Suche nach den Resten begeben, deren Umfang beträchtlich ist. Die Ausbeute kann man im Ferienhaus verarbeiten oder zur baldigen Verarbeitung mit nach Hause nehmen. Der Einsatz rechenartiger Pflückkörbe ist Privatsammlern verboten. **Insider-Tipp** Während der Saison begleiten die Guides von Eco Safari Terschelling *(ecosafariterschelling.nl)* Gäste zu den besten Fundstellen.

ℹ *In den Dünentälern Terschellings | Bus je nach Ort | Diverse Parkplätze | vvvterschelling.nl, terschellingercranberry.nl | €€€ (Insel-Safari)* ⏲ *Je nach Reife Mitte Sept.–Mitte Okt.* 📍 *53.37863, 5.18329 (Kronpolders)*

Sternenhimmel in der Dark Sky Area

10 🚶 Leichte nächtliche Wanderung durch den Boschplaat, variable Länge

Der Osten Terschellings ist in der ersten Hälfte des 20. Jh. durch den Bau eines Deiches um ein gutes Stück gewachsen. Das Land wurde unter Schutz gestellt und ist unbewohnt. Heute ist es als eine der dunkelsten Regionen Europas klassi-

Die schöne Kirche von Midsland ist der Ausgangspunkt für eine Inselwanderung

fiziert – mit fantastischen Möglichkeiten für eine nächtliche Wanderung. Sie führt durch den Boschplaat, der 2015 als »Dark Sky Parks« ausgezeichnet wurde. Einen wolkenlosen Himmel vorausgesetzt, bedeutet das, dass du einen makellosen Blick in die Tiefen des Weltalls hast. Manchmal ist sogar das Nordlicht zu sehen. Tourismusbüro und Naturschutzbehörde bieten nächtliche Führungen an.
ⓘ Oosterend, Terschelling | Mit der Fähre bis West-Terschelling, mit dem Bus bis Oosterend Wierschuur (nur tagsüber) | Parkplatz Dwarsdijk | Anmeldung zur Führung über vvvterschelling.nl, darkskyterschelling.nl, € Fernglas, Jacke, Kamera, Stativ, Taschenlampe Bei wolkenlosem Himmel 53.40880, 5.39272 (Start)

Durch die Polder zum Meer

11 Mittelschwere Wanderung um Midsland, 10 km, 2 Std. 30 Min.

Midsland liegt in der Inselmitte des bewohnten Teils von Terschelling. Inmitten des Orts befindet sich eine malerische Kirche – dort beginnt die Wanderung über das Zentrum des Eilands. Sie führt zunächst in Richtung Süden, um vor der Wattenmeerküste Einblick in die Polderlandschaften zu bieten. Durch Wälder, Felder und Heide geht es anschließend an den Nordseeküstenort West aan Zee, wo die Strecke nach Osten abbiegt, um fortan am Strand zu verlaufen. Wieder im Inland, bietet der Aussichtspunkt Midsland-Noord einen schönen Überblick über die friedliche Landschaft.
ⓘ Midsland, Terschelling | Mit der Fähre bis West-Terschelling, mit dem Bus 1,9 bis Midsland Centrum | Parkplatz Parkeerplaats Kallandspad | visitwadden.nl/de (> Suche: Midsland > Routen, F3 Midsland polder, duinen en strand) Jederzeit 53.38276, 5.28547 (Start)

Auf dem Pferd durch die Dünen

12 Leichter Ritt durch die Dünen und über den Strand bei Hoorn

Hoch zu Ross erst durch den Wald und anschließend durch die herrlichen Dünenlandschaften bei Hoorn. So sieht ein typischer Ausritt in der Inselmitte Terschellings aus. Weil auch Neulinge ein wenig von ihrem kleinen Abenteuer mit nach Hau-

Da hinten sind die Löffler: Ornithologe auf Schiermonnikoog

se nehmen sollen, beschränken sich die Guides nicht aufs Schritttempo: Wenn sie sehen, dass die Gäste alles im Griff haben, animieren sie die Vierbeiner zu einem leichten Trab. Wenn sie einen guten Eindruck haben, geht es außerdem bis auf den Strand. **Insider-Tipp** Falls du nicht selbst in den Sattel steigen möchtest, kannst du mit einer kleinen Gruppe auch einen Ausflug im Planwagen unternehmen.

Huifkarbedrijf Terpstra, Dorpsstraat 20, Hoorn, Terschelling | Mit dem Bus 1,9 bis Hoorn Klein Lies | Parkplatz am Verleih | huifkarbedrijf-terpstra.nl | €€€ Täglich, im Sommer auch abends 53.39627, 5.34047 (Start)

Inselgefühl mit Safari-Feeling

13 Safari im Elektrofahrzeug ab Lies, 2,5 Std.

Die Osthälfte Terschellings ist im Normalfall nur auf ausgewiesenen Wegen für Wanderfans zugänglich. Die von Elektromotoren betriebenen Fahrzeuge dieses Unternehmens haben jedoch eine Sondergenehmigung, in den sensiblen Lebensraum vorzudringen. Während sich die Passagiere wie im tiefsten Afrika vorkommen, erklären die Guides Wissenswertes über Flora und Fauna. Durch die mitgeführten Ferngläser können die Teilnehmenden rare Wattenmeer- und Raubvögel erspähen. Auch Rehe laufen regelmäßig vor die Linse. Vor allem aber bekommt man ein Gespür dafür, wie die grandiose Natur in dem abgelegenen Naturschutzgebiet aussieht.

Auf und ab: Dünenreiterinnen auf Terschelling

Lies 23, Lies, Terschelling | Mit dem Bus 1,9 Lies Walvisvaarder | Parkplatz am Startpunkt | ecosafari terschelling.nl | €€€ Morgens und abends, saisonal wechselnde Abfahrtzeiten 53.39380, 5.32527 (Start)

AUF AMELAND

Berg- und Talwanderung in den Dünen

14 Leichte Wanderung im Osten Amelands, 3,7 km, 1 Std.

Die Osthälfte Amelands ist unbewohnt. Das macht einen Ausflug in das Naturschutzgebiet t'Oerd besonders attraktiv. Eine leichte Wanderroute bringt dich vom Strand zunächst in feuchtnasse Dünentäler. Anschließend geht es hinauf zum Oerdblinkert, einer 24 m hohen Düne, die sich ungewöhn-

Von den hohen Dünen im Naturschutzgebiet t'Oerd hat man ein tolle Aussicht

Auf Ameland werden Rettungsboote von Pferden ins Wasser gezogen

licherweise an der Südküste des Eilands aufbaut. Weiter geht es durch Salzwiesen, wo zahlreiche Vogelarten brüten. Vorbei an einem Süßwasserreservoir und künstlich aufgeschütteten Dünen geht es zurück zum Ausgangspunkt.

Ameland | Nächste Bushalte am Buren Strandhotel, ca. 7 km | Keine Parkplätze, Anreise nur mit dem Fahrrad möglich | visitwadden.nl/de (Suche: wandelroute-t-oerd, Hotspots > 't Oerd, Das könnte dich auch interessieren > Wandelroute 't Oerd)
Jederzeit *53.46550, 5.90113 (Start)*

Ameland auf den Spuren des Försters

15 Leichte bis mittelschwere Wanderung rund um den Leuchtturm von Hollum, 8,3 km, 2 Std. 15 Min.

Am Leuchtturm von Hollum nimmt ein Wanderweg seinen Lauf, den die Einheimischen als Boswachterweg (Försterweg) bezeichnen. Er bahnt dir den Weg durch den wenig erschlossenen Nordwesten des Eilands, der sich vor allem in der Nähe der Dünen durch einen großen Artenreichtum auszeichnet. Zu den größeren Bewohner gehören Rehe, Hereford-Rinder und Soayschafe. Weil die Route ein Stück weit über den Strand und um einen See verläuft, ist sie besonders abwechslungsreich. Zum Abschluss erlaubt die Besteigung des Leuchtturms einen Blick auf die absolvierte Strecke.

Ameland | Mit der Fähre nach Nes, mit dem Bus 1 nach Hollum Vuurtoren/Roompot | Parkplatz am Leuchtturm | visitwadden.nl/de (> Suche: Boswachterspad > Routen, Boswachterspad Hollumerduinen en Lange Duinen ...) *Im Sommer blüht am Wegesrand überall violettes Knabenkraut*
53.44943, 5.62492 (Start)

Einer Seemannstradition beiwohnen

16 Ein Rettungsboot mit Pferden im Westen Amelands ins Wasser lassen

Die Insel Ameland blickt auf eine lange Historie als Hochburg der Seefahrt zurück. Schon im 16. und 17. Jh. sind Walfänger von hier aus zu Expeditionen in ferne Meere aufgebrochen. Sehr avanciert aber waren die Einheimischen auch, wenn es darum ging, in Seenot geratenen Schiffsbesatzungen zur Hilfe zu kommen. Als sich die Menschen noch nicht auf die Hilfe von Motoren verlassen

Der Noordertoren (Nordturm) ist einer von zwei Leuchttürmen der Insel Schiermonnikoog

Bei einer Wattwanderung auf Schiermonnikoog erfährt man viel über Entstehung und Dynamik des Watts

konnten, mussten sie andere Kräfte mobilisieren, um an der wilden Nordseeküste in See stechen zu können. Dies haben in einem gut choreografierten Vorgang zehn Pferde übernommen. Die Tradition haben die Menschen beibehalten – wenn auch nur zu Demonstrationszwecken. Dabei können sie stets eines staunenden Publikums sicher sein.

Oranjeweg 18 in Hollum | Mit dem Bus 1, 3 bis Yme Dunenweg | Parkplatz Parkeerplaats Hollum, | vvameland.nl Zu ausgesuchten Terminen (auf der Webseite), ein bis zweimal pro Monat
53.44303, 5.63690

AUF SCHIERMONNIKOOG

Wandereinheit im Nationalpark

17 Mittelschwere Wanderung im Westen der Insel,11,3 km, 3 Std. 15 Min.

Ein einziges Dorf im Südwesten einer fast autofreien Insel – und sonst so viel Natur, dass die ganze Insel zum Nationalpark ausgerufen wurde. Damit hebt sich Schiermonnikoog von allen anderen bewohnten Wattenmeerinseln ab. Das ist zugleich ein gutes Argument für eine ausführliche Erkundungstour, die unter anderem dahin führt, wo sich im 18. Jh. ein mittlerweile weggespültes Dorf befand. Ganz in der Nähe breitet sich nun ein Süßwassersee aus. **Insider-Tipp** Noch ein Stückchen weiter nach Südwesten gibt es bei niedrigem Wasserstand eine gute Chance auf die Sichtung von Seehunden. Junge Dünen, ein Bunkermuseum und das Inselwäldchen komplettieren diese vielseitige Wanderung.

Schiermonnikoog | Die Insel ist autofrei | visitwadden.nl/de (> Suche: Nationaal Park Schiermonnikoog > Routen, Wandelroute Nationaal Park Schiermonnikoog) Am besten bei Ebbe, das erhöht die Chancen auf Sichtung von Seehunden
53.47826, 6.15763 (Start)

Ins Watt und zurück auf die Insel

18 Mittelschwere bis schwere Wattwanderung mit Schiffsexkursion ab dem Fährhafen, ca. 10 km, 3 Std.

Eine Wattwanderung ist ein unvergessliches Erlebnis – vor allem, wenn sie auf einer Insel startet und auf einem Schiff wie der Zilverwind ins Meer führt. Auf der Sandbank Brakzand verlassen die Gäste an geeigneter Stelle das Wasserfahrzeug, um in Be-

Erntefrische Minze gehört zu einer kulinarischen Reise nach Schiermonnikoog

Strandgolf macht Spaß – und ist weniger elitär als konventionelles Golf

gleitung eines erfahrenen Guides den Rückweg nach Schiermonnikoog anzutreten. Die Wanderung dauert ca. drei Stunden, wobei sie nicht nur über temporäre Sandflächen, sondern auch durch teils hüfttiefe Priele führt. Ein Abenteuer!

Schiermonnikoog | Die Insel ist autofrei | Termine und Anmeldung auf natuurmonumenten.nl/natuurgebieden/nationaal-park-schiermonnikoog | €€€ Ausgesuchte Termine 53.47267, 6.19633 (Start)

Schlemmen und schlendern

19 Mittelschwere Wanderung oder Radtour im Westen der Insel, 18,7 km, abkürzbar auf 11 km, 3–5 Std.

Dein eigenes Obst und Gemüse pflücken, Biokäse von der Insel verkosten oder auf der Terrasse des Inselhotels einen Drink nehmen. So sieht der Auftakt zu einer kulinarischen Reise über Schiermonnikoog aus, die außerdem zu einem Laden mit antiken Süßigkeiten und zu einem Kräutergarten führt. **Insider-Tipp** Solltest du Extra-Energie im Tank haben, kannst du nach dem Schlenker durch den Südteil des Eilands noch den nördlichsten Strandpavillon der Niederlande aufsuchen.

Schiermonnikoog | Die Insel ist autofrei | visitwadden.nl/de (> Suche: Foodroute Zilt-Zoet> Routen, Foodroute Zilt-Zoet Schiermonnikoog) (Fahrrad €, E-Bike €€/Tag, Middenstreek 10, Schiermonnikoog, fietsenopschiermonnikoog.nl) Verleih tgl. 9–18 Uhr 53.47829, 6.15968 (Start)

Am Strand unter Par bleiben

20 Strandgolf am Nordstrand, Vorkenntnisse nicht nötig

Ein Hole-in-one, während im Hintergrund das Meer rauscht? Dieser Golftraum kann auf Schiermonnikoog wahr werden. Allerdings nicht auf einem fein getrimmten Grün, sondern unmittelbar auf dem Strand. Dabei sind die Löcher flexibel – und damit Schlagarme und Beine angesichts des Untergrunds nicht überstrapaziert werden, ist die Zahl der Löcher auf zehn begrenzt. Das Ganze geht allein ebenso gut wie in Gruppen. Anders als beim richtigen Golf existiert keine Kleiderordnung und einen kühlen Drink gibt es anschließend im Strandpavillon.

Schiermonnikoog Noordstrand | Die Insel ist autofrei | reactief-buitensport.nl | € Jederzeit außer bei starkem Regen 53.49502, 6.15431

DER SCHÖNSTE SONNENUNTERGANG

Und der Leuchtturm sieht zu

21 Spektakel auf Texel

Die Strände der Wattenmeerinseln haben einen kleinen Makel: Sie sind fast durchweg nach Nordnordwesten ausgerichtet. Große Ausnahme ist Texel, dessen Küstenlinie man mit etwas gutem Willen einen Verlauf von Nord nach Süd attestieren kann. Für den Genuss des Sonnenuntergangs hat das große Vorteile, denn hier geht die Sonne tatsächlich über dem Meer unter. Besonders imposant ist das Schauspiel an der Nordspitze, wo der Strand breit ist und der Leuchtturm darüber wacht.

De Cocksdorp, Texel | Mit dem Texelhopper bis De Cocksdorp | Parkplatz Vuurtorenweg *53.18008, 4.83920*

LOKALE SPEZIALITÄTEN

*UND WO DU SIE PROBIEREN KANNST

Eine Erfolgsgeschichte: Bier aus Texel ist inzwischen überall in den Niederlanden erhältlich

Die Wattenmeerinseln sind für ihre Leckereien berühmt. Aus dem Meer kommen Fisch und Meeresfrüchte, zu Lande produzieren die Bauern schmackhaften Käse und leckeres Lammfleisch. Aushängeschild ist ein Bier, das von Texel aus seinen Siegeszug angetreten hat.

Gute Schaumkrone

1 Weizenbier aus Texel

Eine kleine Brauerei, die mit ihren Produkten so erfolgreich ist, dass sie von Heineken, einem der weltweit größten Bierproduzenten, übernommen wird? Diese Erfolgsgeschichte ist einer auf Texel ansässigen Brauerei widerfahren.

ℹ *Wer sich die Ursprünge von Texels Inselbrauerei ansehen möchte, ist auf einem kleinen Hügel bei Oudeschild willkommen, an Führungen und Verkostungen teilzunehmen. Am leckersten ist das* **Skuumkoppe** *(Schaumkrone), das es inzwischen auch als alkoholfreies Bier gibt | Schilderweg 214b, Oudeschild | texels.nl | € 53.04481, 4.82819*

Auf der Wiese vorgesalzen

2 Lammfleisch

Auf Texel leben mehr Schafe als Menschen. So ist es kein Zufall, dass Lammfleisch zu den kulinarischen Spezialitäten des Eilands zählt. Durch das in Luft und Pflanzen auf natürliche Weise enthaltene Salz, gilt ihr Fleisch als „vorgesalzen".

ℹ *Das urgemütliche Lokal* **Catharijnehoeve** *hat diverse Spezialitäten mit Lamm von der Insel auf der Karte, darunter einen köstlichen Pfannkuchen mit Lammschinken | Rozendijk 17, Den Burg | catharinahoeve-texel.nl | €/€€ 53.05878, 4.76343*

Bioprodukt von der Insel

3 Terschellinger Käse

Klar, Käse ist die Kernkompetenz der Menschen in den Niederlanden. Kein Wunder also, dass auch auf Inseln wie Terschelling wunderbare Varianten produziert werden. Die Milch dafür stammt von zwei Bio-Betrieben von der Insel.

ℹ *Die köstlichen Produkte im Käseladen* **Terschellingerkaas** *stammen allesamt aus biologischem Anbau | Nieuwe Dijk 30, West Terschelling | terschellingerkaas.nl | € ⌖ 53.36816, 5.24105*

Vom Tee bis zur Marmelade

4 🍴 Cranberries

Angeblich waren Schiffe aus den USA dafür verantwortlich, dass auf Vlieland und Terschelling wilde Cranberries gedeihen – vor langen Jahren sollen mit den Früchten gefüllte Fässer über Bord gegangen sein. Fest steht, dass die Beeren heute zum kulinarischen Inventar gehören. Sie gedeihen in vielen Dünentälern.

ℹ *Die Produkte von Terschellinger Cranberries sind nicht nur lecker, sondern im* **Cranberry Winkel** *auch touristenfreundlich als Souvenir aufbereitet | Mersakkersweg 5, Formerum | terschellinger-cranberries.nl | € ⌖ 53.39017, 5.30885*

Hier findest du alles

5 🍴 Texelse Boerderijwinkel

Der Hofladen für Heimatprodukte hat von Wurst und Käse über Senf und Bier bis hin zu Lavendel ein umfassendes Sortiment mit Leckereien von der Wattenmeerinsel Texel.

ℹ *Westerweg 80, Den Hoorn | texelse boerderijwinkel.nl ⌖ 53.04189, 4.74872*

Cranberries gehören zur Gattung der Heidelbeeren und wachsen auch auf Terschelling

Gut zu wissen

Die Fähre Texelstroom verkehrt zwischen der Insel Texel und Den Helder auf dem Festland

TESO
TEXELSTROOM

OHNE FLIEGER AN DIE NIEDERLÄNDISCHE KÜSTE

Wenn die Gegend um Amsterdam, Den Haag und Rotterdam dein Ziel ist, bietet sich eine Bahnreise an. Wer mag, fährt nachts.

DEINE ROUTE

1 Ohne Umsteigen geht es im ICE von Frankfurt mit Zwischenstopp in Köln, Düsseldorf, Duisburg und Oberhausen nach Utrecht und Amsterdam.

2 Von Berlin, Hannover und Osnabrück fahren bis zu sieben Intercitys pro Tag nach Utrecht und Amsterdam.

3 Von Utrecht aus kannst du in Richtung Den Haag oder Rotterdam weiterfahren.

DU WILLST ZU DEN NORDSEEINSELN?

Texel, Ameland und Terschelling sind mit der Bahn leicht erreichbar. Die Häfen von Den Helder (ab Amsterdam nach Texel) sowie von Harlingen (ab Utrecht nach Vlieland und Terschelling) sind gut ans Bahnnetz angeschlossen. Ameland und Schiermonnikoog erreichst du nur per Bus.

ODER NACH ZEELAND?

In Zeeland sind lediglich Goes, Yerseke, Middelburg und Vlissingen ans Bahnnetz angeschlossen. Zu und zwischen den Inseln sowie im niederländische Teil Flanderns verkehren Busse.

HINKOMMEN
*VON D, A, CH

Mit dem Auto und Wohnmobil

Über die deutschen Autobahnen sind die Niederlande an diversen Grenzübergängen zu erreichen. Vom Westen (Köln) über die A 57 oder die A 3, aus Richtung Hamburg über die A 1 und A 30, aus Richtung Berlin über die A 2/A 30. Das Straßennetz in den Niederlanden ist höchst effektiv, alle Region sind gut erschlossen.

Wer nach Zeeland fährt, steuert zunächst über die A 2 oder die A 67 den Ring von Eindhoven an. Von dort führt die A 58 in die Nähe der beliebtesten Ferienorte Domburg und Renesse. Die Randstad (Metropolregion Amsterdam, Den Haag, Rotterdam) ist am besten über die A 12 erreichbar, die in Utrecht die Weiterfahrt in alle Himmelsrichtungen erlaubt. Die wichtigste Tangente in Richtung Norden ist die A 50 von Arnhem über Apeldoorn nach Zwolle und von dort in die verschiedenen Küstenregionen. Generell gilt: Wer kann, sollte den Berufsverkehr meiden – das Verkehrsaufkommen kann selbst auf zehnspurigen Autobahnen für Staus sorgen.

Mautstraßen sind praktisch nicht vorhanden, lediglich die Benutzung des Westerscheldetunnel zwischen Terneuzen in Zeeuws-Vlaanderen und Walcheren kostet 5 Euro (7,45 Euro mit Wohnmobil und Anhänger). Für Wohnmobile gelten bei der Anreise keine Einschränkungen. Obwohl die Niederlande als klein gelten, können sich die Fahrten in die Länge ziehen: Vom Grenzübergang Bad Neuschanz im äußersten Norden bis zur Spitze Zeelands sind es knapp 400 km, von Aachen bis nach Texel 325 km. Die Inseln Vlieland und Schiermonnikoog sind generell autofrei, nur Einheimische dürfen dort motorisierte Fahrzeuge benutzen. In den Metropolen wie auch in den Kleinstädten und verwinkelten Dörfern sind die Parkmöglichkeiten auf die Peripherie beschränkt.

Mit dem Fernbus

Die großen Städte sind von Deutschland aus per Fernbus *(fernbusse.de)* erreichbar, Flixbus bietet täglich Fahrten an (ab Frankfurt 30 Euro/Pers.). Amsterdam, Rotterdam und Den Haag werden ab Frankfurt mehrmals täglich angefahren. Wer früh bucht, zahlt in der Regel weniger.

Mit dem Flugzeug

Der Flughafen Schiphol liegt 18 km von Amsterdam entfernt. Die niederländische KLM fliegt von den meisten deutschen Flughäfen sowie von Zürich und Wien nonstop nach Amsterdam, auch Lufthansa, Eurowings und Easyjet bedienen einige Strecken. Ein regulärer Economy-Flug von Berlin nach Amsterdam kostet ab 150 Euro. Der Bahnhof Schiphol ist hervorragend an den Rest des Landes angbunden. Nach Rotterdam (26 Min.) und Den Haag (35 Min.) fahren pro Stunde bis zu sechs Züge. Der kleine Flughafen Rotterdam/Den Haag wird in der Regel nur von Charter-Airlines wie Transavia bedient. Vom Flughafen Rotterdam fährt der Bus 33 in 20 Min. zum Bahnhof Rotterdam Centraal.

Grün & fair reisen

Du hast beim Reisen deine persönliche CO_2-Bilanz im Hinterkopf? Dann kannst du deine Emissionen kompensieren *(atmosfair.de; myclimate.org)*, deine Route umweltgerecht planen *(routerank.com)* oder auf Natur und Kultur *(gate-tourismus.de)* achten. Mehr über ökologischen Tourismus erfährst du hier: *oete.de* (europaweit); *germanwatch.org* (weltweit).

VOR ORT UNTERWEGS

*ENTDECKE DIE MÖGLICHKEITEN

Wohnmobile auf einem Campingplatz in den Dünen bei De Koog auf Texel

Mit dem Auto

Autofahren ist in den Niederlanden recht stressfrei. Einzige Einschränkung ist der Berufsverkehr in der Randstad, also dem Ballungsraum zwischen Amsterdam, Den Haag, Rotterdam und Utrecht, wo es häufig zu kilometerlangen Staus kommt. Wer dies bei der Planung berücksichtigt, hat schon viel gewonnen. Ansonsten sind die Distanzen auch zwischen vielen attraktiven Orten überschaubar und die Straßen sind hervorragend ausgebaut. Auf den Autobahnen sind 100 km/h (19–6 Uhr 130 km/h) und auf Landstraßen 80 km/h erlaubt. In den Ortschaften darf man 50 km/h bzw. 30 km/h fahren. Die Einhaltung der Geschwindigkeit wird vielerorts überwacht, auf manchen Autobahnabschnitten permanent („trajectcontrolle"). Die Bußgelder sind gepfeffert: Eine Geschwindigkeitsüberschreitung um 20 km/h kostet zwischen 196 und 219 Euro. Auch Parken ist teuer: In Städten wie Amsterdam liegt der Tagessatz bei bis zu 50 Euro, in den anderen Städten etwa halb so hoch und in Seebädern 10 bis 15 Euro.

Wer mit dem Wohnmobil unterwegs ist, sollte sich vorab über Parkmöglichkeiten bei Ausflugszielen informieren. Viele Innenstädte und die historischen Zentren auch kleinerer Orte sind mit großen Gefährten nur eingeschränkt befahrbar. Wenn du viel unterwegs sein möchtest, solltest du einen festen Standort in Erwägung ziehen, der gut an das Nahverkehrsnetz angeschlossen ist. Auch die Mitnahme von Fahrrädern kann sehr vorteilhaft sein.

Fähren verkehren zwischen dem Festland und den Wattenmeerinseln. Während Texel auch in der Nebensaison zwischen 8 und 21 Uhr mindestens einmal und sonst zwei Mal pro Stunde angefahren wird *(teso.nl)*, sind es bei den anderen Inseln zwischen vier und 20 Verbindungen pro Tag (*rederij-doeksen.nl* nach Vlieland und Terschelling, *wpd.nl* für Ameland und Schiermonnikoog). Die Preise variieren stark und sind abhängig von Saison, Verkehrsaufkommen und Reisedauer. Fahrzeuge sind auf Schiermonnikoog und Vlieland tabu. Reservierungen sind für eine komplikationslose Reise sehr zu empfehlen.

OHNE AUTO UNTERWEGS

MIT DEM BUS

Damit kommst du in fast jedes Dorf

Das Busnetz ist dicht geknüpft und viele Linien sind hoch getaktet. Die Nebenstrecken in abgelegeneren Regionen werden jedoch oft nur stündlich und maximal bis 19 oder 20 Uhr bedient. Vor allem auf den Inseln Zeelands kann das den Transfer von Ort zu Ort zu einer echten Herausforderung machen.

MIT DEM FAHRRAD

Nicht nur für Sportliche

Die Radwege sind fast überall in makellosem Zustand und von den Straßen abgetrennt. Vor allem in den Städten erfordert die Fortbewegung jedoch einen gewissen Mut und Übung, denn in der Rush Hour geht es auf ihnen turbulent zu – auch weil dort von „normalen" Rädern, E-Bikes und Bakfiets über Canta (Mini-Autos) und Mofas allerlei Verkehrsmittel unterwegs sind.

MIT DER BAHN

Klappt es zwischen großen Städten

Das Bahnnetz ist fast im gesamten Land hervorragend ausgebaut. Am besten benutzt du als Fahrschein eine OV-Chipkaart, die im gesamten Land in allen öffentlichen Verkehrsmitteln gültig ist. Du bekommst sie in Bahnhöfen sowie in vielen Supermärkten und Zeitschriftenläden. Ganz neu ist die Bezahlung per EC- oder Kreditkarte und mit dem Handy. Das System nennt sich OV Pay *(ovpay.nl)* und erfordert vorherige Anmeldung über eine App.

PRAKTISCHE INFOS

*VON A–Z

Apotheken findet man in den Niederlanden eher in Wohngebieten als in den Zentren der Städte

Allein unterwegs

Allein reisende Personen sind in den Niederlanden völlig selbstverständlich. Egal ob Männer oder Frauen. Abgesehen vom gesunden Menschenverstand gibt es diesbezüglich nichts, was gesondert zu beachten wäre. Wer mag, kommt leicht mit anderen ins Gespräch.

Ärztliche Versorgung & Gesundheit

Die medizinische Versorgung in den Niederlanden ist hoch entwickelt. Gesetzlich versicherte Personen aus Deutschland erhalten über die Europäische Krankenversicherungskarte (EHIC) medizinische Leistungen. Privatversicherte können Versicherungsschutz im vollen Umfang der tariflichen Leistungen in Anspruch nehmen. Weil nicht jede Police den Rücktransport in die Heimat abdeckt, ist der Abschluss einer Reisekrankenversicherung zu empfehlen. Medikamente sind oft teurer als in Deutschland und sollten ggf. mitgeführt werden. Apotheken haben in der Regel von 9–18 Uhr geöffnet, in Großstädten zum Teil länger. Auch die Supermärkte und Drogerien haben eine Grundausstattung an Medikamenten.

Gefahren für die Gesundheit bestehen auf den ersten Blick nicht. Allerdings neigen Gäste dazu, die Kraft der Sonne zu unterschätzen. Schon um die Ostertage besitzt sie in Kombination mit dem vielen Wasser genug Potenzial, um einen erheblichen Sonnenbrand zu verursachen. Sonnenmilch und leichte Klamotten zum Überziehen sind also ratsam. **Insider-Tipp** An vielen Stränden stehen zudem Spender mit kostenlosem Sonnenschutz. Regelmäßige Probleme haben die medizinischen Dienste mit ausländischen Gästen, die den THC-Gehalt von gekauften Joints unterschätzen. Nicht wenige fallen nach dem Konsum unvermittelt in Ohnmacht. Vorsicht ist geboten – vor allem in Kombination mit körperlichen Aktivitäten.

Bargeld/Trinkgeld

Bargeld kommt in den Niederlanden kaum noch zum Einsatz. In einigen Geschäften und fast überall im Nachtleben kannst du nur noch mit Karte bezahlen. Die Trinkgeldkultur ist nicht sonderlich ausgeprägt, fünf bis zehn Prozent sind in Lokalen schon großzügig. Ein paar Euro im Hotelzimmer zu hinterlassen, sollte selbstverständlich sein.

Barrierefreies Reisen

In den Niederlanden sind viele öffentliche Gebäude, Verkehrsmittel, Unterkünfte, Museen und Sehenswürdigkeiten so ausgestattet, dass auch Personen mit körperlichen Benachteiligungen keine Probleme haben. Zur Flotte einiger Taxiunternehmen gehören auch Fahrzeuge, die auf die Bedürfnisse von Rollstuhlfahrer:innen ausgerichtet sind (bei Bestellung nachfragen). An vielen großen Bahnhöfen und am Flughafen Schiphol können Reisende mit Handicap Hilfeleistungen in Anspruch nehmen.

Diplomatische Vertretungen

Botschaft der Bundesrepublik Deutschland
Groot Hertoginnelaan 18–20, Den Haag |
Tel. 070 342 06 00 | *den-haag.diplo.de*

Österreichische Botschaft
van Alkemadelaan 342, Den Haag |
Tel. 070 324 54 70 | *bmeia.gv.at/oeb-den-haag*

Schweizerische Botschaft
Lange Voorhout 42, Den Haag |
Tel. 070 364 28 31 | *eda.admin.ch (> Reise ins Ausland)*

Drogen

Die Niederlande gelten in Hinblick auf ihre Drogenpolitik als liberal, wobei der Besitz und Konsum weicher Drogen streng genommen nicht erlaubt ist, sondern lediglich geduldet wird. Für den Ankauf und Konsum von Cannabis und ähnlichen Substanzen gibt es registrierte Coffeeshops. Die Menge von

Gäste mit Mobilitätseinschränkungen stoßen in den Niederlanden immer seltener auf Behinderungen

5 g Cannabis pro Person und Tag darf nicht überschritten werden. Auch wenn Touristen gerne von einem anderen Standpunkt ausgehen: Kiffen auf der Straße oder am Strand ist ausdrücklich nicht vorgesehen und wird im Zweifelsfall bestraft. Dies gilt sowieso für den Besitz oder Verkauf von harten oder größeren Mengen weicher Drogen.

Für Notfälle

Allgemeiner Notruf Tel. 112
Musst du einen Notruf absetzen, bleibe dabei ruhig und berichte:

- Wo ist es passiert?
- Was ist passiert?
- Wie viele Verletzte gibt es?
- Welche Verletzungen liegen vor?

Warte dann auf Rückfragen der Leitstelle, beende das Gespräch nicht unaufgefordert.

Pannenhilfe
vom Festnetz und vom deutschen Handy Tel. 0031 (0)88-269 28 88

Ein typisch niederländischer Snack in einer Strandbar

An extra ausgewiesenen Stränden dürfen Hunde ohne Leine laufen

Einkaufen

Die Einkaufslandschaft unterscheidet sich kaum von der heimischen, allerdings ist die Frischetheke weitgehend ausgestorben. Platzhirsche unter den Supermarktketten sind Albert Heijn und Jumbo, doch auch Lidl und Aldi haben Marktanteile. Anders als in der Gastronomie, entsprechen auch die Preise weitgehend dem deutschen Niveau. Bessere Qualität zu etwas höheren Preisen bieten Fachgeschäfte.

Einreise

Alle aus der Schweiz benötigen eine Identitätskarte, EU-Bürger:innen genügt ein Personalausweis. Grenzkontrollen finden nur in Ausnahmefällen statt.

Essen und Trinken

Die niederländische Gastronomie war lange für einfallslose Sättigungskost berüchtigt. Das hat sich in den zurückliegenden Jahren gründlich gewandelt: Neuerdings geht der Trend zu einer einfallsreichen Genusskultur mit hervorragenden Zutaten und ambitionierten Küchenchefs. Der größte Verdienst der niederländischen Gastronomie ist die flächendeckende Einführung und Weiterentwicklung des Strandpavillons, wo die Künste eines Kochs inzwischen weiterreichen als die Bedienung einer Fritteuse. Besonders schmackhaft sind Käse, Fisch und Meeresfrüchte sowie geröstete Nüsse, für die eigene Fachgeschäfte existieren („Notenboer").

Haustiere

Für Hunde und Katzen ist ein gültiger, vom Tierarzt ausgestellter EU-Heimtierausweis mit Nachweis der Tollwutimpfung (max. 1 Jahr alt, Erstimpfung mindestens 21 Tage vor Grenzübertritt) nötig, ebenso Kennzeichnung durch Mikrochip oder Tätowierung. An fast allen Stränden sind Hunde im Zeitraum von Oktober bis April willkommen. In Bloemendaal bei Zandvoort, Noordwijk sowie am ehemaligen Autostrand von Oorstvoorne bei Rotterdam gibt es außerdem spezielle Hundestrände, wo die Vierbeiner das gesamte Jahr über frei herumlaufen.

Internet und WLAN

Mobilfunk und Internet sind in den Niederlanden außergewöhnlich gut ausgebaut. Fast überall gibt es 5G, Funklöcher hingegen existieren so gut wie gar nicht. Beim Festnetz sind die Übertragungsraten sehr hoch. Hotels und Restaurants bieten in der

DRAUSSEN UNTERWEGS MIT KINDERN

Lieblingstouren

Touren entlang von Bächen oder kleinen Seen sind wunderbar. Wenn's heiß ist, können alle ihre Füße kühlen, Rindenschiffchen bauen oder flache Steinchen hüpfen lassen.

Mit allen Sinnen

Eine süße Blume und ein herbes Kraut riechen, Moos und Steinchen barfuß spüren, mit geschlossenen Augen das Knacken und Rascheln hören, mit Lupe oder Fernglas Tiere beobachten: Ein Naturspaziergang ist für Kinder wie ein toller Sinnespfad.

Wie weit mit Kids?

Wie lang darf eine Wanderstrecke mit Kindern sein? Als grobe Orientierung nennt der Deutsche Wanderverband: das Lebensalter mal 1,5 nehmen. Eine Siebenjährige könnte danach 10,5 km schaffen, einen Kilometer je 100 Höhenmeter abziehen. Als Zeitbedarf plane die doppelte Zeit ein, die für erwachsene Wanderer angegeben wird.

Notausstieg

Wähle Wanderrouten aus, die du leicht abkürzen kannst – je nach Kondition und Stimmung. Beziehe bei der Vorbereitung einer Tour die Kinder unbedingt mit ein: gemeinsam die richtige Wanderkarte auswählen und unterwegs zusammen gucken, wie der Weg weitergeht.

Lesefutter

Toll illustrierte Kinderbücher über Pflanzen, Tiere, Gewässer und Gebirge machen Lust auf den Naturausflug. Der passende Band wandert mit – damit es noch mehr zum Entdecken gibt.

Abenteuer am Wegesrand

Wohnt ein Räuberhauptmann in der Burgruine? Und sind hier wirklich Steinzeitjäger an den Felsklippen entlanggeschlichen? Wähle Wanderrouten aus, die an besonderen Orten vorbeiführen. Kleine Geschichten machen sie für den Nachwuchs zu spannenden Abenteuerplätzen.

Der Hitze entkommen

Vor allem mit kleineren Kindern kann sehr heißes Sommerwetter richtig anstrengend sein. Wenn mal alle nach einer Abkühlung lechzen: Macht doch einfach einen Ausflug in den Wald. Ein Picknick, ein kühler Bach, viel Natur zu entdecken und zu bestaunen

Matschverhüterli

Große, stabile Mülltüten sollte man als Eltern immer im Auto haben. Warum? Kinder sind mobil und immer gerne dort unterwegs, wo es spannend und oft auch schmutzig ist, zum Beispiel im Matsch. Aber sooo ins Auto? Kein Problem: Steck dein Kind vor der Weiterfahrt einfach bis zur Taille in die Tüte und der (Miet-)Wagen bleibt sauber.

RUCKSACK-APOTHEKE

Wer draußen unterwegs ist, sollte immer ein Erste-Hilfe-Set dabei haben. Und natürlich solltest du wissen, wie du Binden und Kompressen anwendest – ein Erste-Hilfe-Kurs schadet nie.

Sei auf Notfälle vorbereitet

- Pflaster (zum Abschneiden) für kleine und größere Schürf- und Schnittwunden
- Blasenpflaster
- Mullbinden und Kompressen zum Abdecken von Wunden
- Dreieckstücher zum Ruhigstellen von Gelenken bei Brüchen
- Desinfektionsmittel
- Allergiemittel
- Schmerztabletten
- Wundheilsalbe
- Insektenschutz
- Verbandschere
- Pinzette
- Einmalhandschuhe
- Rettungsdecke als Schutz vor Unterkühlung
- Kältekompresse
- Signalpfeife
- Zeckenzange

Schon gewusst?

Im Notfall kannst du drei Minuten ohne Sauerstoff, drei Tage ohne Wasser, drei Wochen ohne Nahrung – aber nur drei Stunden ohne Schutz vor Wind, Nässe und Kälte aushalten. Hab also auch immer Kleidung für alle Eventualitäten im Rucksack.

Regel kostenloses WLAN an, wobei das Passwort oft auf der Speisekarte bzw. im Zimmer zu finden ist.

Märkte

Die Niederländer:innen sind ein Volk der Kaufleute, weshalb es so viele Märkte gibt. **Insider-Tipp** Der vielleicht schönste Marktplatz befindet sich in Delft. Er wird von Grote Kerk, Rathaus und zahllosen Giebelhäusern eingerahmt. In jedem größeren Ort kommen die Händler:innen ein bis drei Mal pro Woche zusammen, um der Kundschaft ein umfassendes Angebot zu oft unschlagbaren Preisen zu bieten. Übersicht unter *hollandsemarkten.nl*.

Medien

Wer gern gedruckte deutsche Zeitungen oder Magazine liest, wird in den Schreibwaren- und Souvenirgeschäften der Ferienregionen schnell fündig.

Museumskarte

Wer es liebt, ins Museum zu gehen und öfter in den Niederlanden ist, sollte den Kauf der Museumskarte (Museumkaart, *museumkaart.nl*) erwägen. Sie ist ein Jahr gültig und berechtigt zum kostenlosen Besuch der meisten Häuser in den Niederlanden. Die Jahreskarte kostet 64,90 Euro, für Jugendliche bis 18 Jahren 32,45 Euro. Sie ist online und in den Museen erhältlich.

Notruf

Kostenlose Notrufnummer ist landesweit 112. Für weniger dringende Fälle haben die meisten größeren Orte den „central doctors" (*centraldoctors.nl*, Tel. für Touristen 020 427 50 11), der rund um die Uhr erreichbar ist.

Öffnungszeiten

Die Geschäfte in den Innenstädten sind montags von 13–18, Di–Fr von 10–18, samstags von 10–17 und sonntags von 12–17 Uhr geöffnet, hinzu kommt

In den Niederlanden sind auch die Briefkästen orange

Es ist ratsam, auf Getränkekarten Preise und Mengenangaben zu studieren

ein verkaufsoffener Donnerstag oder Freitag bis 21 Uhr. Supermärkte haben in der Regel tgl. von 7/8–22 Uhr geöffnet. Banken besitzen kaum noch Filialen, die verbliebenen Geschäftsstellen sind meist von 8 bis 17 Uhr geöffnet. Manche Geldhäuser haben sich Schalter in Läden wie Primera gemietet.

Post

Die Post heißt in den Niederlanden Post NL *(postnl.nl)*. Filialen existieren kaum noch, dafür gibt es Service-Points in Läden wie Primera und Bruna. Briefmarken kannst du auch in Supermärkten wie Albert Heijn oder Jumbo kaufen. **Insider-Tipp** Wenn dir das zu lästig ist, kannst du auf der Homepage einen Code bestellen und bezahlen, den du handschriftlich aufträgst. Einfach über Webshop/Postzegel/Postzegelcode durchklicken und mit Kreditkarte bezahlen.

Preise

Das Preisniveau ist ein Thema für sich. In den Supermärkten unterscheidet sich dieses kaum von Deutschland. Auch Museen oder die Anmietung von Fahrrädern oder Kanus sind im internationalen Vergleich nicht unverschämt teuer. Einige Dinge aber schlagen ordentlich ins Kontor: So kostet ein halber Liter Bier im Strandpavillon gerne mal 7,50 Euro. Noch übler sieht es beim Wein aus. Wenn du glasweise bestellst, kannst du dir sicher sein, dass du mit einer bescheidenen Menge ab-

Was kostet wie viel?

Kaffee	2,75 €	(für eine Tasse Kaffee)
Fisch	6,00 €	(für eine Portion frittierten Fisch am Strand)
Bier	2,75 €	(für ein kleines Glas Bier)
Radmiete	10,00 €	(pro Tag)
Benzin	2,00 €	(für einen Liter Super)
Tulpen	10,00 €	(für 30 Zwiebeln)

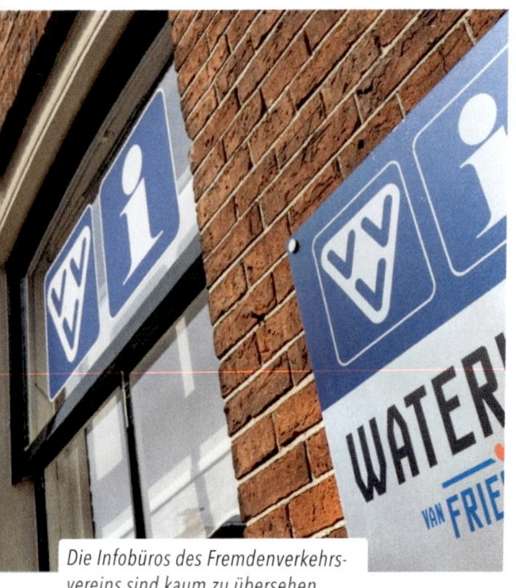

Die Infobüros des Fremdenverkehrsvereins sind kaum zu übersehen

gespeist wirst, denn an niederländischen Weingläsern und auf Speisekarten fehlen fast immer verbindliche Angaben. Wenn es sich anbietet, bestellst du den Wein am besten flaschenweise. Generell ist die Gastronomie eher teurer als in Deutschland. Allerdings bieten die preisbewussten Niederländer:innen fast immer auch eine günstige Alternative wie z. B. einen Hauswein an. Die Preise für Unterkünfte haben in der jüngeren Vergangenheit aufgrund der Nachfrage immer neue Höchstwerte erreicht, wobei die Westfriesischen Inseln und Amsterdam herausstechen.

Restaurantbesuche

Die Gastronomie ist breit aufgestellt und reicht von der „Snackbar" oder „Fritture" über internationale Lokale bis zur Sternegastronomie. Typische niederländische Wirtschaften, die „stamppot" (Kartoffelstampf) oder „biefstuk" (Steak) auf der Karte haben, sind eher selten. Alltagstauglicher sind ohnehin die Tokos, die günstige indonesische Küche bieten. Solltest du einen Tisch in einem bestimmten Restaurant bevorzugen, kann es nicht schaden, wenn du dich schon zu Hause darum kümmerst. Die guten und trendigen Lokale sind begehrt und die Online-Reservierung ist so einfach, dass bei der Buchung eine Reservierungsgebühr fällig wird, die sie später von der Rechnung weggeht. Auf diese Weise hoffen die Gasthäuser zu verhindern, dass die Kundschaft in mehreren Lokalen reserviert, um möglichst lange alle Optionen zu haben.

Telefon & Handy

Die Landesvorwahl für Deutschland ist 0049, für die Schweiz 0041, für Österreich 0043 und für die Niederlande 0031. Die Anzahl der Festnetzanschlüsse schwindet in immer schnellerem Tempo.

Tourist Information

Zuständig für touristische Anfragen ist das Niederländische Büro für Tourismus und Convention (NBTC) mit Sitz in Köln, das auf seiner Internetseite *holland.com* umfangreiche Informationen bereitstellt. Das NBTC ist nicht für den Publikumsverkehr geöffnet und bietet keine Reiseberatung an. In vielen Orten befindet sich ein Infobüro des VVV (Vereniging voor Vreemdelingenverkeer) oder vergleichbarer kommunaler bzw. regionaler Einrichtungen. Die blau-weißen Hinweisschilder fallen sofort auf. Auch in diesen Büros gibt es meist viele Informationen für die Gäste.

Die wichtigsten Internetadressen: VVV Niederlande *vvv.nl*, Visit Flevoland *visitflevoland.nl*, Visit Friesland, *friesland.nl*, Visit Groningen *visitgroningen.nl*, Noord-Holland *hollandbovenamsterdam.com*

Zoll

Waren für private Zwecke können innerhalb der EU in unbegrenzten Mengen zollfrei ein- und ausgeführt werden *(zoll.de)*. Für Schweizer gelten Mengenbeschränkungen, z. B. 200 Zigaretten, 2 l Wein und 1 l Spirituosen.

APPS & KARTEN FÜR DRAUSSEN

ERKENNE, WAS UM DICH IST

Apps für Naturfreunde

So viele Sterne über dir! Wenn du wissen willst, was am Nachthimmel leuchtet, hol dir Apps wie SkyMap oder SkyView, sie sind wie ein Astronom für die Hosentasche, der dir das Weltall erklärt. Für Pflanzen gibt's z. B. PlantNet, Flora incognita (v. a. für D) und iNaturalist, für Vogelstimmen NABU Vogelstimmen oder BirdNET. Um dich herum sind Berge und du fragst dich, wie die ganzen Spitzen heißen, die da am Horizont in den Himmel piksen? Das verrät dir die App PeakFinder – einfach mit der Kamera in die gewünschte Richtung halten.

SO KOMMST DU BESSER ANS ZIEL

Navi-Unterstützung für Aktive

Mit Apps wie Komoot, Maps 3D, GPSies oder von Runtastic wird dein Smartphone zum Navi, egal ob du zu Fuß oder auf zwei Rädern unterwegs bist. Google Maps funktioniert zwar auch, findet aber oft nur die Haupt- und nicht die schönen, verkehrslosen Nebenrouten. Zur Sicherheit solltest du immer eine Powerbank für eine Extraakkuladung im Gepäck haben, denn die GPS-Funktion des Smartphones ist energiehungrig.

ANALOG UNTERWEGS

Die passende Karte finden

Mist, der Akku des Smartphones ist leer. Nimm deshalb immer auch eine gute Karte deines Wandergebiets mit. Bist du in einem kleineren Gebiet unterwegs, ist der Maßstab 1: 25 000 perfekt, dann sind vier Zentimeter auf der Karte ein Kilometer im Gelände. Hast du eine Tour über größere Entfernungen vor, dann greif zum Maßstab 1:50 000. Zwei Zentimeter auf der Karte entsprechen dann einem Kilometer.

Auf der Karte kannst du übrigens auch sehen, wie steil das Gelände wird: Je enger die Höhenlinien – jene Linien, die dem Geländeverlauf folgen – liegen, desto steiler wird's. Bei einer 50 000er-Karte sind zwischen zwei Höhenlinien meist 20 m. Wenn dein Wanderweg einer Höhenlinie folgt, hast du Glück: Der Weg ist (relativ) eben.

OUTDOOR-FESTE
*DURCHS JAHR

Aufwendig geschmückter Wagen beim alljährlichen Blumencorso „Bollenstreek" im April

Die Niederlande sind ein Land der Festivals und Freiluftaktivitäten. Ganzjährig stehen unter freiem Himmel ausgetragene Events auf dem Kalender. Dazu gehören neben Läufen und Regatten auch kulturelle Aktivitäten.

Januar

Neujahrsschwimmen Scheveningen: Das Jahr beginnt mit einem sehr erfrischenden Bad auf Höhe der Seebrücke. *denhaag.com/de* (> Kalender)

Februar/März

Küstennahe Städte wie Breda oder Tilburg feiern den **Karneval** als rauschendes Fest mit Umzügen. *visitbrabant.com/de* (> Suche: Karneval)

April

Niederlande: Im gesamten Land wird am 27. April der **Koningsdag** zu Ehren von König Willem-Alexander gefeiert. Die größte Party steigt in Amsterdam. *iamsterdam.com*

Noordwijk: Am 3. Samstag im April findet in der Blumenregion, dem „Bollenstreek", ein 42 km langer **Blumencorso** von Noordwijk nach Haarlem statt. *bloemencorso-bollenstreek.nl*

Mai

Niederlande: Zum Nationale **Molen- en Gemalendag** werden die historischen Windmühlen der Niederlande in Betrieb genommen und stehen Gästen zur Besichtigung offen. *nationalemolenengemalendag.nl*

Juni

Niederlande: Am zweiten Juni-Wochenende dürfen Menschen mit Wohnmobilen und andere Campingfans beim **Uit-je-tent-Festival** ausnahmsweise an wechselnden, ungewöhnlichen Orten wie Golfplätzen oder Blumenfeldern übernachten. *uit-jetent.nl*
Provinz Friesland: Die **Friese Elfsteden Rijwieltocht Bolsward** ist ein populäres Radrennen für Jedermann. *11steden.nl*

Amsterdam: Ein hochkarätiges Kulturprogramm bietet das **Holland Festival** mit Theater, Musik, Oper und Modern Dance. *hollandfestival.nl*
Scheveningen: Die offizielle Eröffnung der Heringssaison findet am ersten Samstag im Juni mit dem Hollandse Nieuwe beim **Vlaggetjesdag** statt. *vlaggetjesdag.com*

Juli

Rotterdam: Das dreitägige **North Sea Jazz Festival** Mitte des Monats gilt als eines der besten Jazz-Events weltweit. *northseajazz.com*

August

Am ersten Augustwochenende steigt in Amsterdam die **Gay Pride** mit einer großen Parade auf den Grachten – fast wie ein Karnevalsumzug. *pride.amsterdam*
Das dreitägige Kulturfestival **Uitmarkt** eröffnet die niederländische Kultursaison. Kostenlose Vorstellungen der Ensembles von Theatern, Oper sowie Kabarett, Tanz und Livemusik in der ausrichtenden Stadt. *uitmarkt.nl*

September

Texel: Am ersten Wochenende werden auf Texel beim sympathischen **Beach Food Festival** lokale Leckereien zelebriert. *beachfoodfestival.nl*
Den Haag: Am **Prinsjesdag**, dem 3. Dienstag im September, fährt der König mit einer goldenen Kutsche zum Parlamentsgebäude, wo er die Thronrede hält, und das Regierungsprogramm vorstellt. *denhaag.com/nl/prinsjesdag*
Rotterdam: Die **Wereldhavendagen** locken am ersten Wochenende mit Schiffsparaden, Feuerwerk, Shanty-Chören und dem großartigen Volksfest »Nacht van de Kaap«. *wereldhavendagen.nl*
Scheveningen: Am letzten Septemberwochen steigen beim **Vliegerfestival** Hunderte skurrile Drachen auf. *vliegerfeestscheveningen.nl*

Feiertage

1. Jan.	Neujahr
März/April	Karfreitag, Ostermontag
27. April	Koningsdag
4. Mai	Gedenktag für alle Opfer des Zweiten Weltkriegs
5. Mai	Gedenktag zur Befreiung von der deutschen Besatzung (jedes 5. Jahr ein Feiertag)
Mai	Christi Himmelfahrt
Mai/Juni	Pfingstmontag
25./26. Dez.	Weihnachten

Dezember

Niederlande: Am 5. Dez. **(Sinterklaas)** verteilen der Nikolaus und seine Knechte, die Zwarte Pieten, Geschenke für Kinder. Die Diskussion um die Hautfarbe der Knechte spaltet seit Jahren die Nation.

Drachen beim Vliegerfestival in Scheveningen im September

Anhang

Die Amsterdamse Waterleidingduinen. Sie dienen der Stadt Amsterdam zur Trinkwasserversorgung

NOCH MEHR OUTDOOR-SPASS

Nach der Reise ist vor der Reise: Hier findest du noch mehr beste Frischluftabenteuer für deinen Urlaub

ISBN 978-3-575-01923-3

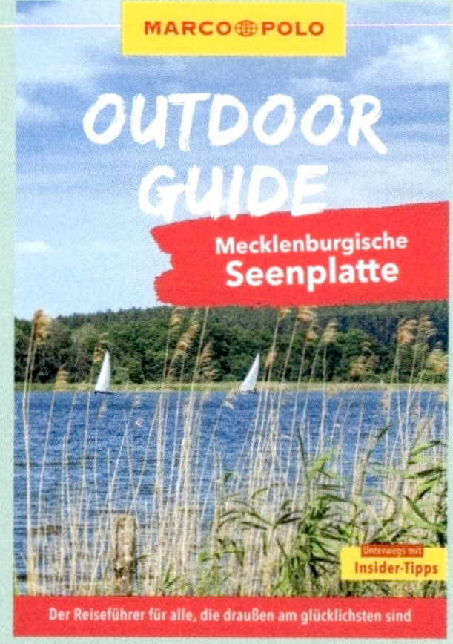

ISBN 978-3-575-01921-9

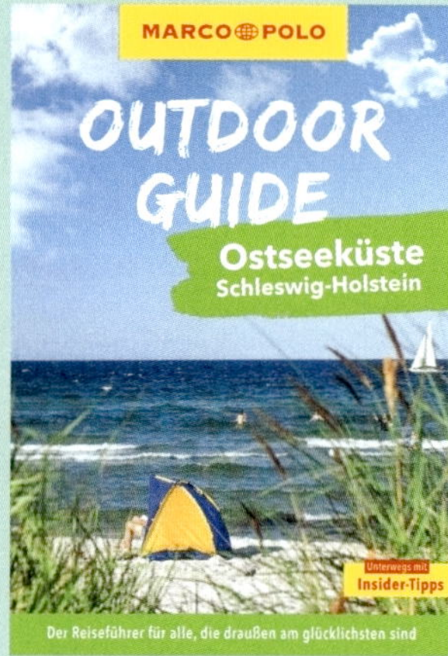

ISBN 978-3-575-01924-0

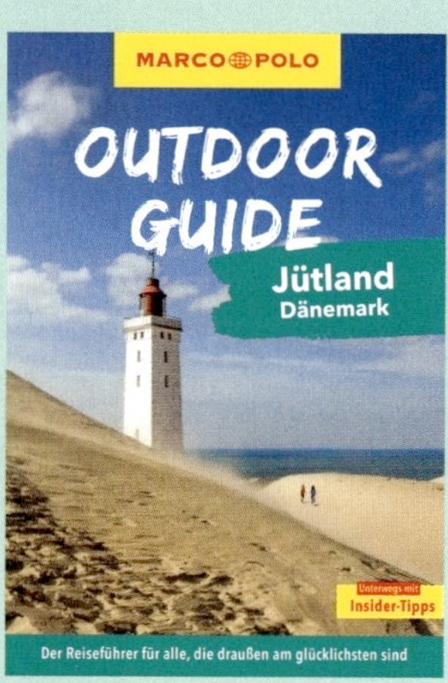

ISBN 978-3-575-01917-2

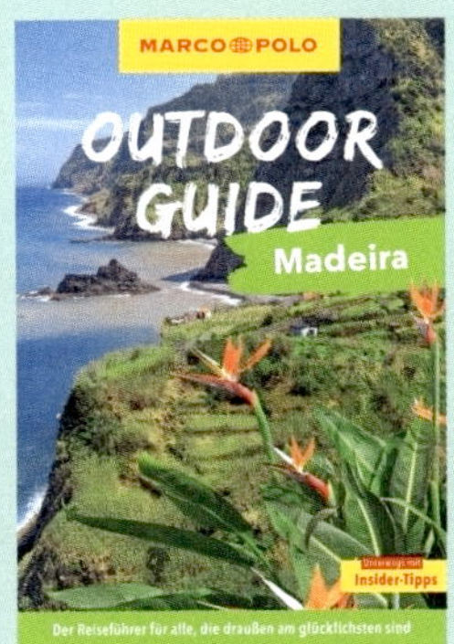

ISBN 978-3-575-01919-6

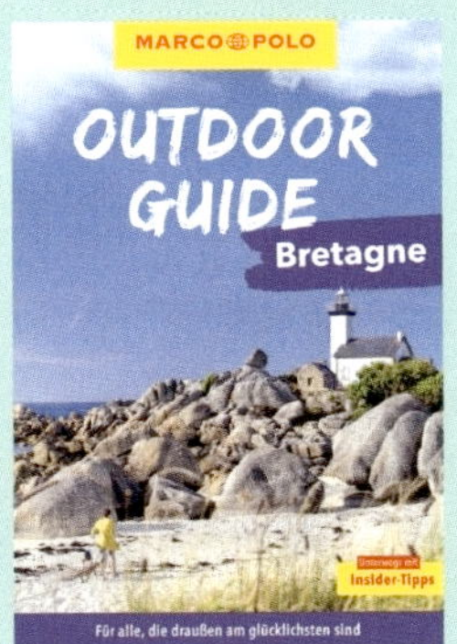

ISBN 978-3-575-01901-1

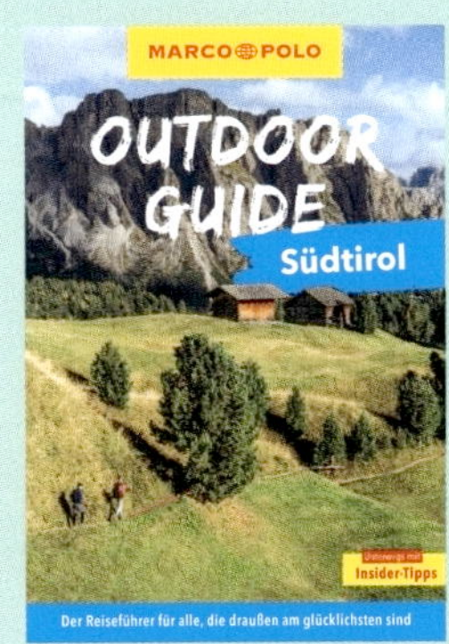

ISBN 978-3-575-01928-8

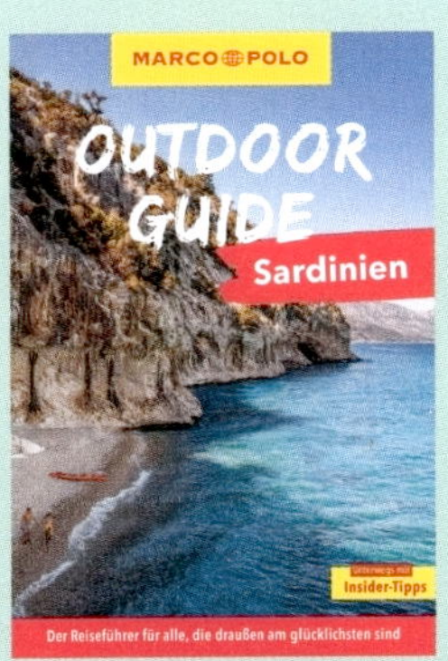

ISBN 978-3-575-01926-4

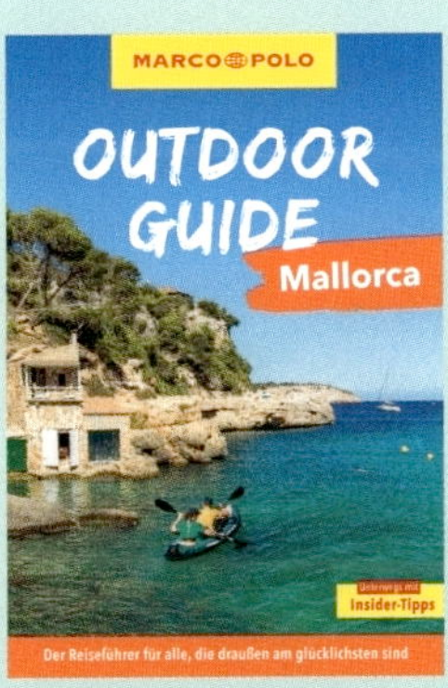

ISBN 978-3-575-01920-2

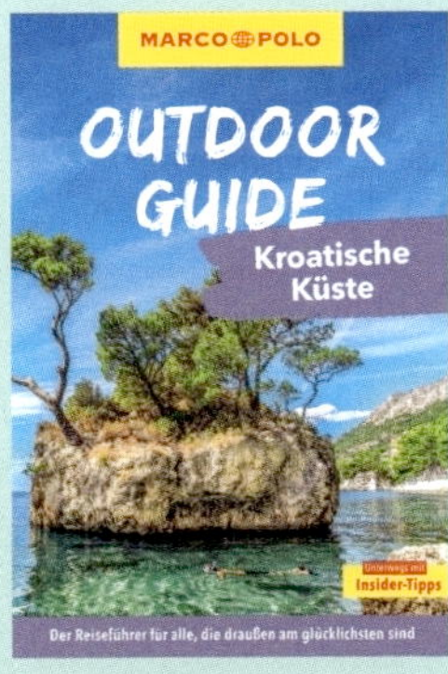

ISBN 978-3-575-01918-9

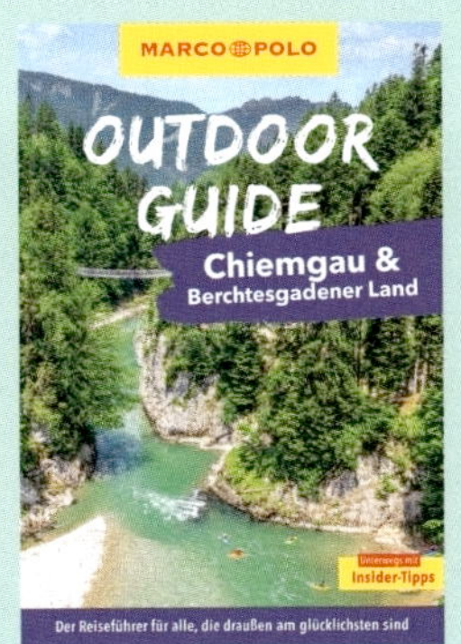

ISBN 978-3-575-01916-5

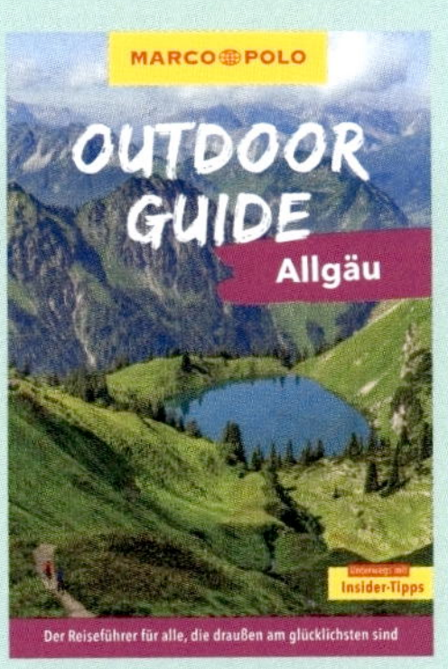

ISBN 978-3-575-01927-1

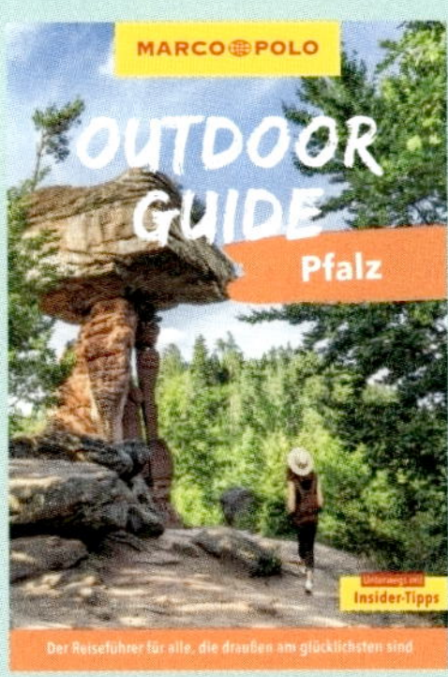

ISBN 978-3-575-01925-7

REGISTER
*NACH ORTEN

REGISTER

*NACH AKTIVITÄTEN

Highlights

Zu Fuß

Mit dem Fahrrad

Am & im Wasser

Fun & Action

Naturgenuss

IMPRESSUM

*WER HAT WAS GEMACHT?

1. Auflage 2024

ISBN 978-3-575-01922-6

Texte: Ralf Johnen, mit Ausnahme S. 26, 213, 214 (Rucksack-Apotheke), 217, Umschlaginnenseiten (Jens Bey)
Konzept & Projektleitung: Monique Sorban
Projektmanagement: Anne-Katrin Scheiter
Satz & Lektorat: booklab GmbH
Gestaltung Umschlag & Layout: Nicola Hammel-Siebert, Tanja Schnurpfeil, Weimar & Leipzig, zebraluchs.de
Illustrationen: Nicola Hammel-Siebert (S. 13), Carolin Weidemann, Köln, weidemann-design.com (Umschlag, S. 26, 206, 209)
Korrektorat: Christiane Gsänger, München

Kartografie: © 2024 KOMPASS-Karten GmbH, Karl-Kapferer-Str. 5, A-6020 Innsbruck unter Verwendung von © OpenStreetMap Contributors, osm.org/copyright
Als touristischer Verlag stellen wir bei den Karten nur den De-facto-Stand dar. Dieser kann von der völkerrechtlichen Lage abweichen und ist völlig wertungsfrei.

Printed in Poland

FSC
www.fsc.org
MIX
Papier | Fördert gute Waldnutzung
FSC® C018236

Lob oder Kritik? Wir freuen uns auf deine Nachricht! Trotz gründlicher Recherche schleichen sich manchmal Fehler ein. Wir hoffen, du hast Verständnis, dass der Verlag dafür keine Haftung übernehmen kann.
MARCO POLO Redaktion, MAIRDUMONT, Postfach 3151, 73751 Ostfildern, info@marcopolo.de

Ein radfahrendes Paar in der Nähe von Amsterdam

Titelbild: Leuchtturm Eierland auf Texel (Huber Images: Andrea Armellin)
Motive Rückseite: Windmühle bei Gouda (l.), Amstel-Hotel, Amsterdam (r.)

Fans des Kitesurfens finden an der Küste optimale Bedingungen vor

Fotos: A3IMPRESSIES (147 o.); Alexandra Johnen (231); Den Haag Marketing/Jurjen Drenth (74); DuMont Bildarchiv: Rainer Kiedrowski (92/93, 176/177); Friesland Marketing (164 l.); Mauritius Images: blickwinkel/Alamy/Alamy Stock Photos (145), Ingo Boelter (194 r.), Manuel Kamuf/imageBROKER (120/121), Tonko Oosterink/Alamy Stock Photos (195); NBTC (197 r.); Peter van Heun (106); Ralf Johnen (Umschlagrückseite, 1 u., 6, 7, 8, 9, 17 M. l. u., 24, 25 l., 27, 36/37, 40, 41, 42, 43, 44, 45, 46, 47, 48, 49, 50, 51 l., 51 r., 52 l., 52 r., 53 r., 53 l., 54 l., 54 r., 55, 56 l., 57 r., 57 l., 58, 59 l., 61, 62, 64/65, 68, 69, 70, 71, 72, 73, 75, 76, 77 o., 77 u., 78, 79 r., 79 l., 80 l., 80 r., 81 r., 81 l., 83, 84 l., 85 l., 85 r., 88 r., 88 l., 96, 97 o., 98, 99, 100, 101, 102, 103, 104, 105 u., 105 o., 107 l., 108 l., 108 r., 109 r., 109 l., 111, 112 l., 113, 113 o., 115, 116 r., 116 l., 117, 118, 119 u., 124, 125, 126, 127, 128, 129, 130, 131, 132, 133 u., 136 r., 137, 139, 140 l., 140 r., 141 r., 141 l., 142, 143 r., 143 l., 152, 153, 154, 155 u., 155 o., 156, 157, 158, 159, 160, 161, 162, 163 r., 164 r., 168, 169 r., 169 l., 171 l., 173, 180, 181, 182, 183, 184, 185, 186, 187, 188, 189 o., 189 u., 190, 191 l., 193 r., 193 l., 194 l., 196 r., 196 l.); Shutterstock.com: Albert Beukhof (17 o.), Aleksandr Kuzin (203 o.), Angelique Rademakers (200 l.), Anne Coatesy (29 o. l.), Anton Havelaar (10/11), Artem Stepanov (56 r.), Atosan (220/221, 229), AVKorotaev (18 M. l. o.), barmalini (28 u.), Bjoern Wylezich (204/205, 210, 216), Bo Scheeringa Photography (171 r.), Bob and Tessa (17 M. r. u.), Boris Stroujko (134), chorche de prigo (192 l.), ChrisNoe (167), Christophe Cappelli (165), CreateStuff (201), Dafne Vos (32), Dutchmen Photography (202, 211), elxeneize (91 u.), FADZLEE MATSITUM (200 r.), fokke baarssen (29 u. l., 29 u. r.), hfuchs (198), Hulshof pictures (170), Hung Chung Chih (25 r.), Inna Taran (175 u.), INTREEGUE Photography (14, 172, 230), Ivonne Wierink (1 o.), Jasper Suijten (18 l. u.), Jasper Velde (232), Joao P Santos (144 l.), Jolanda Aalbers (87 r.), Joost van Uffelen (16), Juergen Wackenhut (15), Keikona (110 r.), Klaas Vledder (17 M. l. o.), Lana B (18 M. r.), Lea Rae (215 l.), MaartenGR (107 r.), Marijs Jan (144 r., 146), Mariusz Kowalski (17 l. u.), Matauw (203 u.), Menno Schaefer (89), Merel Tuk (212 l.), mizy (18 r. u.), Myra Wippler (212 r.), Olha Rohulya (12), Ordinary On (18 o.), P Lansing (147 u.), Peter Gudella (215 r.), Picture Partners (119 o., 174), pluut (163 l.), Queen of Swords (28/29), R. de Bruijn_Photography (29 o. r.), r.classen (30), Ravindra Singh Kwatra (22), Richard Semik (135 r.), Rudmer Zwerver (17 r. u., 19, 59 r., 114, 148/149), Sergii Figurnyi (31), Sinica Kover (63 u.), Sonimohit7 (219), sportoakimirka (86), Stephan Krabbendam (60), Steve Photography (20), symbiot (63 o.), Tatsiana Hendzel (199), Todamo (82), Tomas Marek (228), Travel with Co (4/5), TunedIn by Westend61 (192 r.), Tyler Olson (138), urs leuthaeusser (17 M. r. o.), Vladimir Zhoga (28 o., 91 o., 112 r.), wellphoto (110 l.), Werner Lerooy (84 r.), Wild Poets Society (18 M. l. u.), wjarek (218), Wolf-photography (208), WoodysPhotos (191 r.), Wut_Moppie (135 l.), yosmoes815 (90), Z. Jacobs (175 o.); Theetuin noordholland (136 l.); Wikimedia Commons: CC BY 3.0/Albert Wester (197 l.), CC BY 3.0/Huhu Uet (87 l.), CC BY-SA 4.0/Ytzen (166)

Das wunderschöne Terschelling lässt sich am besten mit dem Fahrrad entdecken

Ob zu Fuß, mit dem Fahrrad, im Kanu oder auf dem SUP – auf über 150 Ausflügen war Ralf für den OUTDOOR GUIDE unterwegs. Sein Projekt boardingcompleted.me wurde übrigens zuletzt vier Jahre in Folge in die Top-5 aller deutschsprachigen Reiseblogs gewählt. Was war besonders, was bleibt noch zu sagen?

5 FRAGEN AN RALF JOHNEN

1 Was ist deine Liebligsaktivität und bei welcher Tour im Buch hattest du am meisten Spaß?

Die Fahrradtour auf Terschelling ist unübertroffen. Schon nach ein paar Minuten habe ich eine Kolonie Löffler erspäht und bald darauf weitere watende Wattvögel beobachtet. Wenig später habe ich im Heartbreak Hotel zwischen Elvis-Memorabilien einen Lunch zu mir genommen, um anschließend über den Nordsee-Strand zu schlendern – herrlich!

2 Was darf in deiner Ausrüstung nicht fehlen?

Ein Rucksack gefüllt mit mehreren Kameras, Sonnenbrille, Windjacke und einem Buch.

3 Deine Film-, Musik- und Lesetipps für die niederländische Nordseeküste?

Die niederländische Nordseeküste ist von der Entertainment-Industrie noch nicht zu Kulturprodukten verarbeitet. Das mag auch daran liegen, dass es sich um gewöhnliche Landstriche handelt, in denen Menschen einfach nur leben. Ein guter Soundtrack ist die Musik der Rotterdamer Band Lewsberg. „The Silence of the Tides" (2021) ist ein hervorragender Dokumentarfilm über den Lebensraum Wattenmeer. Und als Roman fällt mir vor allem „Unterm Scheffel" von Maarten 't Hart ein, eine tragische Geschichte.

4 Was war dein verrücktestes Erlebnis bei der Recherche?

Die Überfahrt nach Vlieland bei Windstärke 7 bis 8 war recht abenteuerlich. Im Bug der Fähre sitzend, habe ich bei jeder Welle mehrere Höhenmeter absolviert. Die Einheimischen haben das Spektakel recht unbeeindruckt zur Kenntnis genommen – so wie sie sich überhaupt von Wind und Wetter nicht in ihrer Bewegungsfreiheit beeinträchtigen lassen.

5 Wohin gehst du an der niederländischen Nordseeküste am liebsten?

Da ich in Amsterdam lebe, miete ich wann immer möglich eines dieser Flüsterboote, wenn Besuch kommt. Vorher ein paar Leckereien kaufen und anschließend drei Stunden über Amstel und die Kanäle schippern, das ist und bleibt unübertroffen.

BLOSS NICHT!

*FETTNÄPFCHENFREI IM URLAUB

Öffentlich kiffen

In den Niederlanden existieren mehr als 500 Coffeeshops, die Cannabis, Marihuana und andere weiche Drogen anbieten. Doch Vorsicht: Der öffentliche Konsum ist nicht erlaubt, auch wenn er im Geiste der Toleranz nicht immer geahndet wird. Auch wurde der THC-Gehalt hochgezüchtet, was die Wirkung der weichen Drogen weniger kalkulierbar macht. Daher solltest du auf der Hut sein und vor allem vorgefertigte Joints meiden, die Touristen im wahrsten Sinne des Wortes umhauen.

Denken, dass die Niederlande flach sind

Stimmt: Berge gibt es in unserem Nachbarland nicht. Doch wer sich Sporteinheiten in den Dünen vorgenommen hat, kann ordentlich ins Schwitzen geraten. Die Sandgebilde sind bis über 50 m hoch, was sich bei Radtouren oder Wanderungen läppern kann. Selbst Radtouren in Amsterdam sind nicht ganz ohne, denn alle paar Hundert Meter wartet eine oftmals ziemlich steile Brücke.

Überdosis Sonne

An der Küste sind die Temperaturen oft moderat. Doch du solltest die Kraft der Sonne nicht unterschätzen: In Kombination mit dem Wasser kann es schnell zu Verbrennungen führen. Für den Fall, dass du grad keine Sonnencreme dabeihast: Die niederländischen Krankenkassen haben begonnen, Spender an den Stränden aufzustellen – kostenlos!

Herrisch sein

Das Verhältnis der Niederländer zu den Deutschen war aufgrund des Zweiten Weltkriegs lange Zeit sehr schwierig. Mittlerweile hat man die Nachbarn schätzen gelernt – vor allem, wenn diese sich weltoffen und höflich geben. Wer ein paar Worte in der Landessprache beherrscht, erntet Pluspunkte.

Den Wind unterschätzen

Getreu einer alten Weisheit kommt der Wind in den Niederlanden immer von vorne. Bei längeren Radtouren kann das ohne Motorunterstützung ziemlich anstrengend sein. Vor allem Kinder und ältere Menschen, aber auch Trainierte sollen schon laute Flüche ausgestoßen haben.

Überall von Holland reden

Mag sein, dass die Menschen in den Niederlanden selbst von Holland reden, wenn sie in Zeeland oder Friesland unterwegs sind. Doch die Bezeichnung bezieht sich ursprünglich nur auf die Provinzen Noord- und Zuid-Holland. Einige Personen reagieren verschnupft, wenn sie mit Holländer:innen in einen Topf geschmissen werden.

In den Dünengebieten sind oft Wander-, Rad- oder Reitwege angelegt. Besonderen Schutz genießen sie, wo Trinkwasser gewonnen wird